Carsten Sebastian Henn
Der letzte Aufguss

PIPER

Zu diesem Buch

Der Lehrstuhl für Kulinaristik in Cambridge steht unter einem schlechten Stern: Schon zwei Professoren wurden tot in einem Kahn auf dem Fluss Cam gefunden – eingelegt in teuersten weißen Darjeelingtee. Adalbert Bietigheim lässt sich nicht abschrecken und übernimmt die Professur, um herauszufinden, wer die beiden Kollegen auf dem Gewissen hat. Etwa sein alter Widersacher Professor Rutz vom konkurrierenden Trinity College? Oder hat Teemeister Musō Kokushi etwas damit zu tun, eine Koryphäe des Matcha-Tees, über den beide Mordopfer forschten? Die Ermittlungen führen Bietigheim zur einzigen Teeplantage Englands, zu einem legendären Teekuchen, zum Rätsel um die »Sechste Schale« und in den Glockenturm der Kirche Great St. Mary – wo jemandem sein sprichwörtlich letztes Stündchen schlägt.

Carsten Sebastian Henn, geboren 1973 in Köln, arbeitet als Schriftsteller, Weinjournalist und Restaurantkritiker. Er ist Chefredakteur des Gault & Millau WeinGuides sowie Redaktionsleiter Deutschland des Weinmagazins Vinum. In St. Aldegund an der Mosel besitzt er einen Steilstweinberg mit alten Rieslingreben, den er selbst bewirtschaftet. Wenn er einmal nicht seiner Leidenschaft fürs Kochen nachgeht, ist er auf der Suche nach neuen Gaumenfreuden.

Carsten Sebastian Henn

Der letzte Aufguss

Ein kulinarischer Krimi

PIPER

Mehr über unsere Autoren und Bücher:
www.piper.de

Von Carsten Sebastian Henn liegen im Piper Verlag vor:
Professor-Bietigheim-Krimis:
Die letzte Reifung
Der letzte Aufguss
Die letzte Praline
Der letzte Whisky
Der letzte Champagner
Der letzte Caffè
Gran Reserva
Das Apfelblütenfest
Eine Prise Sterne

FSC
www.fsc.org
MIX
Papier aus verantwortungsvollen Quellen
FSC® C083411

Ungekürzte Taschenbuchausgabe
ISBN 978-3-492-30401-6
1. Auflage November 2013
5. Auflage Oktober 2018

erschienen im Verlagsprogramm Pendo
Umschlaggestaltung: Mediabureau di Stefano, Berlin,
unter Verwendung einer Illustration von Oliver Wetter
Satz: seitenweise, Tübingen
Gesetzt aus der Scala
Druck und Bindung: CPI books GmbH, Leck
Printed in the EU

Für die Insel

Zwinge das Glück nicht herbei,
bei einer Schale Tee kommt es meist von allein.
Japanisches Sprichwort

KAPITEL 1

White Darjeeling

Professor Adalbert Bietigheim stand vor der Tür eines viktorianischen Reihenhauses im Osten Cambridges. Ohne das hübsche Äußere auch nur eines Blickes zu würdigen, steckte er ungeduldig seinen Schlüssel ins Schloss, denn die britische Geistesmetropole hatte ihn mit fiesem Nieselregen begrüßt, der bereits von der Krempe seines Borsalino-Hutes tropfte. Kein Wunder, dass die Briten schon immer eine Seefahrernation waren. Dieses Wetter trieb einen förmlich in andere Gefilde.

Die Koffer des Professors hatte der Taxifahrer einfach auf den Bürgersteig gestellt und war davongebraust. Unverschämtheit! Dabei hatte Bietigheim ihm auf der Fahrt einen vollkommen kostenlosen Kurzvortrag über angemessenes Tempo und die Nachteile des Linksverkehrs gehalten.

Undank ist der Welten Lohn!

Ohne auch nur das geringste Knarren öffnete sich die Tür und gab den Blick frei auf einen kleinen Flur mit einer steilen Treppe. Beinahe wäre der Professor auf einen DIN-A5-Umschlag getreten, der mit »Bietigheim« beschriftet war und den jemand durch den Briefschlitz eingeworfen haben musste. Der Ordnung halber hob er ihn auf, beschloss jedoch, ihn erst später zu öffnen.

Zur Linken führte eine Tür ins Wohnzimmer, das einem Sherlock-Holmes-Film entsprungen schien. Im Kamin knisterte ein Feuer, das bestimmt die Haushälterin entzündet hatte. Ein dunkelgrünes Chesterfield-Sofa beherrschte den Raum, die Tapete war in rotem Schottenmuster gehalten, dazu viel dunkles Holz und Regale mit ledergebundenen Büchern. Der Rauch von unzähligen Pfeifen, die die Professoren über Jahrhunderte hier geschmaucht hatten, hing in den Wänden. Vermutlich hatten sie ihren Tee in dem mächtigen Ohrensessel genommen, direkt neben dem Fenster, durch das man in den sprießenden Garten blicken konnte.

Bietigheim fühlte sich auf Anhieb wohl.

Seinen letzten beiden Vorgängern war es sicher nicht anders ergangen.

Allerdings waren sie nun tot.

Ermordet.

Gnu, dachte Adalbert Bietigheim prompt. Und: Phenolphthalein. Seit Kurzem wanderten seine Gedanken, wenn er unruhig war, zu ungewöhnlichen oder komplizierten Wörtern. Natürlich gestand er sich diese kleine Verdrängungstechnik nicht ein, sondern betrachtete sie als unregelmäßig auftretende, aber ungemein liebenswerte Marotte.

Auf dem Tisch lagen die »Cambridge Evening News«. Bietigheim stellte sich daneben, die Arme auf dem Rücken verschränkt, und blickte auf die Titelseite. Dort prangte ein Farbfoto seines Vorgängers, Professor Jonathan Cleesewood. Ein Mann, der immer so aussah, als hätte er einen Arm und ein Bein zu viel, mit denen er nicht wüsste, wohin. Er war die personifizierte britische Ungelenkigkeit. Sein Gesicht war blasser als Ziegenfrischkäse, weshalb seine Kollegen in der Kulinaristik mutmaßten, dass er den ganzen Tag – und die ganze Nacht – nichts anderes machte, als in seinem Büro zu arbeiten. Ihm war unter anderem eine revolutionäre Arbeit über die Krümeligkeit von Teegebäck zu verdanken. Auch über Pudding und Pies hatte er Grundlegendes zu Papier gebracht. Und in Sachen grüner Tee gehörte er zu den europäischen Koryphäen.

Auf dem Foto allerdings lag er in einem der typischen Stechkähne Cambridges, Punting-Boot genannt. Genauer gesagt lag er in einer Flüssigkeit, mit der das Boot gefüllt war. Es war Tee, teuerster White Darjeeling, in dessen Genuss er nun allerdings nicht mehr kommen würde. Auch von der gesundheitsfördernden Wirkung aufgrund des hohen Polyphenolgehalts würde er nicht mehr profitieren können. Blutdrucksenkend sollte weißer Tee auch sein. Das zumindest stimmte in diesem Fall, denn tiefer als bei einem Toten konnte der Blutdruck kaum sinken.

Bietigheim fühlte sich ein wenig an die Bestattungsriten der Wikinger erinnert, die ihre toten Krieger in voller Rüstung in ein Boot legten, dieses zu Wasser ließen und dann in Brand steckten, bevor es sich auf seine Reise ins Reich Walhalla begab.

Cleesewoods Vorgänger Tim Shropsborough hatte man auf dieselbe skurrile Art hergerichtet. Timothy Martin James Charles Eugene, 17. Earl von Shropsborough, war ein Exzentriker gewesen. Seine grauen Haare hatte er zu einem geflochtenen Pferdeschwanz gebunden, sein Bart glich dem Salvador Dalís, und seine Kleidung stammte nahezu ausschließlich von seiner guten Freundin Vivienne Westwood. Keine Party, die er ausgelassen hätte, kein gesellschaftliches Event, auf dem er sich nicht sehen ließ. Publiziert hatte er nicht viel, und selbst bei seinen wenigen Schriften fragte man sich, wann er je die Zeit dafür gefunden hatte. Doch er hatte die Kulinaristik in die Medien gebracht, denn über einen Paradiesvogel wie ihn wollten alle berichten. Auch Forschungsgelder und andere Mittel hatte er akquiriert und Cambridge damit zum wichtigsten Zentrum der Teeforschung außerhalb Asiens werden lassen.

Nun, nach dem Tod von Cleesewood, spekulierte die Zeitung darüber, wer die Nachfolge antreten würde. Der Redakteur war der Meinung, es könne nur ein ausgesprochen mutiger Mann sein.

Oder schlicht ein Vollidiot.

Bietigheim hatte die Stelle in einem plötzlichen Anflug

von Abenteuerlust angenommen. Nun kam ihm der Entschluss ein wenig wahnsinnig vor. Seine beiden Vorgänger waren innerhalb eines halben Jahres auf dieselbe Art und Weise umgebracht worden. Der Serienkiller hatte ganz offenbar etwas gegen die Inhaber dieses Lehrstuhls. Nur warum? Das Fach Kulinaristik schadete niemandem, es war größtenteils unpolitisch, die Forscher äußerten sich selten zu Fragen der Religion (und wenn, dann höchstens zum Thema Essensgebote), und von Mitgliedschaft in einer kriminellen Vereinigung, Drogenhandel, Prostitution oder Erpressung hatte auch nichts in der Stellenbeschreibung gestanden. Warum also diese einfallsreichen, aber nichtsdestotrotz abscheulichen Morde?

Am Ende des Artikels wurde darauf hingewiesen, dass im Innenteil Ausführlicheres über die Taten zu finden war. Bietigheim umkreiste den Wohnzimmertisch mit der Zeitung eine Weile, dann atmete er tief durch, griff sie sich und ließ sich in den Ohrensessel fallen. Wäre wenigstens Benno von Saber bei ihm, sein treuer Foxterrier. Dann hätte er sich wohler gefühlt. Ein Haus ohne Hund war wie ein Huhn ohne Federn. Doch die Quarantänevorschriften Großbritanniens waren streng und eindeutig. Selbst so knuffige Exemplare wie Benno mussten draußen bleiben. Bietigheim erinnerte sich noch gut, wie er ihn damals beim Züchter in Eimsbüttel abgeholt hatte. Den Fahrradkorb hatte er für die Rückfahrt mit einer Zeitung ausgelegt – auf der sich der kleine Racker dann erleichtert hatte. Und zwar genau auf dem Artikel über die rivalisierende Universität Bremen.

Da hatte er gewusst, dass sie dicke Freunde werden würden.

Der Professor überflog den Artikel in den »Cambridge Evening News«. Der Mörder war noch immer nicht gefasst, und zwischen den Zeilen war zu lesen, dass die Polizei nicht einmal eine brauchbare Spur hatte. Bietigheim hielt die Zeitung so, dass die wenigen Lichtstrahlen dieses trüben Tages auf das große Farbfoto im Innenteil fielen. Hatte er es sich doch gleich gedacht! Das mochte ja weißer Darjeeling sein, aber er war miserabel aufgebrüht. Stümperhaft geradezu. Aber so etwas fiel Polizisten natürlich nicht auf, was wussten die schon von den Feinheiten der Teekultur? So viel wie eine Kuh von Astrophysik.

Neben dem Artikel befand sich eine Anzeige von Auntie's Tea House, wo eine neue Bedienung gesucht wurde. Ihr Werbe-Slogan (»Tee – weckt die Lebensgeister!«) mutete neben dem Artikel über die toten Professoren ein wenig geschmacklos an. Und das war bei Tee immer schlecht.

Bietigheim legte die Zeitung auf den Beistelltisch und drehte sie um, damit er die Titelseite nicht mehr sehen musste. Dann öffnete er den Briefumschlag.

Doch das machte alles nur noch schlimmer.

Der Umschlag enthielt Fotos der Ermordeten. Detaillierte Nahaufnahmen der aufgequollenen Gesichter. Aus allen Blickwinkeln.

Wer schickte ihm so etwas zur Begrüßung? Die Fotos waren tagsüber geschossen worden, also konnten es keine Erinnerungsaufnahmen des Mörders sein, denn dieser hatte nachts zugeschlagen. Doch wer war dann so zynisch, ihm mit diesen Fotos so deutlich vor Augen zu führen, welches Damoklesschwert über ihm schwebte? Ein Schwert, das im Übrigen jederzeit fallen konnte, noch bevor er auch nur eine einzige Tasse Tee getrunken hatte?

Apropos Tee, dachte Bietigheim, eine Tasse mit heißem Earl Grey wäre jetzt wunderbar für Leib und Seele – herrlich erfrischender chinesischer Schwarztee mit Schalen der Bergamotte, Citrus bergamia. So ein Neuanfang ging mit Tee gleich viel besser, und ein wenig Teegebäck von Ackenthorpe durfte auch nicht fehlen.

Auf dem Weg zur Küche bemerkte Bietigheim vor dem Fenster zur Pretoria Road einen Blitz. Er zählte innerlich die Sekunden bis zum Donner, um abzuschätzen, wie weit das Gewitter entfernt war. Doch es kam kein Donner.

Dafür noch ein Blitz.

Und ein weiterer.

Bietigheim trat zum Fenster und bereute es sofort. Draußen stand ein Fotograf, der nun ein wunderbares Bild von ihm schoss, wie er wütend hinausblickte. Dann rannte der junge Mann fort, denn vermutlich ahnte er, dass Bietigheim ansonsten die Kamera und seine Nase nicht im Originalzustand gelassen hätte.

Was für ein Tag.

Schlimmer konnte es kaum werden.

Adalbert Bietigheim war ein wenig enttäuscht, dass er seinen extra angeschafften Schirm mit aufgedrucktem Hamburger Landeswappen nicht brauchte, als er aus der Tür trat. Aber es schien tatsächlich die Sonne. Dabei hätte ihn das nicht wundern müssen, denn wenn er sich an seine Zeit als Juniorprofessor in Cambridge erinnerte, schien immer die Sonne. Es stimmte zwar, dass es oft regnete, aber es hörte eben auch oft wieder auf. Das Wetter wechselte schneller als Ebbe und Flut.

Gerne wäre der Professor mit seinem alten Hollandrad gefahren, doch dessen Transport hatte sich als sehr kompliziert herausgestellt. Nun war er also nicht nur hunde-, sondern auch fahrradlos. Doch er hatte immer noch seine Füße! Und die trugen ihn nun über die Fußbrücke am Ende der Pretoria Road und am Cam entlang bis zum Zentrum des Städtchens. Allerdings nannte Bietigheim den träge dahinfließenden Fluss Granta. Denn erst nachdem die angelsächsische Siedlung Grantebrycge zu Cambridge geworden war, hatte auch der Fluss seinen ursprünglichen Namen verloren. Doch alle, die ihn gut kannten, durften ihn weiterhin bei seinem Geburtsnamen nennen.

Der Weg zu seinem neuen Arbeitsplatz war nicht weit,

denn Professoren durften einer alten Vorschrift zufolge nicht weiter als zwanzig Meilen von der Universität oder genauer gesagt von der Kirche Great St Mary's im Herzen Cambridges wohnen, Studenten gar nur drei Meilen. Bietigheim passierte das beste Restaurant der Stadt, das mit zwei Sternen dekorierte Midsummer House. Einige köstliche Düfte stahlen sich bis in seine Nase – geröstetes Rosmarin-Salzlamm, Seezunge an Lakritz-Limettensauce, Tarte Tatin mit Champagnersorbet –, doch jetzt hatte er keine Zeit für ein ausschweifendes Mahl – er musste zum Institut für Kulinaristik.

Linkerhand des Flusses erstreckten sich das weitläufige Grün des Parks Jesus Green und der nach ihm benannte Jesus Green Swimming Pool, rechts die Bootshäuser der einunddreißig Colleges. Stetig zogen Ruderer ihre Bahnen auf dem Fluss, vorbei an den fest vertäuten Narrowboats, die, schmal wie Zigarren, Heimstatt für Alternativwohnende geworden waren. Damit die Boote auf alle Binnenwasserstraßen passten, waren sie zwar bis zu einundzwanzig Meter lang, aber nie mehr als gut zwei Meter breit.

Eines der Narrowboats, angemalt wie die Flagge des Vereinigten Königreichs, war sogar zu vermieten. Inklusive Grill, wie auf dem handgemalten Pappplakat stand. Für Bietigheim wäre das allerdings nichts. Fester Boden musste schon sein, fand er. Sowie ein Kamin. Und idealerweise eine Küche, die größer als das Wohnzimmer war.

Der Professor passte so perfekt in die Innenstadt Cambridges wie in einen maßgefertigten Handschuh. Überall befanden sich Gebäude der Colleges und der Universität, die man mit keiner anderen Englands vergleichen konnte. Sie war eine kleine Welt für sich, als Cambridge Bubble bekannt. Eine achthundert Jahre alte Seifenblase.

Das Institut für Kulinaristik lag im dritten Stock eines roten Backsteingebäudes in der Mill Lane, nur wenige Meter vom Flussufer entfernt. Einen Aufzug gab es nicht, doch das war Adalbert Bietigheim nur recht. So kamen auch die gehfaulen Studenten zu etwas Bewegung. Studien hatten längst bewiesen, dass der Sinnspruch »Mens sana in corpore sano« tatsächlich galt – ein gesunder Geist in einem gesunden Körper war gerade im Alter sehr wichtig. Doch man konnte nicht früh genug damit beginnen.

Die Tür zum Institut war mit einem Milchglasfenster versehen. Zu seiner Zufriedenheit war auf dem Schild bereits sein Name eingraviert – jedoch war einer seiner Doktortitel vergessen worden. Na, das würde ein Donnerwetter geben!

Dennoch trat Bietigheim mit einer gewissen Vorfreude ein. Denn die Kunde von der Sekretärin des Instituts hatte sich bis in die Hansestadt Hamburg verbreitet. Asha Ghalib sollte eine Inderin mit Augen wie Kaffeebohnen und Haut wie Milchschokolade sein, eine kleine, kräftige Frau mit rotem Punkt auf der Stirn, stets in traditionelle, ausgesprochen farbenfrohe Saris gekleidet. Ihr wurden magische Hände bei der Zubereitung von Tee nachgesagt, und angeblich behandelte sie in ihrer herzlichen und generösen Art das Lehrpersonal wie auch die Studenten allesamt wie ihre Kinder.

Als Adalbert eintrat, saß sie hinter ihrem schmalen Schreibtisch und tippte auf der Computertastatur.

»Hummel, Hummel!«, rief er ihr fröhlich zu und erklärte sogleich, dass dies der traditionelle Hamburger Gruß sei, auf den sie mit »Mors, Mors« antworten müsse.

Asha Ghalib blickte nicht auf, sagte nichts, und reichte ihm auch nicht die Hand, als der Professor die seine ausstreckte.

Ob es sich um eine andere Frau handelte?

Sein Büro befand sich, wie er nach kurzem Suchen herausfand, am Ende des Flurs. Von den anderen Institutsangehörigen war nichts zu sehen. Komisch, alles sehr komisch. Es war doch bekannt, dass er heute seine Stelle antreten würde, ja, sogar die Uhrzeit war festgelegt. Hieß man heutzutage neue Professoren nicht mehr herzlich willkommen? Was war nur aus der englischen Gastfreundschaft geworden?

Im Büro fand er die Antwort auf seine Fragen – in Form des »Daily Telegraph«. Wie sich herausstellte, bildete er selbst das Titelthema der heutigen Ausgabe. Und nachdem Bietigheim den Artikel überflogen hatte, wunderte ihn das Verhalten der Sekretärin auch kein bisschen mehr. Laut einer gut informierten, aber ungenannten Universitätsquelle sollte er behauptet haben, dass seine Vorgänger, die beiden ermordeten Professoren, einfach nicht gut genug auf sich aufgepasst hätten. »Ich bin da von ganz anderem Kaliber«, hatte er der Zeitung zufolge großspurig behauptet. »Und ich weiß, welche Straßen ich wann meiden muss. Deshalb trete ich die Stelle ohne Furcht an.«

Es klang wie eine Herausforderung an den Mörder. Und es war eine unglaubliche Frechheit gegenüber den Verstorbenen. Wer verbreitete so etwas über ihn? Und warum? Etwa um ganz Cambridge gegen ihn aufzubringen? Wer immer es getan hatte, er war gerissen. Bietigheim war noch keinen Tag hier und hatte schon einen Haufen Feinde. Manchmal drehte die Erde sich einfach zu schnell.

Ohne anzuklopfen trat Asha Ghalib ein und stellte ihm wortlos eine Tasse auf den Schreibtisch. Der Teebeutel schwamm noch darin.

Das war dann wohl die Höchststrafe.

Die Behauptung, Adalberts Laune wäre schlecht gewesen, war eine maßlose Untertreibung. So als würde man sagen, im Inneren der Sonne sei es warm. Er konnte sich nicht erinnern, jemals so schlecht gelaunt gewesen zu sein. Ohne Fahrrad und Hund fehlte ihm außerdem alles, was seine Laune von kochend auf siedend gesenkt hätte. Kurzerhand rief er in der Zeitungsredaktion an und bestellte den

Redakteur zu sich. Dieser bestand jedoch darauf, sich am Cam zu treffen, und gab den genauen Uferabschnitt durch.

Bietigheim stapfte hin. Es war erstaunlich, dass seine schweren Schritte keine Abdrücke im Asphalt hinterließen.

Ein idyllischerer Ort als das Flussufer war kaum denkbar, das träge Wasser, in dem sich die wärmende Sonne spiegelte, einige Stechkähne, die langsam vorbeigestakt wurden, Spatzen auf der Suche nach Krümeln, ja sogar ein laues, fast mediterranes Lüftchen. Es war, als würde sich das Wetter über seine Stimmung lustig machen.

Der Bursche von der Zeitung trug eine Jacke und eine Hose in Tweed. Die Kombination von Oberlippenbart und Koteletten erinnerte an einen Jahrmarktsboxer vom Anfang des 20. Jahrhunderts. Allerdings in einer schmächtigen Version. Ein Schlag, und er würde in der Ringecke zusammensacken. Leicht gebückt, mit ausgestreckter Hand, kam er auf Bietigheim zu.

»Michael Broadbent, danke, dass Sie sich die Zeit nehmen.«

Obwohl der Professor schlecht gelaunt war, schüttelte er ihm die Hand. Ein Bietigheim vergaß nie seine Manieren. Und ein Bietigheim sprach Englisch stets mit perfektem Upperclass-Akzent. Absolut fehlerfrei, verstand sich. Wenn einer den Engländern zeigen konnte, wie man richtig Englisch sprach, dann er. Broadbent dagegen wies einen leichten irischen Einschlag auf.

»Sie werden einen Widerruf drucken. Wenn Sie möchten, können wir das auch über meine Anwälte laufen lassen.« Bietigheim hatte keine Anwälte, aber es klang einfach besser.

»Wir machen etwas viel Besseres«, antwortete Broadbent. »Einen neuen Artikel, in dem Sie alles geraderücken. Und zwar mit Foto, das wird die Aufmacherstory!«

»Ich möchte den Artikel aber vor Veröffentlichung gegenlesen.«

»Das ist unübl …«

»Ich *werde* ihn vor Veröffentlichung gegenlesen.«

»Gerne.«

Bietigheim trat nahe ans Ufer. »Schreiben Sie mit! Ich habe nichts dergleichen gesagt und denke auch nichts dergleichen. Wissenschaftlich und menschlich gesehen sind die Morde eine Tragödie, ja, schreiben Sie das, das ist gut. Eine menschliche Tragödie, lassen Sie wissenschaftlich weg. Schreiben Sie stattdessen, ich empfände Hochachtung für die beiden. Sämtliche zuvor von Ihnen abgedruckten Zitate seien falsch. So, und damit auf Wiedersehen.« Er wandte sich zum Gehen, es gab noch viel zu tun. Dieser Broadbent wollte zwar noch ein Foto von ihm haben, aber das musste nun wirklich nicht sein.

»Hier ist es passiert«, sagte der Redakteur. »Von hier stammen die Boote, in denen die beiden Toten gefunden wurden, und hier müssen sie auch losgemacht worden sein, sonst hätten sich die Boote nicht an der fraglichen Stelle am Ufer des Cam verhakt.«

Bietigheim hielt inne. »Weiß man, um wieviel Uhr sie gestorben sind?«

Broadbent schüttelte den Kopf. »Durch das Einlegen der Leichen in Wasser war es den Gerichtsmedizinern leider nicht möglich, den Todeszeitpunkt genauer einzugrenzen.«

»Das war sehr schlau vom Täter. Oder den Tätern.« Bietigheim ging auf einen der am Ufer vertäuten Kähne zu. »Es muss lange gedauert haben, so ein Boot mit Tee zu füllen. Warum ist das Ganze niemandem aufgefallen?«

»Dies ist keine Wohngegend, hier gibt es fast nur Büros. Und nachts verirren sich höchstens ein paar Verliebte hierher, die, nun ja, in den Stechkähnen ist ausreichend Platz …«

»Was waren es für Wochentage?«

»Was für *Wochentage*? Das hat noch nie einer gefragt.«

»Nun antworten Sie schon. Der Wochentag kann entscheidend sein. Beeilung!«

Broadbent blätterte in seinem Notizbuch. »Beim ersten Mord wurde die Leiche an einem Sonntag gefunden, beim zweiten war es ein Mittwoch. Sind alle Deutschen so unhöflich?«

Adalbert sah den Schwänen nach, die arrogant wie Hollywood-Diven alter Schule über den Fluss trieben, ohne jemanden auch nur eines Blickes zu würdigen. Es sei denn, er hatte Brot für sie. Ein Exemplar schien besonders bösartig und jagte seine Artgenossen quer über den Fluss. Er hatte nur noch ein Auge, das andere wohl im Kampf verloren. Aber das Verbliebene reichte, um seine Opfer schnell genug auszumachen.

Der Professor konnte Schwäne nicht ausstehen. – Er drehte sich wieder zu dem dreisten Schreiberling. Kaum war er hier, steckte er schon mitten in Ermittlungen, nicht einmal Zeit für High Tea mit alten Freunden blieb ihm. Was fragten Polizisten bei einem Mord? Er musste nicht lange nachdenken.

»Fehlte irgendetwas? Geldbörsen? Schlüssel?«

»Nein, nichts.«

»Wurde Alkohol in ihrem Blut gefunden? Na los. Sagen Sie schon.«

Wieder blätterte der Reporter. »Beim Earl ja, und zwar ein Komma zwei Promille, bei Cleesewood nicht.«

»Wer hat sie gefunden?«

»Warum lesen Sie nicht die Zeitungsartikel?«

»Sind Sie zu faul, um nachzusehen? Oder sind Ihre Notizen ungeordnet? In jedem Falle wäre es eine Schande für einen Cambridge-Studenten.«

Die Röte stieg in Broadbents Gesicht empor wie kochende Lava. »Sie sind ein schrecklicher Mensch!«, rief er.

»Was für ein Unsinn. Ich pflege nur meine Zeit effektiv zu nutzen. Wenn ich es richtig sehe, ist die sicherste

Methode für mich, nicht umgebracht zu werden, den Täter schnell zu finden. Also werde ich das tun. Und Sie reißen sich zusammen, sonst werde ich die Universität über Ihr Verhalten informieren. Sie sind doch Student, oder? So wie Sie läuft zumindest kein ernsthafter Journalist herum. Diese Koteletten, ich bitte Sie! Also halten wir fest: Sie sind freier Mitarbeiter, aber eigentlich Student. Wo nehmen Sie bloß die Zeit für solch ein Hobby her? Anscheinend sind die Anforderungen an die Studenten laxer geworden.«

»Andere rudern in ihrer Freizeit.«

»Das sollten Sie auch, statt für ein solches Schmierblatt zu schreiben. Oder fasziniert Sie etwa dieser Fall? Obwohl Sie von Tee nicht den Schimmer einer Ahnung haben?«

Broadbent richtete sich zu voller Größe auf. Was allerdings nicht viel bedeutete. »Ich kenne mich sehr wohl mit Tee aus! Während meiner Schulzeit habe ich in den Ferien immer wieder in Kew Gardens gearbeitet, freiwillig und unentgeltlich. Im Temperate House, wo es auch eine Teepflanze gibt, eine Camellia sinensis. Ich habe meine Arbeit dort geliebt, der botanische Garten war wie eine eigene Welt. Eine echte Oase der Ruhe und Friedlichkeit.«

Bietigheim kannte Kew Gardens und das Temperate House gut. Und schätzte sie ebenfalls. Vielleicht war an diesem Studenten doch nicht alles verkehrt. »Also gut, schießen Sie Ihr Foto von mir.« Bietigheim stellte sich ans Ufer des Cam, die Arme hinter dem Rücken verschränkt, das Gesicht in Denkermanier.

Zwei Fragen hatte er dem jungen Broadbent noch nicht gestellt, obwohl sie seit seiner Ankunft in Cambridge in seinem Kopf herumspukten wie ruhelose Poltergeister.

»Woran ist der Earl gestorben?«

»Man fand Tee in seiner Speiseröhre. Zuerst dachte man, er sei daran erstickt. Doch die Todesursache war ein Schädelbruch, verursacht durch einen Schlag mit einem stumpfen Gegenstand.«

Würde wohl doch nichts werden mit der Ruhe. »Haushaltsvakuumierer«, murmelte Bietigheim.

»Was?«

»Und woran ist Cleesewood gestorben?«

»Was Sie eben sagten, klang aber eher wie Haushaltsvakuumierer.«

»Nein, das habe ich nicht gesagt.«

»Doch.«

»Nein. Und wenn ich jetzt keine Antwort auf meine vor sicher drei Minuten an Sie gestellte Frage von Ihnen bekomme, drehe ich mich auf dem Absatz um und gehe, rufe aus meinem Büro Ihre Redaktion an und sage, dass Sie Ihre Quelle erfunden haben und ich einen Rechtsanwalt einschalte.«

»Das würden Sie nicht wagen!«

»Woran ist er gestorben? Das Universum ist endlich, und um meine Geduld steht es nicht besser.«

»Man weiß es nicht.«

»Wie bitte?«

»Die Todesursache konnte nicht ermittelt werden. Offiziell heißt es, er sei an dem Tee gestorben, der auch in seiner Speiseröhre gefunden wurde, aber das stimmt wohl nicht. Es ist ein Rätsel.« Broadbent blickte auf seine Schuhe. Das hatte er zuvor noch nicht getan.

»Da ist noch etwas. Spucken Sie die Information aus. Und nehmen Sie endlich Haltung an. Sie stehen da wie ein nasser Sack in der Kurve.«

»Ich fange an, Sie ins Herz zu schließen.«

»Werden Sie ja nicht frech! Wissen Sie was? Ich gehe nun, Ihre Zeit ist um, die Information werde ich auch andernorts erhalten.«

Broadbent baute sich vor dem Professor auf, doch der umschiffte ihn einfach. Da der junge Kotelettenträger sich nicht traute, Bietigheim aufzuhalten, musste er zügigen Schritts neben ihm hergehen.

»Okay, ich gebe Ihnen die Info ja schon. Sie sind ein ganz schön harter Hund, obwohl Sie gar nicht so aussehen. Das ist ein Kompliment! Was ich Ihnen noch sagen wollte, weil ich ein guter Student bin, den man nirgendwo anzuschwärzen braucht: Der Tee, den man in den Speiseröhren der beiden Ermordeten fand, war der Gleiche, welcher auch zum Füllen der Punting-Boote genutzt wurde.«

»White Darjeeling?«

Broadbent nickte. »White Darjeeling. Ich hoffe, das trifft Ihren Geschmack.«

»Und wo bekommt man diesen Tee in Cambridge?«

»Diese spezielle Sorte nur in Auntie's Tea House. Dort behauptet man jedoch, nicht zu wissen, wer ihn gekauft hat. Ich glaube denen kein Wort. Ist ohnehin ein komischer Laden. Ständig suchen die Personal, da hält es wohl keiner lange aus. Die Chefin muss eine fürchterliche Schreckschraube sein.«

Bietigheim verließ den Studenten mit einem kurzen Nicken des Dankes, denn wie ihm seine Uhr verriet, erwartete man ihn bereits im St John's College, seiner neuen Heimat. Zwar lebte er nicht dort, doch war er diesem zugeordnet, zudem existierte ein Büro, in dem Studenten ihm – zu vorher festgelegten Sprechzeiten – Fragen stellen durften. Das St John's war das drittgrößte College der Stadt und bereits 1511 gegründet worden. Zehn Nobelpreise hatten die Fellows dieses konservativ-traditionellen Hauses errungen, nicht nur deshalb war es auch eines der Reichsten. Einen berühmten Chor gab es natürlich auch, der jeden Tag den Evensong in der College-Kapelle sang. Und immer noch fand jeden Abend ein förmliches Dinner statt, bei dem die Studenten in ihren Gowns, den akademischen Talaren, erscheinen mussten. Drei Gänge, silbernes Besteck, Kerzen auf dem Tisch.

Und dann gab es da noch diese besondere Beziehung zu

Schwänen, auf die sich der Professor ganz besonders gefreut hatte.

Einige Sekunden verweilte der Professor vor dem Front Gate. Von links und rechts sahen ihn mythische Bestien aus Stein neugierig an, die Yales genannt wurden. Sie hatten die Schwänze von Elefanten, den Körper von Antilopen und die Köpfe von Ziegen. Über dem Eingang thronte St John, zu seinen Füßen ein Adler, das traditionelle Symbol des Evangelisten.

Das würde den Studenten beim Eintritt tüchtig Ehrfurcht einflößen. Gut so.

Ein Schild teilte mit, dass ein Besuch des Colleges heute nicht möglich war. Der livrierte Pförtner beäugte Bietigheim ausgiebig. Na, der würde sich wundern, dass der neue Gastprofessor vor ihm stand! Bietigheim näherte sich, bereit, sich tadelnd zu räuspern, doch der Pförtner trat bereits zur Seite.

»Herzlich willkommen, Professor Dr. Dr. Bietigheim.«

Adalbert konnte nicht anders, als huldvoll nicken. Woher wusste dieser Mann bloß …? Dann sah er die Antwort im Pförtnerhäuschen. Dort hingen Fotos aller Studenten und Fellows, die Neuesten zuoberst – und ganz oben Professor Dr. Dr. Adalbert Bietigheim, der Name daneben in Lautschrift niedergeschrieben. Respekt!

Weiter ging es durch den First Court, den ersten Hof des Colleges, der von Gebäuden in rötlichem Backstein umrahmt war. Er war quadratisch, mit perfekt gepflegtem englischen Rasen. Am nördlichen Ende thronte die College-Kapelle. Es folgten der zweite sowie der dritte Court. Die ganze Zeit wurde Bietigheim das Gefühl nicht los, aus unzähligen Fenstern beäugt zu werden.

Vielleicht hatte er damit gar nicht so unrecht.

Wenige Meter vom Büro des Masters, Professor W. W. Stuart, entfernt, drückte ihm ein dunkelhaariger, in Tweed gekleideter Student im Vorbeigehen etwas in die Hand und verschwand wortlos wieder in den Gängen. Als Bietigheim nachschaute, war es ein Umschlag mit dem Siegel der Port Wine Society. Merkwürdig. Er wollte ihn gerade öffnen, als die Tür vor ihm aufging und der Master höchstselbst herauskam, seinen Arm um ihn legte und ihn jovial hineingeleitete. Bestimmt würden sie ihm zu Ehren nun Scones, Sandwiches mit Gurken, Ei und Kresse und natürlich einen herrlichen Tee auftischen. Genau das brauchte er jetzt!

Doch im Inneren erwartete ihn ein Kuchen mit seinem Namen in Puderzucker und brennenden Wunderkerzen.

»Ein deutscher Marmorkuchen, extra für Sie. Herzlich willkommen im St John's College!«

Sie hatten auch Bier aus Deutschland besorgt, doch kein Hamburger Holsten sondern Kölsch. Es stand neben dem Kuchen. Wie nett. Sie nötigten ihn dazu, es zu trinken.

Anwesend waren noch andere Fellows des Colleges, einige davon kannte Bietigheim noch aus seiner Zeit als Student und Junior-Professor. Auch der Master war damals schon hier tätig gewesen, er sah aus wie Siegfried aus »Der Doktor und das liebe Vieh« und trug sogar Lederflicken an den Ellbogen seines Sakkos. W. W. Stuart war geradezu überschäumend fröhlich und energiegeladen.

Bietigheim fand, dass sich ein solches Benehmen für einen Professor einfach nicht gehörte.

Der Master klopfte ihm auf die Schulter wie einem prächtigen Gaul. »Darf ich sagen, wie überglücklich wir sind, dass Sie die Gastprofessur angenommen haben? Ein solch hochrenommierter Mann wie Sie ist ein Glücksfall für unsere Studentenschaft! Wie heißt es doch so schön: Excellence breeds excellence. Sie haben uns damit aus einer Bredouille gerettet – und St John's vergisst so etwas nicht.«

»Sehr gern. Ich möchte gleich zu Protokoll geben, dass ich das, was heute in der Zeitung stand, nie geäußert habe. So etwas würde ich nie …«

»Weiß ich doch, habe ich auch nicht einen Augenblick

angenommen! Die Redaktion hat schon angerufen und es klargestellt. Alles wun-der-bar!«

Bietigheim wusste nicht, ob das Lächeln des Masters so unbekümmert war, wie es aussah. Er vermutete, dass sein Telefon den ganzen Tag nicht stillgestanden hatte. Auch jetzt klingelte es, die Sekretärin hob ab und sprach auffallend leise in den Hörer.

Was folgte, war Small Talk der höflich-britischen Art. Man redete allerhand, nur nicht über Themen, die das Gegenüber in eine unangenehme Situation bringen könnten – weil es dazu nichts beitragen oder anderer Meinung sein konnte. Die Zeiten mochten sich ändern, Computer und Internet Einzug halten, doch die Gesprächsregeln der Insulaner änderten sich nicht.

Am besten, das wusste Bietigheim noch aus seiner eigenen Zeit in Cambridge, sprach man tatsächlich über das Wetter. Irgendwann schaffte er es, den Master beiseitezunehmen, doch erst nachdem er die Eigenarten des englischen Regens durchdekliniert hatte, kam er zu seinem eigentlichen Anliegen.

»Worüber haben meine beiden Vorgänger zuletzt geforscht? Hatten sie ein gemeinsames Projekt?«

Ein strenger Blick traf ihn. »Sie denken doch nicht etwa, dass dies etwas mit den schrecklichen Morden zu tun haben könnte?«

»Das liegt meines Erachtens durchaus im Bereich des Möglichen.«

»Befassen Sie sich nicht damit, das liegt hinter uns, ein für alle Mal.«

»Aber ...«

»Mein lieber Kollege!« Der Master legte wieder seinen Arm von der Größe einer Anakonda um ihn. »Leider sind Sie nur für ein Semester bei uns, weil Sie zu unserem größten Bedauern in Hamburg verbleiben möchten. Deshalb zermartern Sie sich bitte nicht den Kopf, solange Sie hier sind. Lassen Sie die Toten ruhen. Sie müssen in Ihrer Zeit auch überhaupt nicht forschen, das erwartet niemand von Ihnen. Überlassen Sie das Ihrem Nachfolger, den es allerdings noch zu finden gilt.«

»Für was bin ich denn dann hier?«

»Den Stoff durchzunehmen – auf Ihre besonders eindringliche Art. Ich weiß, dass es schwerfällt, sich darauf zu konzentrieren, aber denken Sie einfach nicht an die Morde. Soll ich Sie zu Ihrem Sprechzimmer bringen? Wir müssen jetzt alle wieder an die Arbeit. Den restlichen Kuchen lasse ich Ihnen gerne bringen und das Bier natürlich auch. Es passt nicht wirklich dazu, aber was weiß ich schon von deutschem Geschmack? Dafür sind Sie ja der Experte!« Er lachte herzhaft. »Und wir sehen uns heute Abend zum Dinner in unserer Hall, dann stelle ich Sie den Studenten vor. Eine kleine Rede wird drin sein, da bin ich sicher. Und danach, so habe ich es läuten hören, haben die Kollegen zu Ihren Ehren noch ein Pub-Quiz organisiert.«

Ein Pub-Quiz? Das wurde ja immer besser.

Wenig später standen sie vor dem Sprechzimmer des Professors. Der Master machte auf dem Absatz kehrt. Dann drehte er sich noch einmal um. »Erschrecken Sie nicht. Ich mag übrigens den deutschen Humor!«

Erschrecken? Wieso erschrecken? Und als besonders humoristisch hatte der Professor ihr Gespräch gar nicht empfunden.

Bietigheim öffnete die Tür zu seinem Sprechzimmer, sah hinein – und war dreifach überrascht, um nicht zu sagen: geschockt. Erstens, weil der Raum die Größe einer Besenkammer hatte, zweitens, weil nichts darin stand bis auf einen Tisch, einen Stuhl, ein leeres Regal und einen Papierkorb. Nichts, nicht einmal eine Haarschuppe, schien von seinem Vorgänger übrig geblieben zu sein.

Und drittens, und das war die größte Überraschung, saß

bereits jemand auf seinem Stuhl. Und zwar so, als gehörte ihm nicht nur dieser, sondern auch der Raum dazu, und wo man schon mal dabei war, das College und eigentlich auch Cambridge, wenn nicht das ganze Königreich. Der Besetzer des Stuhls schaffte es, wie eine Katze jegliches Gebiet durch seine bloße Anwesenheit zum Herrschaftsbereich zu erklären. Sein Name: Pit Kossitzke. Wenn er in einem Raum saß, wirkte dieser eng, und sei es ein Fußballstadion. Pit hatte seine Haarpracht konzentriert – und zwar auf das Kinn. Lang und weiß spross sie dort. Den Kopf trug er blank und poliert. Seinen Körper hüllte er mit Vorliebe in schwarzes Leder, und bei seinem Speiseplan konzentrierte er sich auf das Wesentliche: Fleisch. Wer mit ihm aß, fühlte sich in die Steinzeit zurückversetzt: Mammut muss sterben, denn Mann hat Hunger! Den Professor und ihn verband eine lange Freundschaft, die man diesen so ungleichen Persönlichkeiten gar nicht zugetraut hätte. Doch das Schicksal hatte sich nicht um derlei Vorurteile geschert und sie zusammengebracht: den Rocker und den Wissenschaftler.

Pit schwang seine Beine samt Stiefeln vom Tisch, als Bietigheim eintrat, sprang auf und rief: »Überraschung!« Dann umarmte er den Professor herzlich, bis diesem die Luft wegblieb. Bietigheim dachte: Higgs-Boson, brachte aber gerade noch ein »Pit!« hervor.

»Genau der. In leibhaftig! Sie sehen schlecht aus, Professore. Sollten mal eine gute Tasse Tee trinken.«

Adalbert freute sich, den vierschrötigen Taxifahrer aus seiner Heimatstadt zu sehen – auch wenn er dies ihm gegenüber nie zugegeben hätte. Eigentlich war Pit sogar Taxiunternehmer, denn er fuhr auf eigene Rechnung und nur dann, wenn er Lust hatte. Aus einem von ihm niemals enthüllten Grund besaß er genug Geld, um sich das erlauben zu können. Er war sein eigener Herr.

»Wollte Sie mal besuchen kommen. Glück wünschen und so.«

Bietigheim kannte Pit gut genug, um zu wissen, dass dies kein Antrittsbesuch war. »Es ist wegen der Morde, oder? Sie wollen sehen, wie es mir ans Leder geht.«

»Käme mir nicht in den Sinn. Sie sind doch mein Lieblingsunimensch. Ist echt nur ein Wochenendausflug.«

»Bis zu welchem Wochenende denn?«

Pit lachte schnarrend. »Na, Ihren Mutterwitz haben Sie noch nicht verloren! Wollen wir irgendwo was trinken gehen? Mein Gaumen wird nämlich langsam saharig.«

»Ja, nun, wir könnten …«, Bietigheim überlegte kurz, »… in Auntie's Tea House gehen.«

Pit zog die Mundwinkel Richtung Fußboden. »Britisches Bier ist nährstoffreicher, und ich hatte eine lange Fahrt. Ich geb Ihnen im Pub auch einen aus.«

»Genau genommen ist Bier keineswegs gesünder als eine Tasse Tee, vor allem wenn man bedenkt …«

Doch da war Pit bereits aus der Tür und winkte ihn zu sich. »Ich hab da schon einen netten Laden entdeckt, wo es auch was zu futtern gibt. Typisch Englisches. Richtig lecker! Die haben wohl auch eine Schlachterei.«

»Die britische Küche hat mehr zu bieten als …«

Doch wieder kam er nicht zu Wort, denn Pit ging vor und erzählte dabei von seiner Reise über den Kanal. Er hatte das Schiff gewählt und nicht den Eurostar – das Flugzeug kam sowieso nicht infrage, weil er sein Taxi natürlich mitnehmen wollte. Und Pit hatte tatsächlich einen Parkplatz in der Innenstadt gefunden, vor dem sie nach kurzer Zeit standen. Wie er das geschafft hatte, war dem Professor ein Rätsel. Pit behauptete, er hätte sich nach der Taxifahrerprüfung gleich einen Radar für die Parkplatzsuche einbauen lassen. Zweifellos eine sinnvolle Investition.

Mit der Pranke tätschelte er seinen fahrbaren Untersatz. »Da ist er, mein Alfons der Viertelvorzwölfte. Ein ganz besonderer Wagen mit vielen Überraschungen.«

»So, so«, sagte Bietigheim, dem der Sinn weniger nach

Überraschungen als nach ein paar Stunden Zeit stand, in denen er seine Gedanken sammeln und katalogisieren konnte. »Wo liegt denn nun der Pub? Ich habe heute nämlich leider nur wenig Zeit. Morgen zeige ich Ihnen gerne die Stadt – wobei ich mich dann selbst auf den neuesten Stand bringen kann. Es ist ja nun doch schon einige Jahre her, seit ich hier Spuren hinterlassen habe.«

»Dieses Auto, lieber Professor, also ich kann Ihnen sagen. Dagegen ist James Bonds Fuhrpark ein Dreck.«

»Ja, glaube ich Ihnen gern. Können wir nun weitergehen?«

»Die untersuchen einen bei der Verfrachtung ja richtig, von wegen Schmuggel und so. Und bei mir haben sie ganz genau geschaut, weil ich so gefährlich aussehe.« Er riss die Augen auf und bleckte die Zähne – bevor er wieder schnarrend lachte.

»Sehr schön, ja, würden Sie sich angemessen kleiden, wäre Ihnen das nicht passiert. Da dürfen Sie sich nicht wundern. Ich habe Ihnen schon mehrfach gesagt, dass Sie ein wahrer Kinderschreck sind.«

Pit ging zum Kofferraum. »Bei den Bratzen heutzutage ist das manchmal ganz praktisch. Also, mein Alfons, der…«

Der Geduldsfaden des Professors riss mit einem deutlich hörbaren Knall. »Jetzt hören Sie doch endlich auf mit Ihrem Auto. Erzählen Sie das Ihren Freunden vom Taxistand, die interessiert so was vermutlich.«

Pit öffnete den Kofferraum, in dem sich Tüten, Kartons und Koffer drängten. Seine bratpfannengroßen Hände sanken hinein, schoben allerhand zur Seite und legten eine mit Luftschlitzen versehene Transportbox frei, deren Klappe sie öffneten.

Und plötzlich blickte Bietigheim ein frecher Hund an, kreuzfidel, mit hängender Zunge und wedelndem Schwanz. Benno von Saber! Als der Foxterrier seinen Herrn erkannte, sprang er ihm aus dem Kofferraum in die Arme. Erst nach ausgiebigem Kopfkraulen und Drücken setzte Bietigheim den kleinen Burschen auf den Boden, denn dort wollte dieser dringend eine erste Markierung auf englischem Boden hinterlassen – um den Hunden Cambridges klarzumachen, was ein Hamburger Vierbeiner so draufhatte.

Nun war es Bietigheim, der Pit umarmte und herzte, obwohl das sonst so gar nicht seine Art war. Aber dieser Teufelskerl hatte ihm seinen treuesten Freund gebracht! Bietigheim merkte, wie sehr ihm der kleine Strubbelkopf gefehlt hatte, wie unvollständig er ohne seinen treuen Begleiter war, um wie viel lebenswerter ihm alles erschien mit Benno an seiner Seite.

»Fragen Sie mich nicht, wie ich das angestellt habe. Zauberkünstler verraten ihre Tricks nämlich nie.«

»Ich schätze mal, dass auch ein wenig Geld im Spiel war.«

»Geld allein macht aber nicht glücklich«, erwiderte Pit. »Bekomme ich jetzt endlich was zu futtern?«

»Ist es denn noch weit bis zum Pub, in den ich Sie zum Essen einladen kann?«

»Ein paar Schritte schon – und ich lass den Wagen lieber hier stehen, denn selbst mit meinem Radar ist es in Cambridge nicht einfach, einen schönen Platz für Alfons zu finden.«

»Gut, gut, dann kommt Benno auch zu einem kleinen Spaziergang.«

Und so gingen sie zu dritt in einen der über hundert Pubs der Stadt. Er trug den Namen Baron of Beef, lag in der Bridge Street, und wenn man bestellte, erhielt man einen Holzlöffel mit der Nummer der Bestellung darauf. Bietigheim trank aus kulinarischem Interesse sogar ein Bier zum Essen, und zum Schluss zahlte er tatsächlich alles. Dann lud er Pit auf einen Tee in sein Haus ein –

wobei er sich vollends bewusst war, dass sein Hamburger Freund dort Quartier beziehen würde.

Benno von Saber, vollgefressen von den zufällig unter den Pubtisch gefallenen Leckereien, wählte prompt den schönen Ohrensessel als Schlafplatz, schloss die Augen und überließ Adalbert und Pit die Küche. Doch die Ruhe währte nur kurz. Denn ein wütendes »Verdammt noch eins, jetzt habe ich aber die Faxen dicke!« schallte durch das viktorianische Reihenhaus in der Pretoria Road. Bietigheim hatte auf der Küchentheke etwas entdeckt, das bei seinem Einzug noch nicht dort gewesen war.

Eine Packung Tee.

Eine eigentlich völlig harmlose Packung Tee.

Aber es war teuerster White Darjeeling.

Das Haltbarkeitsdatum war nur noch zwei Wochen entfernt.

Es erschien dem Professor wie eine Drohung.

KAPITEL 2

Flugtee FTGPOP

Am nächsten Morgen begrüßte der Professor, wie stets Fliege sowie karierte Weste tragend, seinen noch etwas übernächtigten Gast mit den Worten: »Was wissen Sie über Tee?«

»Vor allem, dass ich Kaffee lieber mag. «

»Antworten Sie ordentlich, und setzen Sie sich.« Bietigheim war im Gegensatz zu Pit hellwach – obwohl er am Vorabend ein formelles Essen im St John's sowie ein Pub-Quiz mit lächerlich einfachen Fragen über sich hatte ergehen lassen müssen. »Ich wiederhole: Was wissen Sie über Tee?«

»Ich bin noch gar nicht wach!« Pit ließ sich auf einen Küchenstuhl fallen. Auf dem Tisch vor ihm standen ordentlich nebeneinander aufgereiht sechs kleine, weiße Tea Taster, das traditionelle Teeprobiergeschirr.

»Tee? Was wissen Sie ...«

»Ist ja gut. Kann man trinken. Wird aus Blättern gemacht. Kommen aus Asien, glaub ich. Soll gesund sein. Schmeckt mir nicht.«

Bietigheim nickte und schrieb etwas in sein Notizbuch.

»Benoten Sie mich etwa?«, fragte Pit.

Der Professor deutete auf die Taster. »Der Legende nach trank der chinesische Kaiser Shennong die erste Tasse Tee, als er 2737 vor Christi Geburt neben einer Teepflanze saß und der Wind deren Blätter in sein heißes Wasser wehte. Hergestellt wird Tee aus der Teepflanze – weswegen Früchte- oder Kräutertees auch nur als teeähnliche Aufgussgetränke zu bezeichnen sind. Übrigens gehört auch der südafrikanische Rooibostee dazu, wird er doch aus Hülsenfrüchten gewonnen. Das müssen Sie sich unbedingt merken! Ursprünglich wurde Tee zubereitet, indem die Blätter der Teepflanze frisch gezupft und in heißes Wasser geworfen wurden. In der frischen Form hält sich Tee aber nicht lange, deswegen trocknet oder fermentiert man ihn. Das eigentliche Heimatland des Tees ist China.«

»Soll ich mir das wirklich alles merken?«

»Ja. Die erste grobe Unterscheidung bei Tees ist die zwischen fermentierten und unfermentierten Tees. Es gibt vier Hauptarten: den grünen Tee, den weißen Tee, Oolong und den schwarzen Tee sowie die Sonderformen des gelben Tees und des nachvergorenen Tees.«

Pit stand auf und hätte dabei fast den Tisch umgeworfen. »Was soll das denn? Ich will mein Frühstück! Und Kaffee! Ich bin nicht nach Cambridge gekommen, um mir irgendeinen Scheiß über Tee anzuhören.«

»Nein, Sie sind nach Cambridge gekommen, weil Sie blutlüstern sind. Jawohl, da brauchen Sie gar nicht zu widersprechen. Aber es ist gut, dass Sie da sind. Sie können mir helfen, mein Leben zu retten.«

»Indem ich ein exklusives Teeseminar beim Professore besuche?«

»Exakt. Sie werden sich nämlich bei Auntie's Tea House gegenüber der Kirche Great St Mary's bewerben. Von dort stammt der Tee, mit dem die Leichen aufgebrüht wurden, und auch der, den wir gestern in meiner Küche entdeckt haben. Sie werden herausfinden, wer ihn gekauft hat.«

»Mal im Klartext: Ich soll also undercover arbeiten? Für Sie? In einem Tea House? *Ich*?«

Der Professor hatte das Gefühl, dass das Gespräch in die falsche Richtung lief. Aber Ehrlichkeit gegenüber einem Freund musste sein. »Wenn Sie so wollen.«

»Mach ich sofort!«, rief Pit zu Bietigheims Überraschung.

»Ein Tea House infiltrieren! Abgefahren! Obwohl ich natürlich besser zu einem Filterkaffeeladen passen würde.« Er grinste breit. »Schießen Sie los mit den Tee-Infos! Oder besser: Gießen Sie los!«

»Dann fahre ich fort. Grüner Tee wird nicht fermentiert, sondern erhitzt. Entweder im Wasserdampf, dann spricht man von gedämpftem Grüntee, oder, was viel häufiger geschieht, mittels Öfen. Dadurch wird jegliche enzymatische Aktivität in den Blättern unterbunden. Danach werden sie getrocknet.« Er drehte sich um, kochte schnell etwas Wasser auf, ließ es abkühlen und goss es in einen Tea Taster, der bereits grüne Teeblätter enthielt.

»Die meisten Menschen mögen deshalb keinen Grüntee, weil sie ihn wie schwarzen zubereiten, dann wird er bitter und adstringierend, man verzieht das Gesicht, und der Geschmack bleibt lange haften. Probieren!«

Pit folgte seinem Befehl. »Eklig. Wie dünne Gemüsesuppe mit totem Friseur. Kann ich Milch und Zucker haben?«

»Nein. Gibt man niemals hinein.«

»Ist das wenigstens gesund?«

Bietigheim nickte. »Vor allem in pulverisierter Form, dann nennt man es Matcha-Tee. Aber nun weiter im Text: Weißer Tee ist sehr schwach anfermentiert – wobei die Fermentation Teil des natürlichen Welkprozesses ist. Für die Herstellung eines Kilogramms dieser Sorte werden rund dreißigtausend handgepflückte Knospen benötigt.«

»Und warum heißt der weißer Tee? Hat der keine Farbe?«

Der Professor schüttelte den Kopf. Er musste offenbar bei null anfangen. »Die Härchen an den Blattunterseiten und an den Knospen weisen eine silberne Farbe auf.«

Bietigheim goss den Tee auf. Das Wasser füllte er erst in den Tea Taster, als die Temperatur zwischen siebzig und achtzig Grad lag. Er brauchte dafür kein Thermometer, das hatte er im Gefühl.

Pit probierte. »Schmeckt mir auch nicht. Außerdem ist er hellgelb und nicht weiß.«

»Darin waren die Leichen eingelegt.«

»Schmeckt dadurch nicht besser.« Pit blickte tief in die Tasse. »Eigentlich sogar ein bißchen eklig. Sie haben aber nicht den Tee aus den Münd...«

»Nein! Wo denken Sie hin? Würden Sie mir so etwas zutrauen?«

»Den nächsten Tee bitte.«

Bietigheim brummte grimmig. Wenigstens Benno begriff den Ernst der Lage und blickte ihn treu an.

Er konnte aber auch einfach nur Hunger haben.

»Der nächste Tee ist ein Oolong.«

»Wie, keine Farbe? Einfach nur Oolong? Oder ist Oolong eine Farbe? So wie Terrakotta? Oder Beige? Wobei Beige ja eigentlich keine Farbe ist, sondern eine Sehschwäche.«

»Nein, Herrgott noch mal, Oolong ist keine Farbe, sondern bedeutet Schwarzer Drache oder Schwarze Schlange.«

»Also doch Schwarztee!«

»Nein, Oolong! Soll ich es Ihnen auf die Augenlider tätowieren?«

Pit schüttelte belustigt den Kopf. »An Ihnen ist ja ein Horrorregisseur verloren gegangen.«

Bietigheim brühte den Oolong fachmännisch auf. »Wie Sie vielleicht bemerken – oder eher nicht –, ist Oolong ein Zwitter zwischen grünem und schwarzem Tee. Er ist halbfermentiert.« Er warf seinem Schüler einen strengen Blick zu. »Sie sollten sich wirklich Notizen machen. Wenn Sie das alles nicht wissen, schaffen Sie es niemals in die Belegschaft des Tea House.«

Pit tippte auf seine Schläfe. »Ist alles schon in meinem portablen Supercomputer gespeichert.«

»Ich höre Sie morgen vor Ihrem Vorstellungstermin ab. Und für jeden Fehler gibt es...« Der Professor geriet ins Stocken.

»Gibt es was? Einen Eintrag ins Klassenbuch? Stockhiebe? Vegetarische Wochen?«

»Unsinn, aber ich werde mir etwas ausdenken.«

»Na, da bin ich aber gespannt.«

»Nun zum letzten Tee. Dem schwarzen. In Ostasien ist er allerdings als roter Tee bekannt. Beim schwarzen Tee kommt es zur kompletten Fermentation. Dabei werden die Polyphenole zu gelben Theaflavinen und roten Thearubiginen umgesetzt – dies führt zu dem süßlicheren Geschmackseindruck. Das Chlorophyll verliert durch die Fermentation das Magnesium-Ion im Molekül und damit auch die grüne Farbe. Das müssen Sie aber nicht wissen.«

»Ist also nicht prüfungsrelevant, was bin ich beruhigt.«

Nach der Zubereitung – diesmal mit kochendem Wasser – probierte Pit auch diesen Tee. »Den mag ich, noch lieber wäre er mir allerdings mit Zucker und Milch. Das ist für mich richtiger Tee.«

»Heute Abend werde ich Ihnen noch zwei Sonderarten vorstellen. Zum einen den Pu-Erh-Tee, der eine dunkle, rote Farbe hat. Er ist, wenn man so will, ein gereifter und speziell hergestellter Grüntee und neben einigen Oolong-Tees der einzige, welcher durch Reifung an Qualität und Geschmack gewinnt. Typischerweise schmeckt er nach Waldboden, manchmal aber auch nach Algen, Holz, Rauchspeck oder geräuchertem Fisch.«

»Mann, da freu ich mich aber schon drauf!«

»Der zweite Tee wird ein Gelbtee sein.«

»Dann hätte ich aber gerne auch Blau-, Lila- und Rosatee, um nix auszulassen.«

Bietigheim fuhr unbeirrt fort. »Gelber Tee ist sehr selten, er liegt zwischen grünem Tee und Oolong und ist unfermentiert. Ein berühmter gelber Tee ist der Göttertee. Sie werden damit aber sicher nicht konfrontiert werden. Schlussendlich ...«

»... aber wirklich schlussendlich!«

»…gibt es aromatisierten Tee. Man denke an Rosentee, an Fruchtaromen wie Kirsch, Gewürze wie Vanille, natürliche wie naturidentische Beigaben. Es gibt sowohl aromatisierte Grün- als auch Schwarztees. Der berühmteste aromatisierte Tee ist der…«

»…Earl Grey, der mit dem Öl der Bergamotte, einer Zitrusfrucht, verfeinert wird. Benannt nach dem britischen Premierminister Charles Grey. Bei einer Schiffsfahrt soll Bergamottöl an Teeballen gekommen sein – und der gute Lord Grey beschloss, das Zeug nicht wegzuschmeißen, sondern selbst zu trinken. Und siehe da: es schmeckte super! Zack brachte er es in den Handel.«

Bietigheims Mund stand weit offen. Wäre eine Schwalbe vorbeigekommen, hätte sie ein Nest darin gebaut.

»Da staunen Sie, was?« Pit strich stolz über seine polierte Glatze. »Haben wohl gedacht, der alte Pit bereitet sich nicht auf seinen Urlaub vor! Ha!« Er stand auf und holte sich ein Bier aus dem Kühlschrank, das er dort nach einem Einkauf am Vorabend deponiert hatte. »Na gut, ich geb's ja zu: Dass ich so viel über Earl Grey weiß, ist Zufall. Es ist nämlich der Lieblingstee von Captain Jean-Luc Picard aus ›Raumschiff Enterprise‹.«

»›Raumschiff Enterprise‹? Sie überraschen mich doch immer wieder. Auf unangenehme Art und Weise.« Bietigheim räumte die Tea Taster in die Spüle und holte Bennos Hundeleine, denn er wollte vor dem Mittagessen noch jemanden aufsuchen.

»Wo gehen Sie denn jetzt hin, Professore? Und kann ich mitkommen?«

Bietigheim schüttelte entschieden den Kopf. »Nein, Sie bleiben schön hier. Im Wohnzimmer finden Sie das Handout meines Proseminars ›Tee, Tea, Chai‹. Das wird durchgearbeitet. Ich muss ins Leichenschauhaus.«

Pit baute sich vor ihm auf. »So schlimm sehen Sie doch noch gar nicht aus!« Er boxte ihn gegen die Brust. »Nee,

Spaß beiseite. Erst sollten Sie noch was essen. So blass wie Sie sind, behalten die Sie sonst gleich da!«

Er lachte schallend. Die Nachbarn würden es sicher mitbekommen. Die Nachbarn in der Parallelstraße.

Trotzdem musste Bietigheim seinem Untermieter recht geben. Ein leerer Bauch studierte schließlich nicht gern. Und vor dem Betrachten von Leichen war eine ordentliche Grundlage Pflicht. Der Professor würde es niemals zugeben, doch ihm war jetzt schon schummrig.

Auf dem Weg steckte der Professor seine Hände in die Taschen seines Kaschmirmantels – und bemerkte plötzlich den Umschlag, den ihm am Vortag der Student zugesteckt hatte. Das Schreiben von der Port Wine Society. Er holte es hervor – und hielt es sich vor die Nase. Das roch doch nach ... ja, aber sicher ... nach Stilton! Dem berühmten englischen Blauschimmelkäse, welcher so hervorragend zu süßem Portwein passte. Traditionell löffelte man eine Vertiefung in den Käselaib, goss Portwein hinein und verrührte diesen mit dem cremigen Stilton zu einer Paste. Gegessen wurde das köstliche Gemisch dann mit Crackern.

Der Professor roch intensiv am Papier. Es war guter Stilton gewesen, keine Frage, diese Society hatte Stil. Er öffnete den Umschlag. Es war eine Anfrage für einen Vortrag über französische Blauschimmelkäse, die zu Portwein passten.

Das machte ihn wütend. Seit wann gab er Privatvorlesungen? Sollten sie sich doch für ein Kulinaristikstudium einschreiben! Und dann diese merkwürdige Form der Übergabe. Von Angesicht zu Angesicht, so bettelte man, wenn sein grandioser Intellekt gewünscht war.

Er warf den Brief in den nächsten Mülleimer.

Und entdeckte dabei einen Studenten in Tweed, der gut dreißig Meter hinter ihm verharrte. Dieser hatte jedoch blondes Haar. Bietigheim ging weiter, blieb dann abrupt stehen und blickte sich schnell wieder um. Er war immer noch hinter ihm, im selben Abstand, und wieder bewegte er sich nicht. Gerade als Bietigheim beschloss, auf ihn zuzugehen, lief er davon.

Kurz überlegte der Professor, Benno hinterherzuschicken, sah dann jedoch davon ab. Denn Benno tat sowieso nie, was man von ihm wollte. Statt des Tweed-Trägers würde er vermutlich den nächsten Bus verfolgen, ihn zur Strecke bringen und abnagen.

Die Gerichtsmedizin befand sich in der Tennis Court Street. Von außen sah sie edel aus wie ein Gentlemen's Club, als säßen darin Herren in Anzügen, rauchten Pfeife und tränken feinsten Whisky. Der Professor gelangte problemlos ins Innere, indem er angab, einen Termin mit Dr. Cumberland zu haben – was keineswegs der Fall war. Doch Bietigheim legte eine solche Selbstverständlichkeit und Arroganz an den Tag, dass an der Anmeldung niemand seine Aussage bezweifelte. Selbst die Mitnahme von Benno wurde nicht kommentiert. Was daran liegen mochte, dass Bietigheim ihn unter seinem Mantel versteckt hielt.

Cumberland trennte gerade mit einer Knochensäge den Kopf von einem toten Körper, als Bietigheim eintrat. Dieser hatte zwar mit Leichen gerechnet, aber nicht mit so vielen und nicht mit so toten. Natürlich waren eigentlich alle Toten gleich tot, doch diese hier hatten das gewisse Etwas. Vorsichtshalber hielt er sich ein mit seinen Initialen besticktes Seidentaschentuch vor Mund und Nase. Der Tod war zwar nicht ansteckend, aber man wusste ja nie.

Aus einem Ghettoblaster dröhnte Rockabilly-Musik, und Kollege Cumberland trug nicht nur eine Buddy-Holly-Brille, sondern auch noch ein gelbes Hawaiihemd, knielange Shorts und schwarz-weiß karierte Schuhe. Seine Haare waren stilecht mit Pomade nach hinten gelegt, und er schien bester Laune. Ja, Cumberland tanzte regelrecht um die Leiche.

Bietigheim räusperte sich. Er hatte schon von diesem Mann gehört: einer der modernen Gerichtsmediziner, der sogar Bücher über seine Arbeit schrieb und in seiner Freizeit Theater spielte – mit Vorliebe Geisteskranke und Serienkiller.

Dieser Mann hielt nun eine Knochensäge in der Hand. Und in der anderen ein Sandwich. Hoffentlich verwechselte er sie nicht.

Bietigheim näherte sich einige Schritte, blieb dann jedoch in sicherer Entfernung stehen, und räusperte sich wieder.

Cumberland blickte auf und zog den Atemschutz vom Gesicht. »Wer sind Sie denn?«

»Bietigheim«, er streckte die Hand aus, »Professor Dr. Dr. Bietigheim. Ich bin der neue Leiter des Instituts für Kulinaristik.«

»Sie sind also der Lebensmüde? Na, da sind Sie hier ja genau richtig. Schauen Sie sich schon mal um, und suchen Sie sich ein Plätzchen aus.« Er lachte.

Hm, dachte Bietigheim, Pit würde diesen Burschen sicher direkt ins Herz schließen. Doch er war nicht Pit. Beileibe nicht.

»Sie haben einen gesunden Sinn für Humor. Das sieht man ja an Ihrer Kleidung.«

Cumberland blickte an sich herunter. »Schick, oder? Aber Sie sind sicher nicht wegen Kleidungstipps hergekommen, sondern wegen …«

»… meiner Arbeit über die Henkersmahlzeiten von Selbstmördern.« Bietigheim hatte sich vorbereitet und die Arbeitsschwerpunkte seines Gegenübers recherchiert. Selbstmörder waren Cumberlands Steckenpferd. Über deren Mageninhalte hatte er bisher jedoch nichts veröffentlicht. Da trafen sich ihre Disziplinen.

Es war ein schmackhafter Köder.

Cumberland biss an – und legte sein Sandwich ab. Auf

die blanke Brust der Leiche vor sich. »Henkersmahlzeiten? Spannende Frage.«

»Der Londoner Spitzenkoch Gordon Ramsay meint, sehr eigenwillige Menükreationen wie Lachs mit Erdbeeren und Schweinemedaillons in Käse-Nektarinen-Soße eignen sich als Henkersmahlzeit für Selbstmörder, aber keinesfalls für hungrige Gäste.« Bietigheim hatte sich diese witzige Aussage extra gemerkt, um das Eis zu brechen.

»Das sieht diesem Spinner ähnlich. Der Bursche hasst Vegetarier, das sagt ja schon alles.« Cumberland drehte die Musik leiser. »Wollen Sie was trinken? Ich hab jetzt sowieso Frühstückspause, da können wir reden. Ein Lager? Oder lieber Einbalsamierflüssigkeit?«

Oh ja, Pit würde ihn lieben.

»Ein Bier wäre ... klasse.« Heute musste er sich wohl mit dem normalen Volk gemeinmachen. Und Bier trinken.

»Klasse, kommt sofort, eisgekühlt. Ich ess nur erst noch zu Ende.« Cumberland griff nach dem Sandwich, das er auf der Leiche geparkt hatte, und biss herzhaft hinein. »Also, Henkersmahlzeiten, dazu fällt mir erst mal Seppuku ein, Sie wissen schon, dieser rituelle japanische Selbstmord.«

Bietigheim sah aus dem Augenwinkel, wie sich etwas auf den Seziertischen bewegte. Wo steckte eigentlich Benno? Lag der nicht eben noch neben der Eingangstür? Na ja, er würde schon keine Dummheiten machen.

»Retronasal.«

»Was haben Sie gesagt?«

»Ich habe mich nur ein wenig geräuspert. In Hamburg, wo ich herkomme, klingt das ... ähm ... Räuspern manchmal wie ein Wort.«

»Klang wie retronasal.«

»Wo bleibt eigentlich das Bier?«

»Kommt sofort, guter Mann!«

Cumberland öffnete einen Schrank, in dem neben allerlei medizinischen Flüssigkeiten auch eine ganze Lage Bier untergebracht war. Er schmiss Bietigheim eine Dose zu. Dieser versuchte sie vergeblich zu fangen. Er hob sie auf, und brauchte drei Versuche, um sie zu öffnen. Das Bier schoss ihm ins Gesicht.

Cumberland sah ihn verständnislos an.

»So ... ähm ... trinken wir das immer in Hamburg. Hamburg ... die schaumgeborene Stadt ... kennt man doch.«

»Das ist Vergeudung wertvollen Gerstensaftes«, erwiderte der Gerichtsmediziner grimmig. Dann hellte sich seine Miene auf. »Aber sah irre komisch aus. Also, wo war ich? Seppuku! Das ist bei den Japanern ein sehr detailliertes Ritual. Kennt man ja von deren Teezeremonie, alles ganz genau vorgeschrieben. Beim Seppuku waren Zuschauer dabei, der Samurai wurde gebadet und in weiße Kleidung gesteckt, und er bekam sein Lieblingsessen. Später musste er dann noch ein Todesgedicht schreiben. Ich weiß aber nicht, ob moderne Selbstmörder auch ihr Lieblingsessen zu sich nehmen. Ich vermute, sie sind so verzweifelt und mit den Nerven am Ende, dass sie nix runterkriegen und sich weiß Gott keine Gedanken machen, was sie im Magen haben, wenn der Tod sie heimholt.«

Bietigheim beendete die Trocknung seines Gesichts und zog die durchnässte Fliege aus – wodurch er sich ein wenig nackt fühlte. Er hielt eine Hand vor den Kragen. »Da fällt mir ein: Rikyu, der Begründer des Wabisuki, des reinen und schlichten Wegs des Tees, beging auch Seppuku. Es war im Jahr 1551, und er war siebzigjährig. Allerdings wurde er von Taiko Hideyoshi zum Selbstmord gezwungen.«

»Das gilt dann nicht!« Cumberland schüttelte den Kopf und zog einer seiner Leichen das weiße Leintuch vom Kopf. »Das hier ist ein Selbstmord, lassen Sie uns doch gleich mal nachschauen.« Er schlitzte mit dem Skalpell die Bauchhöhle des Mannes auf. Dann erst fiel ihm ein, dass er Gummihandschuhe anziehen sollte. Nach weiteren Schnitten hielt er etwas glibberig Weißes von körniger Struktur in der Hand: »Porridge, Sie nennen das in Deutschland Haferschleim, glaube ich.« Er sah auf. »Vielleicht hat er seinen Morgen ganz normal verbracht und wie immer Porridge gelöffelt, bevor ihm die Idee kam, sich das Leben zu nehmen. Oder das war sein Lieblingsgericht.«

»Was noch trauriger wäre.« Porridge, fand der Professor, war eine nahrhafte Mahlzeit, aber sollte einfach nicht der Höhepunkt der kulinarischen Erfahrungen sein. Trotzdem sah er sich den Mageninhalt genauer an. Was tat man nicht alles für eine überzeugende Tarnung?

Cumberland nickte wohlwollend. »Hier in Großbritannien war Selbstmord bis 1961 noch eine Straftat, weil die Krone dadurch einen Untertan verlor.« Er grinste. »Echt wahr. Damals waren wir noch eine ordentliche Monarchie!«

»God save the Queen«, sagte Bietigheim, der schon immer etwas für die Monarchie übrig gehabt hatte.

Cumberland musterte ihn lange. »Ich mag Sie, Professor. Aber Sie sitzen auf einem Schleudersitz.«

»Das ist mir bewusst. Doch noch fühle ich mich ganz wohl. Ich muss nur darauf achten, dass mir niemand Tee in den Mund drückt, bis ich ersticke.«

»Cleesewood ist nicht erstickt.«

»Aber in der Zeitung stand, man habe in seinem Mund…«

»Ja, natürlich stand das in der Zeitung, aber nichts darüber, wie genau er gestorben ist. Man will sich ja nicht blamieren.«

»Ich kann Ihnen nicht ganz folgen.«

»Na ja, Cleesewood hatte alle Anzeichen einer Intoxikation. Unter anderem eine blaue Zunge und Lähmungen, die auch die Skelettmuskulatur betrafen. Er starb schließlich durch Atemlähmung. Allerdings habe ich kein Gift in seinem Körper gefunden. Keine toxischen Metalle oder Metallverbindungen, keine Toxine von Pilzen oder Pflanzen.

Nichts. So was hab ich noch nie gesehen, und die Fachliteratur schweigt. Ich habe also keine Ahnung, vor welchem Gift ich Sie warnen sollte. Mein Rat: nur noch Bier aus Dosen trinken. Von mir aus auch auf die Hamburger Art.«

Cumberland klatschte in die Hände. »So, Frühstück zu Ende, ich muss weiterwerkeln. Wenn Sie wollen, kommen Sie in zwei Wochen wieder, bis dahin höre ich mich zum Thema Henkersmahlzeit bei Suizid um. Oder war das nur ein Vorwand, um was über Cleesewoods Tod zu erfahren?«

»Es war nur ein Vorwand.«

»Hat funktioniert.«

Bietigheim war schon fast aus der Tür, als ihm noch etwas einfiel. »Eine letzte Frage: Wo finde ich in Cambridge einen guten Fahrradladen?«

Cumberland blickte nicht auf, während er den Y-Schnitt an einem Korpus durchführte. »Ich gehe immer zu University Cycles auf der Victoria Avenue. Die sind gut und verlangen nicht zu viel. Ich kenne die Familie schon seit Jahren, da gehen auch viele von den Colleges hin. – Ist das zufällig Ihr Hund, der gerade auf die Leiche meines Selbstmörders gesprungen ist?«

»Ja. Benno von Saber ist sein Name.«

»Dann nehmen Sie ihn mit. Knabbern ist erst nach vollständiger Obduktion erlaubt.« Mit einem selbstzufriedenen Grunzen stellte er die Musik wieder lauter.

Als der Professor aus der Gerichtsmedizin trat, entfernte sich gerade ein junger Mann im Tweedmantel von der gegenüberliegenden Straßenlaterne.

Bietigheims Schritte führten ihn weit fort von all den Leichen und durch einen angenehmen, geradezu erfrischenden Nieselregen. Warum redeten die Menschen nur immer so negativ über Regen? Es gab so viele herrliche Arten, für jede Gelegenheit einen. Oder, wie er gerne scherzte: Es gab keinen schlechten Regen – nur schlechte Regenschirme.

Das Wetter lenkte ihn davon ab, darüber nachzudenken, ob der Mörder plante, ihn zu erschlagen, zu ersticken oder zu vergiften. Bietigheim hielt es mit dem Tod wie Woody Allen: Er lehnte ihn strikt ab.

Schließlich hielten seine Füße vor einem unscheinbaren, neumodisch-grauen Haus. Nicht alle Gebäude der Universität besaßen die edle Patina der Historie, manche dienten einfach nur der Unterbringung von Räumen. Und dieses Betonungetüm sah aus wie Hunderte von Räumen, die möglichst kosteneffizient aufeinandergestapelt waren. Weil das, was in seinem Inneren lagerte, immer weiter wuchs und Platz verschlang, trotz aller digitalen Versuche, den Umfang einzudämmen. Die Computertechnik machte sogar alles noch schlimmer. Irgendwann würde das Gebäude wohl ganz England bedecken.

Es war das Zentralarchiv der Universität.

Wie Bietigheim an der Information mitgeteilt wurde, gab es tatsächlich eine eigene Abteilung für den wissenschaftlichen Nachlass von verstorbenen Professoren.

Im untersten Kellergeschoss.

Britischer Humor. Man musste ihn einfach lieben.

Bietigheim hatte sich genau überlegt, wie er am besten Zugang zum Nachlass bekommen konnte, obwohl er weggeschlossen war. Sein Plan: über das Thema Sport. Komplimente mochten der Weg zum Herzen einer Frau sein, Sport war der Weg zum Herzen eines Mannes. Bietigheim verfolgte in jedem Frühjahr das Boat Race, die traditionelle Ruderregatta zwischen Cambridge und Oxford – wobei Cambridge häufiger gewonnen hatte und auch noch den Rekord für die schnellste je geruderte Zeit hielt. Ein Kinderspiel würde es für einen Mann mit seinem rhetorischen Talent und seinem Einfühlungsvermögen sein, den Archivar mit einem Gespräch zu seinem besten Freund zu machen. Abgesehen von Benno natürlich, der überraschend brav neben ihm hertrabte.

Der Aufzug hielt auf der untersten Ebene. Bietigheim musste nur durch den mit flackerndem Neonlicht notdürftig beleuchteten Gang und um eine Ecke biegen, schon würde er herausfinden, worüber seine beiden Vorgänger gearbeitet hatten und vielleicht auch, warum der Master wollte, dass er nichts davon erfuhr.

Mit einem sportiven Lächeln bog Bietigheim um die Ecke – um festzustellen, dass der zuständige Archivar eine Frau war. Mit der erotischen Ausstrahlung von Angela Merkel und der Herzlichkeit von Margaret Thatcher. Oder umgekehrt.

Bietigheim war unsicher, ob Komplimente bei dieser Dame funktionierten. Vor allem aber war er unsicher, über was er überhaupt Komplimente machen konnte. Es waren nur wenige Ansatzpunkte geboten.

»Einen wunderschönen guten Tag wünsche ich.« Er hielt seinen Universitätsausweis hoch. »Darf ich sagen, was für wundervolle ... ähm ... tja ... also ...« Puh, das war noch schwerer als gedacht. Nichts, aber auch gar nichts an dieser Frau war wundervoll. Nur ein Detail war bemerkenswert. »Was für buschige Augenbrauen Sie haben? Selten etwas so Famoses gesehen. Beeindrucken mich sehr!«

»Die Nachlässe der Professoren Jonathan Cleesewood und Timothy Martin James Charles Eugene, des 17. Earl von Shropsborough, sind für zehn Jahre nicht der Öffentlichkeit zugänglich zu machen.« Sie sprach mit der monotonen, nervenzerfetzenden Stimmlage einer rostigen Säge.

»Ich verbitte mir diese Frechheit. Ich bin nicht die Öffentlichkeit, ich bin Professor! Und woher wissen Sie überhaupt ...?«

Sie deutete auf ihr Telefon.

»Interessieren Sie sich zufällig für Rudern?«

Sie schüttelte den Kopf.

»Ich brauche die Unterlagen dringend, gleich fängt das Seminar zur Tee-Zucker-Relation an, Sie wissen schon.«

Er blickte in ein völlig verständnisloses Gesicht. »Also, ganz einfach ausgedrückt, damit Sie es auch verstehen können, welchen Zucker und wie viel davon für welchen Tee? Natürlich sowohl historisch als auch kulturell und sensorisch betrachtet.«

»Die Nachlässe der Professoren Jonathan Cleesewood und Timothy Martin James Charles Eugene, des 17. Earl von Shropsborough, sind für zehn Jahre nicht der Öffentlichkeit zugänglich zu machen.«

»Das sagten Sie bereits, ich bin nicht schwerhörig.«

Plötzlich wusste Bietigheim, woran ihn die Frau erinnerte. An eine Kröte. Er näherte sich möglichst unauffällig, um zu sehen, welcher Gattung sie angehörte – wobei ihm ein Abzeichen auf ihrem Revers auffiel. Es war das Wappenschild des St John's College mit den sechs Lilien und ebenso vielen Löwen. Das Wappen seines eigenen Colleges! Wie eine Glühbirne leuchtete eine Idee in Bietigheims Kopf auf.

»Ich akzeptiere selbstverständlich die Zehn-Jahres-Regelung. Und ganz unter uns: Soll das Studentenpack doch ohne Unterlagen auskommen. Lernen wir eben etwas anderes. Mir macht das nicht das Geringste aus. Was schert mich, was im Stundenplan steht, nur weil meine Vorgänger es so eingetragen haben? Nichts, verehrteste …« Kröte wollte er schon sagen, doch seine Zunge stellte die Arbeit früh genug ein. »Natürlich werden sich die vom Trinity College darüber die Mäuler zerreißen, dass jemand vom St John's keine Unterlagen für ein Seminar mitbringt. Und es sähe natürlich ganz schlecht aus, wenn der Eindruck entstünde, der Universitätsbetrieb liefe wegen eines Professors vom St John's nicht mehr rund. Da würden die vom Trinity sich die Hände reiben. Aber wissen Sie was? Sollen die doch! Mich stört das überhaupt nicht, ich bin sowieso nach einem Semester wieder in Hamburg.«

Die Kröte stand auf. »Warten Sie hier.«

Keine fünf Minuten später kam sie wieder und schob einen kleinen Rollwagen vor sich her, auf dem sich fünf Kartons stapelten. »Das sind die Unterlagen von Professor Cleesewood. Ein feiner Mensch war das. Wenn Sie das durchgearbeitet haben, kommen Sie wieder, dann bringe ich Ihnen die Schriftstücke des Earls.«

Doch gerade als Bietigheim den Wagen in Empfang nehmen wollte, tippte ihm jemand auf die Schulter – ein Verhalten, das er gar nicht leiden konnte. Noch dazu besaß dieser Jemand einen Stahlfinger. Und als der Professor plötzlich Minze roch, wurde ihm klar, dass hinter ihm sein schlimmster Albtraum stand: Professor Heinz-Helmut Töler. Der Mann, den er noch aus gemeinsamen Heidelberger Studententagen kannte, der ihm einst die Stelle an der Berliner Universität weggeschnappt hatte, der Mann, der einen Monat vor ihm eine Arbeit zum Thema Pumpernickel publiziert und damit Bietigheims Abschlusswerk zu einem Schattendasein verdammt hatte, der Mann schließlich, der ihn zum Gespött seiner Zunft gemacht hatte, als er dessen gefeierte Gulaschkanonentheorie widerlegte.

Auch Töler forschte kulinarisch, allerdings mehr von der chemischen Seite. Sein Steckenpferd war die vielseitige Verwendung von Minze. Minze – Gottes größter Fehler! Töler hatte auf Bietigheims Stelle in Cambridge spekuliert, doch man hatte sich für einen geeigneteren Kandidaten entschieden, einen mit Esprit und Genie: Adalbert Bietigheim. Ihn selbst! Dieses eine Mal hatte Töler verloren. Das würde ihn bis ins Mark getroffen haben.

Bietigheim drehte sich mit einem Lächeln um.

»Mein lieber Professor Töler, welche Freude!« Strahlend schüttelte er ihm die Hand, dabei schmerzten ihm beim Anblick dieses Kollegen die Augen. Wie der Feuerzangenbowle entsprungen sah er aus. Und trug Fliege! So etwas konnten nur sehr wenige. Dann dieses Penible, für seine

Hosenfalten brauchte er sicher einen Waffenschein! Dazu unerträglich arrogant und besserwisserisch. Ein höchst unangenehmer Mensch.

So ganz anders als Bietigheim selbst.

Und einen Hund besaß er auch. Einen Terrier, aber keinen Foxterrier, sondern einen Scotchterrier. Eine Hündin. Benno schnüffelte diesem Mistvieh aufgeregt am Hintern herum.

»Sind das dort etwa die Unterlagen Ihrer Vorgänger, die dürfen aber nicht…«, setzte Töler an.

»…in falsche Hände geraten, deswegen bringe ich sie gerade hier ins Archiv!«, flötete Bietigheim zurück.

»Es sieht aber aus, als ob Sie die Kisten hinaus- und nicht hineinbefördern würden.«

»Ihr Auge trübt, äh, trügt.«

»Am Eingang dieses Archivs sitzt jemand von meinem College, dem ruhmreichen Trinity, und er wird netterweise auch zukünftig darauf achten, dass niemand vom St John's etwas Dummes anstellt.« Töler hielt weiter Bietigheims Hand fest.

»Ich darf also annehmen«, konterte dieser, »dass Ihr, sagen wir, Spion Sie hierher bestellt hat, um Schlimmeres abzuwenden. Wie Sie sehen, völlig zu Unrecht.«

Töler verstärkte nun den Griff seiner Hand, er versteinerte ihn fast. Dann lächelte er. »Mein lieber Professor Dr. Dr. Bietigheim. In wissenschaftlichen Kreisen hat sich Ihre Vorliebe für das Kriminelle längst herumgesprochen, wir können also offen miteinander sein. Wenn man sich wie Sie wissenschaftlich nicht so sehr engagiert, hat man sicherlich Zeit für solchen Zeitvertreib. Ich wünschte ja, mir ginge es ähnlich, aber zu viele Vorträge, Forschungsaufträge und Auszeichnungen, Sie verstehen sicher. Da fehlt es mir einfach an freien Tagen für derlei Detektivspielchen. Ihnen gönne ich diesen Zeitvertreib selbstverständlich von Herzen. Doch diese Unterlagen sind tabu, und daran haben sich alle Professoren, ganz besonders Gastprofessoren wie Sie, zu halten.«

Bietigheim rollte den Wagen zurück ins Archiv, und bevor die dort immer noch sitzende Krötendame etwas sagen konnte, tat er es selbst. »Hier die bestellten Unterlagen. Ich habe alles noch einmal durchgesehen, nichts fehlt. Kennen Sie eigentlich meinen Kollegen, Herrn Töler?« Bietigheim ließ dessen akademischen Grad ganz bewusst wegfallen. »Er ist ein Fellow des Trinity. Sie haben ihn sicher noch nie gesehen, meist forscht er, sagt er zumindest. Er stammt aus Deutschland wie ich, aber dort wurde ihm keine Stelle gerecht. Deswegen sind wir Deutschen froh, dass er hier in England eine Bleibe gefunden hat. Es wird mir eine ganz besondere Freude sein, dafür zu sorgen, dass bald ganz Cambridge von seinen besonderen Qualitäten weiß.«

Mit diesen Worten machte Bietigheim auf dem Absatz kehrt und verließ das Gebäude mit dem schalen Gefühl eines Triumphes. Denn in seinem Inneren war ihm sehr wohl bewusst, dass diese Schlacht an Töler gegangen war. Und er mit leeren Händen dastand.

Wie sich herausstellte, waren mittlerweile auch sämtliche Unterlagen aus dem Institut für Kulinaristik ins Archiv gewandert. Tabula Rasa. Und noch etwas stellte sich heraus: Asha Ghalib war weiterhin sauer auf ihn. Sie servierte dem Professor erneut einen Beuteltee. Diesmal sogar lauwarm. Bietigheim hatte von seinem Onkel Ansgar gehört, dass dessen Frau ihm eine ganze Woche Wirsingeintopf serviert hatte, weil er sich weigerte, den Rasen zu mähen. Doch das hier übertraf alles.

»Wenn ich beim nächsten Mal wieder solch eine kulinarische Frechheit von Ihnen serviert bekomme«, erklärte er seiner Sekretärin, »werde ich Sie entlassen. Fristlos. Auf der Stelle. Und ohne Abfindung. Nur mit einer Packung

Beuteltee in der Hand. Das, was in der Zeitung stand, habe ich niemals gesagt. Es ist eine Frechheit und dem Ansehen meiner hochverehrten Vorgänger nicht angemessen. Diese vermaledeite Yellow Press! Wenn noch einmal solch ein Bericht hier hereinflattert: Verbrennen Sie ihn bitte auf der Stelle!«

Und damit verließ er das Institut wieder, denn er hatte nun eine Vorlesung, seine erste in Cambridge. Natürlich war Bietigheim perfekt vorbereitet. Die Studenten hier in Cambridge waren schließlich großartiges Material. Voll bei der Sache.

Kein Wunder bei den horrenden Kosten für ein Semester.

Hier wurde die wertlose Kohle in ihren Köpfen durch gewaltigen Druck zu Diamanten gepresst. Keine Universität des Landes hatte eine niedrigere Studienabbrecherzahl: nur ein Prozent. In Deutschland waren es fünfzig!

Es lief bestens. Bietigheim sah bereits, wie es in den Augen der jungen Menschen zu glitzern begann. Hier störte niemand, hier gab es keine gelangweilten Gesichter – als hätten alle eine Extraportion Motivation mit ihrem English Breakfast zu sich genommen. Was für eine Wohltat!

Nach der Vorlesung stand ein Gespräch mit den Tutoren der Colleges auf dem Programm, die das von Bietigheim Vermittelte mit den Studenten vertiefen würden.

Danach sprang er kurz bei sich zu Hause vorbei, hörte Pit ab, stellte seine Niederlage gegen Töler wie einen Sieg dar, fütterte Benno und nahm ihn danach wieder mit, und zwar zu einem Fahrradladen. Er brauchte endlich einen beweglichen Untersatz mit einem Hundekorb, eine neongelbe Sicherheitsweste – und eine ohrenbetäubende Klingel.

Als er aus der Tür in der Pretoria Road trat, fiel der Regen langsam und sporadisch, als wäre der Himmel voller tropfender Teekannen.

Es war gut, Benno bei sich zu haben, dachte Bietigheim,

dem es immer weniger gelang, seine Angst zu unterdrücken. Zuerst die Fotos, dann der White Darjeeling. So viele Drohungen in so kurzer Zeit, dann der Master des Colleges, W. W. Stuart, der mehr wusste, als er zugab, und Töler, der ihn bei den Nachforschungen behinderte. Nicht zu vergessen die Tweedstudenten.

Mit Benno an seiner Seite fühlte er sich, nun ja, sicherer. Schließlich war dieser ein wehrhafter Hund. Es sei denn, jemand gab ihm etwas zu essen. Dann war er nur ein verfressener Hund. Auf Befehle hörte er kaum. Es sei denn, man rief ihn zu Tisch. Da war er ganz konsequent.

Der Fahrradladen befand sich in der Victoria Avenue 9, zwischen einem Newsagent und einer Versicherung. University Cycles sah aus, als sei es schon vor Jahren geschlossen worden. Auf dem vorstehenden Dach war ein vom Regen rostbraunes Fahrrad angekettet, der graue Anstrich des Holzes war großflächig abgeblättert, und die Eingangstür war mit allerlei billig kopierten Werbezetteln beklebt – für drittklassige Rockkonzerte, Filmfestivals und Fußballspiele.

Der Laden selbst wirkte düster und roch nach Gummi, doch der Besitzer war den Umständen entsprechend gepflegt. Er hatte Bietigheims Alter, trug einen grauen Vollbart, und die Haare standen in alle Himmelsrichtungen, als hätte er gerade mit feuchten Fingern in die Steckdose gegriffen.

»Hallo, ich bin Colin. Was kann ich für Sie tun?« Er blickte an Bietigheim hinunter. »Und für Ihren Hund? Etwas Wasser?«

»Gerne. Für meinen Hund. Ich trinke lieber Tee, aber ich vermute, das wird hier nicht möglich sein. Schließlich sind Sie kein Tea House.«

Colin lächelte. »Wir sind aber auch kein normaler Fahrradladen. Haben Sie denn ein paar Minuten?«

»Für einen guten Tee immer.«

»Erst einmal Ihr Hund!«, sagte Colin und brachte Benno etwas kühles Wasser. Dann verschwand er im Hinterzimmer und kehrte gute fünf Minuten später mit einer Teekanne und einem Teller Shortbread zurück. Er goss Bietigheim zuerst ein – und dieser schnüffelte kritisch an dem Gebräu.

»Das ist ja ein Darjeeling Flugtee Gielle FTGPOP«, er nahm einen Schluck des Schwarztees aus neuester Ernte, »und perfekt aufgebrüht.«

»Anders mag ich ihn nicht.« Colin goss sich selber ein und genoss den teuren Tee in aller Ruhe.

»Ich muss zugeben«, sagte Bietigheim, »das hätte ich hier wirklich nicht erwartet.«

»Na ja, ich war nicht immer Fahrradschrauber. Früher habe ich auch an der Uni gearbeitet, Jahre ist das her. Und da kommt man eben zum Teetrinken. Gut, einige kommen auch zum Whiskysaufen.«

»Dann sind wir quasi Kollegen?«

»Das kann man wohl so sagen. Ich weiß natürlich, wer Sie sind.«

»Redet man also auch außerhalb der Universitätszirkel über mich?«

»Oh ja, man redet über Sie, erst recht nach dem Zeitungsartikel, aber was anderes haben Sie sicher nicht erwartet.«

»Nein. Viele warten wahrscheinlich nur darauf, dass es mich erwischt.«

Colin nickte. »Die Wettbüros nehmen schon Einsätze an. Zurzeit steht die Quote bei zweiundfünfzig zu eins, dass Sie das Jahr nicht überleben.«

»Wie tröstlich.«

»Sie sollten selbst auf Ihren Tod wetten. Dann gewinnen Sie so oder so. Entweder Sie überleben, und das Geld ist weg, oder Sie sterben, und Ihre Erben können sich über ein nettes Sümmchen freuen.«

»Ich ziehe es dann doch vor weiterzuleben. Was meint man denn, wer meine Vorgänger auf dem Gewissen hat?«

Colin nahm wieder in aller Ruhe einen Schluck Tee. »Viele glauben, dass es Studenten waren, die sich rächen wollten. Beide galten als sehr streng bei der Notenvergabe, sie haben so manchem die Karriere verbaut. Andere glauben eher an eine Universitätsintrige.«

»Trinity?«

Colin nickte. »Manche vermuten interne Konkurrenz als Beweggrund. Wissen Sie, Kulinaristik ist ein großes Ding, schauen Sie mal, wie viele Kochshows es im Fernsehen gibt. Der Inhaber dieses Lehrstuhls an der University of Cambridge ist ein berühmter und begehrter Mann und im Gegensatz zu vielen seiner Kollegen auch gut betucht durch Buchverträge und Auftrittsgagen. Geld war schon immer das beste Mordmotiv.«

»Und Liebe.«

»Die Medien haben zu diesem Aspekt im Leben der beiden Toten kaum etwas gebracht. Da hat man den Deckel draufgehalten. Das finde ich auch gut so. So etwas gehört nicht in den Schmutz gezogen.«

»Ich mag Ihre Einstellung! Bei Ihnen kaufe ich ein Fahrrad.«

Colin stellte seine Teetasse behutsam ab. »Was für eins soll es denn sein?«

»Ein Hollandrad, schwarz, vorne mit Korb für meinen Hund. Und von tadelloser Qualität zu angemessenem Preis.«

»Haben wir zufällig da.« Colin ging in den Hinterraum und schob das gewünschte Rad nach vorne, prüfte noch einmal den Luftdruck der Reifen, stellte es nach Augenmaß perfekt auf Bietigheims Größe ein – und kassierte.

Als er dem Professor das Rückgeld gab, lehnte er sich verschwörerisch über den Tresen. »Ich hab da noch was für Sie.«

»Eine Luftpumpe wäre wunderbar. Ebenfalls in Schwarz bitte.«

»Lege ich Ihnen gerne noch dazu. Aber ich meine etwas für Sie persönlich.«

»Für mich?«

»Professor Dr. Dr. Adalbert Bietigheim.« Er reichte ihm einen gelben Umschlag.

»Er duftet nach Käse.«

»Nett, dass Sie duften sagen. Es ist Stinking Bishop.«

»Ist mir wohlbekannt.«

»Ich weiß, von Ihrer Arbeit über neue europäische Käse.«

»Ein Kuhmilchkäse aus Gloucestershire. Stärker duftet nur noch der Stinking Archbishop. Wissen Sie, von wem der Umschlag stammt?«

»Eine halbe Stunde bevor Sie den Laden betraten, hat ihn ein junger Mann abgegeben.«

»Trug er ein Tweedsakko?«

Colin nickte.

»Und Sie haben ihn einfach angenommen, ohne zu fragen?«

»Er hat mir dafür das hier gegeben.« Colin tauchte kurz unter die Theke und präsentierte eine Portflasche. Es war ein Vintage von Niepoort. Dazu sagte man nicht Nein.

Bietigheim nickte. »Schon wieder die Port Wine Society. Warum lassen die nicht locker?«

»Gehen Sie hin, wenn Sie eine Einladung erhalten. Da gibt es guten Wein und guten Käse. Das ist Ihre Eintrittskarte, um bei den Studenten akzeptiert zu werden.« Dann zwinkerte er. »Es sei denn, der Mörder findet sich unter den anwesenden Studenten, dann wird es eher die Austrittskarte aus der University.« Er trank schmunzelnd seinen Tee aus. »Verpassen Sie den Termin lieber nicht. Und bringen Sie selbst einen guten Käse mit, das soll dort gern gesehen werden.«

Bietigheim öffnete den Umschlag. Außer einem Käsestück lag darin eine weitere Einladung für die Veranstaltung, die am heutigen Abend um zehn Uhr stattfinden würde.

Dann musste er noch schnell einen guten Käse auftreiben.

Als er zurück in die Pretoria Road geradelt war – oh, welch Wonne in dieser Stadt zu radeln, nur die ignoranten Fußgänger und Autofahrer störten –, erkannte er seine Behausung kaum wieder. Sie hatte sich in eine Festung verwandelt. Vor den Fenstern waren Eisenstangen montiert, auf dem niedrigen Gartenmäuerchen Glasscherben einbetoniert und darüber Stacheldraht gespannt. Schießscharten waren zwar keine zu erkennen, aber Tretminen hätten den Professor nicht gewundert. Plötzlich hörte er ein Surren, und als er in die entsprechende Richtung blickte, sah er, wie eine Überwachungskamera in seine Richtung schwenkte.

Kurze Zeit später öffnete sich die Haustür, und Pit winkte ihn herein.

»Kommen Sie, Professore. Your home is now your castle!«

»Was soll denn dieser Unfug? Diese Verschandelung!« Bietigheim trat in den Flur, Pit schloss sofort die Tür hinter ihm. Viermal. Und jedes Schloss doppelt.

»Ist alles zu Ihrer Sicherheit. Hier hinterlässt kein Mörder mehr Teepackungen und Fotos. Hier sind Sie jetzt bombensicher.«

»Sie sind ein Wahnsinniger, schlicht und ergreifend.«

»Hier sind die neuen Schlüssel. Habe nämlich alle Schlösser im Haus ausgewechselt. Hinten wie vorne. Jetzt muss ich nur noch die Lichtschranke im Garten montieren.«

Bietigheim hielt Pits Arm fest. »Nein, jetzt müssen Sie nach London fahren und Käse kaufen. Vacherin d'Epoigey. Im Kaufhaus Harrod's. Und zwar schnell, ich benötige ihn zur Begleitung eines Vortrags am heutigen Abend. Also, was stehen Sie noch hier herum und halten Maulaffen feil? Ab in Ihr Auto – und denken Sie daran, links zu fahren!«

Doch Pit ging nicht. Stattdessen grinste er stolz, während Bietigheim das Wohnzimmer betrat. Oder besser: es versuchte. Denn der Raum stand voller Kartons.

»Wird das alles für die Lichtschranke benötigt? Oder wollen Sie das Haus mit einer vollständigen Stahlpanzerung versehen?«

Pit klopfte auf einen der Kartons. »Quatsch, Panzerung, das sind die Unterlagen Ihrer beiden Vorgänger. Und zwar komplett.«

Der Professor öffnete den ihm am nächsten stehenden Karton. Zuoberst lag ein historischer Abriss über Tee aus Malawi, dem kleinen Land im ostafrikanischen Grabenbruch.

Er konnte es nicht fassen.

»Die Festplatten sind in der Hartplastikkiste«, erklärte Pit. »Die muss ich noch anschließen und zum Laufen bringen. Ich hab einfach alles aus dem Zentralarchiv mitgebracht.«

»Aber da war doch dieser Drachen, dieses Ungeheuer, dieser Zerberus, der sie bewacht hat!«

»Richtig nette Frau. Und attraktiv. Sehr proper. Genau mein Typ.«

»Sie sieht aus wie eine Kröte! Die gerade eine fette Fliege verschluckt hat.«

»Quatsch, ein Vollweib. Von so was haben Sie keine Ahnung, Professore.«

Doch, dachte Bietigheim, das hatte er sehr wohl. Schließlich liebte er seit Ewigkeiten Hildegard zu Trömmsen, die Herrin der Hamburger High Society. Eine Frau exquisiter Klasse.

»Hat Töler Ihnen gar nicht aufgelauert?«, wollte Bietigheim nun wissen.

»Der kennt mich doch gar nicht.«

»Und am Empfang?«

»Die dachten, ich sei ein Bote. Ich hatte mir extra ein Paket unter den Arm geklemmt.«

»Ich werde Sie nicht aus Dankbarkeit umarmen. Einmal pro Jahr ist völlig ausreichend.«

»Ist schon okay, ich fühl mich trotzdem geknuddelt.«

Pit nahm seine schwarze, nietenbesetzte Lederjacke vom Haken und machte sich auf den Weg zu seinem Taxi. Bietigheim stürzte sich währenddessen in die Aktenberge wie ein Pinguin ins Meer. Das Aktenmeer war riesengroß und unübersichtlich, mit vielen Untiefen und Wellen, die einen von hier nach dort spülten. Vom Earl gab es mehr Fernsehaufzeichnungen als Arbeiten, und in den Dokumenten von Cleesewood tauchte immer wieder eine mysteriöse »sechste Schale« auf. Mal als Randbemerkung, mal als Zeichnung. Was sie war, darüber schwiegen sich die Unterlagen leider aus.

Die Zeit verging wie im Flug, bis Pit mit drei prachtvollen Vacherin d'Epoigey zurückkehrte – der Käsethekenmitarbeiter hatte ihm diese zum Preis von einem gegeben, weil sie für Professor Bietigheim waren, den Mann, der die größte Mordserie in der französischen Käseszene aufgedeckt hatte. Bietigheim packte sie flugs ein, denn es war bereits halb zehn.

Das Treffen der Port Wine Society fand im hellblau gestrichenen Pickerel Inn statt, dem ältesten Pub Cambridges. Es lag an der Magdalene Street, unweit des Cam, und stammte aus dem 16. Jahrhundert. Einst war es Opiumhöhle und Bordell gewesen. Heutzutage ging es jedoch gesitteter zu – man servierte sogar Caesar Salad. Die Decken aber waren immer noch so niedrig wie eh und je, die hölzernen Alkoven wurden durch Kerzenlicht erhellt, die sepiafarbenen Fotos von Teams des Magdalene-College und die Bierwerbungen hingen sicher schon seit Jahrzehnten hier.

Das Pickerel Inn war berstend voll. Die Leute tranken Bier, vor allem Ale, Bietigheim konnte allerdings weder Portwein noch Blauschimmelkäse irgendwo sichten. Er suchte die Ecken ab – wobei es ihn nicht gewundert hätte, irgendwo das schemenhafte Glühen eines Geistes zu sehen, der den vielstimmigen Pub-Chor belauschte.

»Herr Professor?«, erklang eine dünne Stimme hinter ihm. »Wir sind im Hinterzimmer. Folgen Sie mir einfach, ich schlage eine Bresche.«

Als Bietigheim sich umdrehte, stand dort der rotzfreche, Koteletten-tragende Lümmel von der »Cambridge Evening News«, der ihn am Cam interviewt hatte. Michael Broadbent. Er trug einen Tweedanzug.

Wie eine Schlange wand sich der junge Mann durch die Menge und führte den Professor zu einer mit den Jahren schwarz gewordenen Eichenholztür, hinter der ein kleiner Raum lag. Auf dem Tisch standen Portwein und Stilton-Käse, drumherum saßen sechs Personen, dem Alter nach Studentinnen und Studenten. Alle trugen Tweed. Sie erhoben sich.

»Robert Parker, Vorsitzender.«

»Jancis Robinson, Schatzwartin.«

»Oz Clarke, Hüter des Käses.«

»Hugh Johnson, Verflüssiger. Ich sorge dafür, dass immer genug Port da ist.«

»Joel Payne, Schriftführer und Hüter des Geheimwissens.«

»Serena Sutcliffe, Unterhaltung und Orgien.« Sie errötete leicht. »Das mit den Orgien macht die Society aber schon lange nicht mehr.«

»Leider!«, meinte der junge Mann, der Bietigheim hierhergeführt hatte. »Meinen Namen kennen Sie ja schon, ich bin zweiter Vorsitzender.«

Bis auf Robert Parker nahmen alle Platz. Dieser wies einladend auf den freien Platz am Kopf der Tafel und zog den Stuhl vor. Doch Bietigheim sah sich erst einmal in Ruhe um.

»Ich setze mich nicht zu jedem an den Tisch«, erklärte er. »Am Kleiderhaken hängen fünf Deerstalker-Hüte und sieben Inverness-Mäntel, wie man sie aus den Illustrationen von Sidney Paget zu den Sherlock-Holmes-Geschichten kennt. Doch was hatte der mit Portwein zu tun? Gar nichts. Holmes vertraute stärkeren Drogen als süßem portugiesischen Wein. Und wenn ich mich nicht täusche, ist das an Ihrem Körper, Mister Parker, einer der rot-goldenen Morgenröcke, die Holmes abends zu tragen pflegte.«

Robert Parker klatschte in die Hände, und die anderen fielen ein. »Sie sind wirklich gut! Respekt!«

Bietigheim kannte den Vorsitzenden der Society, denn dieser hatte bei ihm in der Vorlesung gesessen, allerdings hatte er sich dort mit einem anderen Namen vorgestellt. Parker war ein drahtiger, junger Mann, der an einen Whippet erinnerte, selbst sein Gesicht mit den hohen Wangenknochen und feinen Augenbrauen wirkte aerodynamisch, sein Blick war klug.

»Portwein und Käse scheinen mir nur ein Vorwand für Ihre Treffen zu sein.« Bietigheim präsentierte die drei mitgebrachten Käselaibe. »Dann sind diese Prachtstücke wohl unnötig.«

»Vacherin d'Epoigey«, stieß Joel Payne aus, der Hüter des Geheimwissens. »Sie meinen es wirklich gut mit uns.«

Bietigheim packte die Prachtstücke wieder weg. »Nichts davon ist nun für Sie. Und meinen Vortrag über dieses Meisterwerk der Schöpfung werden Sie auch nicht zu hören bekommen. Ich darf mich verabschieden, denn ich wurde unter Vorspiegelung falscher Tatsachen hergelockt.« Er machte auf dem Absatz kehrt.

Michael Broadbent stellte sich vor die Tür. »Unsere Tarnung muss perfekt sein! Offiziell sind wir die Port Wine Society, und jeder von uns kennt sich dank Joel mit Ports und dem passenden Käse bestens aus. Wir machen Proben und Schulungen, wir unternehmen sogar regelmäßig Reisen nach Portugal. Aber eigentlich…«

»… eigentlich sind wir eine Society von Detektiven, in Andenken an Sherlock Holmes«, fuhr Parker fort. »Es gibt die Society seit 1927, also dem Jahr, als Arthur Conan Doyle mit ›The Case-Book of Sherlock Holmes‹ sein letztes Werk über den Meisterdetektiv veröffentlichte. Unsere wahre Leidenschaft gilt Kriminalfällen.«

Bietigheim musterte den ersten Vorsitzenden. Plötzlich fiel ihm sein Name wieder ein. »Sie sind Gregory Hutchinson, zweites Studienjahr, nicht wahr? Ihr Deckname Robert Parker ist sicher nicht zufällig auch der Name des berühmtesten und einflussreichsten Weinkritikers der Welt?«

Robert Parker lächelte. »Bitte setzen Sie sich doch. Es soll nicht zu Ihrem Schaden sein, schließlich könnte Ihr Leben daran hängen, dass der Mörder endlich gefasst wird. Je schneller, desto besser.«

Bietigheim ließ sich auf dem Ehrenplatz nieder, behielt seinen Mantel aber an.

Robert Parker fuhr fort: »Sie haben natürlich völlig recht, mein Name ist Maskerade. Aber so ist es seit Gründung dieser Society. Die Mitglieder nehmen für die Zeit ihres Studiums den Namen einer berühmten Persönlichkeit aus der Weinszene an. Wir haben beschlossen, die Namen bedeutender Weinjournalisten zu verwenden, und sind angehalten, diese wann immer möglich einzusetzen.«

Der Professor wurde ungeduldig. »Wenn Sie mir endlich, was die Höflichkeit schon längst erfordert hätte, Portwein und Stilton anbieten würden, wäre ich bereit, Ihnen kurz zuzuhören.« Schließlich, dachte Bietigheim, waren

Port und Stilton zwei der unbezweifelbaren Gottesbeweise auf diesem Erdenrund.

»Es ist ein 1890er Burmester Novidade Reserva Port, extra für Sie aus unserem Keller geholt«, sagte Hugh Johnson und schenkte großzügig ein.

Bietigheim fand das nur angemessen. Auch die Größe des von Jancis Robinson perfekt abgeschnittenen und ihm auf einem Porzellanteller gereichten Käsestücks. Er hatte, wie es sich gehörte, Raumtemperatur und ein Stück Pflaumenbrot lag daneben. So ließ er sich das gefallen.

»Woher wussten Sie, dass ich mein Fahrrad bei University Cycles kaufen würde?«

Robert Parker lächelte stolz. »Wir haben beobachtet, wie Sie in die Gerichtsmedizin gegangen sind. Dr. Cumberland ist ein Sympathisant unserer Vereinigung. Er berichtete uns deshalb auch von Ihrer Fahrradfrage. Wann sie dort auftauchen würden, wussten wir natürlich nicht. Wir hofften aber, dass es heute sein würde. Ansonsten hätten wir den Umschlag morgen früh wieder abgeholt und einen neuen hinterlassen.«

»Sie wollen mich wegen der Morde an meinen Vorgängern sprechen, so viel ist mir klar.«

Jetzt meldete sich Oz Clarke, Hüter des Käses, zu Wort, ein kleiner, pummeliger Student, bei dem die Kopfhaut die Produktion von Haaren bereits großflächig eingestellt hatte. »Wir reden über nichts anderes mehr. Vorher war das hier ein echt mauer Haufen, wir waren nahe dran, uns aufzulösen. Aber dann kam Gott sei Dank der erste Mord!« In dem Moment wurde ihm klar, was er da gerade gesagt hatte. »Also, das war natürlich ... schrecklich, ganz schrecklich. Der arme Earl.«

Robert Parker blickte zu Joel Payne: »Dein Auftritt.«

Der Hüter des Geheimwissens schaltete seinen Laptop an und startete eine Powerpoint-Präsentation. »Wir haben versucht, Gemeinsamkeiten zwischen den beiden Opfern zu finden – außer dass sie dieselbe Stelle innehatten. Was könnte das Motiv sein, beide umzubringen, und warum auf diese exaltierte Art?«

»Wir sind in England«, warf der Professor ein. »Exzentrik wird hier hoch geschätzt. Sie nennen es Spleens.«

Joel Payne antwortete mit einem unsicheren Lächeln. »Wir haben unsere Anstrengungen schließlich auf Grüntee konzentriert, um genau zu sein: Matcha-Tee. Also die pulverisierte Art…«

»Wagen Sie es nicht noch einmal, mich über Tee zu belehren, sonst verlasse ich sofort dieses Etablissement!«

»Entschuldigung.« Payne räusperte sich. »Selbstverständlich wissen Sie alles darüber. Der Earl und Cleesewood haben ihren Forschungsschwerpunkt vor drei Jahren beide auf Matcha-Tee gelegt. Es war ein gemeinsames Projekt. Sie nahmen sogar Kontakt zu einem Superstar der Teekultur auf: dem japanischen Teemeister Musō Kokushi. Bei dem Forschungsprojekt widmete sich der Earl mehr der kulturellen Dimension, vor allem der hochkomplexen japanischen Teezeremonie, wohingegen Cleesewood interdisziplinär forschte, besonders hinsichtlich der Wirkungsweisen und des Gesundheitsaspekts. Unterstützt wurde Letzterer übrigens von einem deutschen Kollegen, einem Herrn Professor Töler.«

Verdammt!, dachte Bietigheim.

Jetzt meldete sich Serena Sutcliffe zu Wort. Sie wirkte wie die geborene Klassenbeste. »Was uns jedoch verwirrt: Wenn der Mord mit grünem Tee in Zusammenhang steht, warum wurden die Leichen dann in einem Aufguss aus weißem Tee gefunden? Dieser Spielart des Tees hat sich keiner der beiden besonders gewidmet. Zumindest nicht, dass wir wüssten. Cleesewood hatte wohl ein geheimes Forschungsprojekt, in dem es um weißen Tee gegangen sein könnte, doch keiner weiß etwas darüber.«

»Oder erzählt Ihnen davon.«

»Ja, das ist ebenso gut denkbar.«

Es folgten Darstellungen, Törtchendiagramme und Säulengrafiken, Fotos und allerlei Informationen, die von der Society zusammengestellt worden waren.

Bietigheim erfuhr, dass der Earl kurz vor seiner Ermordung im Pickerel Inn gesehen worden war, und zwar am Samstag um 21.14 Uhr. Er war bereits mächtig angetrunken und in einer unglaublich großkotzigen Laune gewesen. Seitdem hatte die Society dieses Lokal als Treffpunkt auserkoren. Cleesewood dagegen war zuletzt um 17.53 Uhr im Institut gesehen worden – von seiner indischen Sekretärin, die ihren Schreibtisch um diese Zeit verließ. Nach Bietigheims Meinung gehörte sie ins Guinness-Buch der Rekorde für den miesesten Tee aller Zeiten.

Bietigheim beschloss, einen Testballon loszulassen. »Was wissen Sie über die sechste Schale?«

»Das war ein Running Gag von Cleesewood«, erklärte Jancis Robinson, eine schlanke Frau mit schwarzen Korkenzieherlocken, die Michael Broadbent die ganze Zeit kaum eine Sekunde aus den Augen gelassen hatte. »Nach fast jeder Vorlesung sagte er: Und denkt immer an die sechste Schale! Er hielt das für lustig, obwohl keiner von uns wusste, was es zu bedeuten hatte. Humor war nicht gerade seine Stärke. Wieso fragen Sie?«

Bietigheim genoss es, für überraschte Blicke zu sorgen. »Ich habe mir Zugang zu sämtlichen Unterlagen meiner Vorgänger verschafft und immer wieder Hinweise darauf gefunden.«

»Sie haben sämtliche…?« Robert Parker sah ihn an wie ein Philatelist, der zum ersten Mal den Besitzer einer blauen Mauritius trifft.

»Ja.«

»Dürfen wir auch?«

»Nein. Und versuchen Sie es gar nicht erst.«

Robert Parker ließ den Kopf sinken. »Wir wissen, dass

Sie Ihr Haus in eine Festung verwandelt und sich einen Brocken von Leibwächter angeschafft haben. Der übrigens richtig gefährlich aussieht.«

»Was er auch ist.« Bietigheim nahm einen Schluck Port und aß dazu Stilton – die beiden tanzten Tango in seinem Mund. Währenddessen blickten ihn erwartungsvolle Gesichter an. Doch der Professor ließ sich Zeit. Penibel tupfte er sich nach dem Genuss die Lippen mit seinem Stofftaschentuch ab.

Erst dann sprach er weiter. »Sehen Sie mich nicht so erwartungsvoll an! Sie haben noch etwas in Erfahrung gebracht, oder? Etwas, das Sie mir nicht erzählt haben. Dabei wünschen Sie Informationen und Unterstützung von mir. Ich weiß nicht, ob ich Ihnen unter diesen Voraussetzungen noch etwas anvertrauen sollte. Lassen Sie es mich so deutlich ausdrücken wie möglich: Wenn Sie mir nicht alles erzählen, was Sie wissen, erzähle ich Ihnen überhaupt nichts. Es ist schließlich mein Leben, das auf dem Spiel steht. Und soweit mir bekannt ist, verfüge ich nur über das eine.«

Robert Parker gab dem Hüter des Geheimwissens, Joel Payne, das Zeichen, ein Foto an die Wand zu werfen. Es zeigte das Eckgebäude der Mill Lane, an dessen höchstem Punkt eine große fliederfarbene Unterhose hing.

»Es gibt eine Society in Cambridge, die gleichermaßen berühmt wie mysteriös ist. Es wurden Bücher über sie verfasst, doch niemand weiß etwas über die Mitglieder. Sie klettern nachts und ohne dass sie jemand sieht auf die höchsten Gebäude der Stadt und bringen dort etwas an. Es sind Scherze, doch ebenso artistische Höchstleistungen.«

Bietigheim wusste natürlich von dieser Society. Dank ihr schaute jeder Student in Cambridge auf dem Weg zu seinen Vorlesungen nach oben, um festzustellen, ob irgendwelche Gegenstände an verblüffenden Stellen angebracht worden waren.

»Dieses Foto wurde am Tag aufgenommen, als die Leiche des Earls gefunden wurde. Was bedeutet, dass dieses ... Exponat dort in der Nacht des Mordes angebracht wurde. Und von diesem Punkt am Haus aus, wir haben das geprüft, hat man einen perfekten Blick auf den Bootsanleger, von dem das Punting-Boot mit der Leiche losgemacht wurde. Wenn man bedenkt, dass die Füllung der Barke mit Tee sicher einige Zeit gedauert hat, ist es nicht unwahrscheinlich, dass jemand aus dieser Society den Täter gesehen hat.«

»Und warum«, fragte Bietigheim, »hat derjenige es dann nicht der Polizei gemeldet?«

»Das würden wir die Person auch gerne fragen. Wenn wir auch nur den Hauch einer Ahnung hätten, wer zu dieser Society dazugehört.«

Bietigheim nickte. Dies war eine Spur. Eine heiße sogar. Die zur legendärsten Society Cambridges führte.

Den Nightclimbern.

KAPITEL 3

Earl Grey

Ein schlecht gelaunter Regen begrüßte Pit am nächsten Morgen beim Frühstück. Es waren zwar nur wenige Tropfen, die ans Fenster klopften, diese aber so groß, als würden Riesen aus dem Himmel auf Cambridge spucken. Der Professor war mit Benno spazieren, hatte zuvor jedoch eine Schultafel für Pit aufgebaut, welche die wichtigsten Grundregeln des Tees enthielt. Ganz unten stand groß: »Das müssen Sie in Ihren dicken Kopf kriegen«, gefolgt von drei Ausrufezeichen.

Pit kochte sich Kaffee.

Der Vorstellungstermin in Auntie's Tea House war für zehn Uhr anberaumt und damit kurz nachdem der ärgste Frühstücksansturm vorbei war.

Pit polierte sich den Kopf, bürstete seinen Bart und zog die schwarze Lederhose mit den wenigsten Nieten an. Zivilisierter ging es ohne Selbstverleugnung nicht. Trotz des eingebauten Parkplatzradars ließ er Alfons den Viertelvorzwölften vor dem Haus stehen und ging zu Fuß ins Stadtzentrum, denn das würde seinen Wangen einen gesunden rosa Teint verleihen. Kam sicher gut an bei »Auntie«, dem Tantchen. Er musste auf seinen Schwiegersohncharme bauen.

Oder vielleicht doch lieber auf Bestechung.

Auntie's Tea House war im Erdgeschoss eines alten, selbstverständlich viktorianischen Reihenhauses untergebracht, eingequetscht zwischen größeren Nachbarn, die einen edlen Herrenausstatter und einen Laden für allerlei modischen Krimskrams beherbergten.

Das kleine Teehaus war weiß gestrichen, davor standen sieben Tischchen mit Korbstühlen. Wegen des schlechten Wetters saßen die Gäste allesamt drinnen hinter den großen, bodentiefen Fenstern, die mit einem Bild von Auntie bemalt waren. Eine Frau im traditionellen Gewand mit traditioneller englischer Oberweite, die ein Tablett mit Teekanne vor sich trug. Sie sah nett und herzlich aus.

Drinnen war es brechend voll. Unmengen nasser Menschen aßen Sandwiches und Scones zu ihrem Tee. Ein Blick genügte Pit, um den White Darjeeling Tee zu entdecken, der in einem Glaszylinder am Eingang präsentiert wurde. Genau der hatte in der Küche des Professors gestanden.

Pit ging näher heran, um das Haltbarkeitsdatum lesen zu können. Noch zwei Wochen.

Er stellte sich an die Theke. Serviererinnen in schwarzen Kleidern mit weißer Schürze wuselten herum und beäugten ihn argwöhnisch. Eine davon sprach ihn schließlich an: »Zur Zeit ist leider nichts frei.«

Mindestens drei Tische waren unbesetzt.

»Verarschen kann ich mich selber. Die da sind doch frei.«

»Reserviert.«

»Ich will sofort mit Auntie sprechen. Sonst rühr ich mich nicht vom Fleck. Selbst wenn Sie die Polizei, die Männer mit den weißen Jacken und den Kammerjäger rufen.«

Inzwischen hatten sich etliche Köpfe dem auffälligen Rocker zugewendet.

»Sie wollen also Auntie sprechen?«

»Jawoll. Und zwar augenblicklich.«

Gut, das war jetzt nicht der klassische Beginn eines Vorstellungsgesprächs, aber man musste ja auch mal innovativ sein dürfen. Natürlich war Pit klar, dass er die Sache schon jetzt völlig verbockt hatte und ihm eine Strafpredigt des Professors bevorstand. Aber er hatte auch seinen Stolz.

»Kommen Sie bitte mit«, sagte die Serviererin, und führte ihn durch eine Schwenktür in die Küche.

Dort sprach sie mit einer jungen Frau, vielleicht Ende zwanzig, höchstens Anfang dreißig. Sie hatte ihre dunklen Haare zu einem Pferdeschwanz gebunden und wirkte durchtrainiert. Da sie eine Dreiviertelhose trug, fiel Pit sofort auf, dass die linke Wade, also das Sprungbein, etwas muskulöser war. Es war ein minimales Ungleichgewicht. Bei Basketballern, die mit beiden Beinen gleichzeitig absprangen, war das nicht der Fall. Und eine springende Sportart musste es sein, darauf ließ der Aufbau der Wadenmuskulatur unweigerlich schließen. Also tippte er auf Handball. Der Professor mochte mit einem Blick sehen können, ob ein Tee perfekt gebrüht war. Pit hingegen konnte viel über einen Menschen sagen – nur anhand der Art und Weise, wie jemand in sein Taxi stieg. Wenn der Gast sich hinsetzte, spürte Pit, wie weit sich die Stoßdämpfer zusammenzogen, und konnte das Gewicht auf das Kilo genau nennen. Diese Frau war kein Gramm schwerer als dreiundfünfzig Kilo. Darauf hätte er ein halbes Schwein, eine große Krakauer und eine Dose Landleberwurst gewettet. Und bei einem so hohen Einsatz musste er sich verdammt sicher sein.

Ihre Haut war englisch blass und übersät mit Sommersprossen, und ihre Laune war miserabel.

»Sie wollten also Auntie sprechen und haben dafür den ganzen Laden in Aufruhr gebracht? Ich bin Auntie, und Sie fliegen jetzt raus.«

Pit mochte ihre Stimme. Zart und doch kraftvoll.

»Ich bin Pit Kossitzke und wegen der Anzeige gekommen. Wir haben einen Termin. Ich arbeite jetzt hier.«

»Ach ja? Meinen Sie ernsthaft, Sie passen hier rein?«

»Jau. Ich pass überall rein. Mein zweiter Vorname ist Ölsardine.«

Der Anflug eines Lächelns zeigte sich in ihrem Mundwinkel. Es wäre sicher ein wunderschönes Lächeln gewesen, wenn es sich ganz entfaltet hätte. »Hier werden aber auch alte Damen bedient.«

»Ich liebe alte Damen, am liebsten wäre ich selbst eine.«

»Und Kinder.«

»Denen geb ich einen Lolly. Oder nehm ihnen einen weg. Je nachdem, was angebracht ist.«

Auntie kam einen Schritt näher. »Hm, in Cambridge hat kein Laden eine Bedienung wie Sie. Das würde für Gesprächsstoff sorgen.« Sie drehte sich zu der Serviererin um, die immer noch hinter ihr stand. »Ich will ihn. Hol Kevin, er soll seinen Segen geben.« Sie wandte sich wieder an Pit. »Ihm gehört das Auntie's und auch der Tea Shop in der Trinity Street. Dort verkauft er richtig exklusive Sachen – grünen Tee, Mate, alten Pu-Erh, so was. Bis er kommt, stellst du dich da in die Ecke, nee, die ist zu klein für dich, nimm die da, und rühr nichts an, verstanden?«

Sie hatte wirklich eine wunderschöne Stimme. In all ihrer Bestimmtheit und Schärfe doch sanft. Ein wohlklingender Alt.

Fünf Minuten später erschien ein Typ vor ihm, der aussah wie Frank Zappa. In noch irrer. Seine Löwenmähne stand in alle Himmelsrichtungen ab, doch sein Anzug aus feinstem Zwirn saß perfekt, in den dunklen Lederschuhen konnte Pit sich spiegeln. Kevin sagte nichts, keine Begrüßung, keine Frage, er trat nur ganz nah an Pit heran, bis sich ihre Nasenspitzen fast berührten. Dann blickte er ihm so tief in die Augen, als suche er auf deren Grund nach gesunkenen Piratenschiffen.

Kevin nickte kurz, brummte und verließ das Tea House.

»Sie sind offiziell eingestellt«, erklärte Auntie.

»Will denn hier niemand wissen, was ich über Tee weiß?« Habe ich mir den ganzen Mist etwa umsonst reingebimst?, wollte Pit sagen, ließ es aber bleiben.

»Es reicht, wenn du weißt, wie du ihn tragen musst. Bei uns werden sowieso meist nur zwei Sorten getrunken. Normaler Schwarztee, dann sagen sie Leute einfach Tee, und Earl Grey, dann sagen die Leute einfach ...«

»... Earl Grey.«

»Du hast ja ein richtig schlaues Köpfchen, Dicker. Heute Nachmittag um sechzehn Uhr beginnt deine erste Schicht, bis dahin arbeite ich dich ein. Als Erstes heißt es jetzt für dich abräumen und spülen. Heute ist fürchterlich viel zu tun.«

»Eine Frage noch. Ganz kurz.«

»Schieß los.«

»Den weißen Tee vorne im Regal, kaufen den viele? Der ist doch so teuer?«

»Nee, kaum einer. Vielleicht ein Kunde pro Monat. Ein echter Ladenhüter ist das.«

»Wahrscheinlich war der letzte Käufer ein Ölscheich, der gerade in Cambridge zu Besuch war.«

Sie sah ihn schief an. Und Pit bemerkte erstmals, wie wunderschön ihre Augen waren.

Dann verriet sie ihm, wer der letzte Käufer gewesen war.

Bevor sie ihm ihre Rückseite zudrehte.

Und die machte Pit vollends sprachlos. Er schaffte es nur gerade so, nicht hineinzukneifen.

Der Professor hatte sich auf den Weg nach Newmarket begeben, die Heimat des englischen Pferdesports. Dort lag der National Stud, eine Hengstparade von Weltniveau. Benno hatte er lieber zu Hause gelassen – mit einem frisch beim Metzger gekauften Knochen. Der Foxterrier mochte keine Pferde. Sie hatten zwar vier Beine wie er, aber ihr Kopf befand sich seiner Meinung nach zu hoch über dem Erdboden. Der Professor besuchte allerdings nicht in erster Linie Pferde, sondern eine Frau, die sich ihnen verschrieben hatte: Elisabeth Freeman, Countess von Shropsborough, die Witwe des verstorbenen Earls.

Sie lebte nicht in einem Haus, sie lebte nicht in einer Villa, sie lebte auf einem Anwesen. Die kiesbedeckte Auffahrt war länger als Chile.

Kaum eine Sekunde, nachdem der Professor eine güldene Klingel betätigt hatte, öffnete eine Bedienstete in spitzenbedeckter Kittelschürze die Tür. Vermutlich saß sie den ganzen Tag dahinter auf der Lauer.

»Professor Bietigheim, die Countess freut sich über Ihre Gesellschaft. Sie werden bereits zum Tee erwartet.«

Bietigheim war überrascht, ließ es sich aber nicht anmerken. Stattdessen blickte er vorwurfsvoll auf das Zifferblatt seiner Taschenuhr.

»Ist es nicht ein wenig spät für Tee?«, fragte er und drückte ihr seinen Mantel in die Hand. »Gut, es heißt Five o'Clock Tea, aber in der Regel wird dieser doch eine Stunde früher, um vier Uhr gereicht.«

Die Bedienstete würdigte diese Belehrung keines Kommentars. »Bitte folgen Sie mir in den Stutensalon.«

Der Stutensalon hatte die Größe einer Weide. Am anderen Ende stand die Countess. Sie war nicht völlig unattraktiv, doch ihre offensichtlich geliftete Haut spannte so über den hohen Wangenknochen, dass sie ein bisschen an die Pelle einer frisch gebrühten Fleischwurst erinnerte. Ihre Kleidung bestand aus einer Art Gardine in Weiß, leicht durchsichtig. Darunter trug sie augenscheinlich nichts. Neben ihr stand ein Scottish Deerhound, der aussah, als fräße er zum Frühstück eine ganze Kuh. Und ihren Melker hinterher.

»Herzlichst willkommen!«, rief sie ihm zu. »Endlich lerne ich den Lebensmüden kennen. Ich habe mich schon gefragt, ob ich Sie noch früh genug zu Gesicht bekomme. Sie sind ein mutiger Mann. Diese Gattung Ihrer Spezies ist leider sehr selten geworden.« Mit großen, entschiedenen Schritten kam sie auf ihn zu.

Bietigheim streckte die Hand aus. »Ich möchte Ihnen mein Beileid aussprechen.«

»Ach, das ist doch schon so lange her. Ich will nicht herzlos erscheinen, obwohl Herzlosigkeit in der heutigen Welt kein Nachteil sein muss, aber das Leben geht weiter. Meines zumindest. Kurz nach seinem Tod war es natürlich anders, und ich fühlte mich wie in einem Glassarg. Aber ich tat, was der Tag von mir verlangte, und sagte keine Termine ab. Rundum tobte eine Grippewelle, ich hingegen blieb grauenvoll gesund. Wenn man sich dann nicht die Kugel gibt, greift irgendwann das Leben wieder nach einem: Man geht jeden Morgen ins Badezimmer, plötzlich merkt man, dass einem was schmeckt, plötzlich hört man sich sogar lachen. Während man noch hinterhersterben möchte, lebt man bereits wieder. Aber jetzt lassen Sie uns Platz nehmen. Ich unterhalte mich ungern im Stehen, es hat immer etwas von Fast Food.«

Zwei Wände des Stutensalons bestanden aus Glas und ermöglichten einen weiten Blick auf die tatsächliche Weide, wo ein paar prachtvolle Pferde grasten.

»Zwei«, rief sie ihrer Bediensteten zu, die kurz darauf mit zwei Cocktails zurückkam. Bloody Marys, hochprozentig gemixt. Dazu zündete sich die Countess eine Zigarette an, die in einem langen Halter steckte. Den Rauch blies sie wie teuerstes Parfüm in den Raum.

»Timothy war ein wohlgelungener Ehemann, Herr Professor. Gut, er war oft nicht zu Hause, er liebte die gesellschaftliche Bühne, und er wollte sie für sich allein. Doch ich stamme aus einer Generation, in der es vielen Frauen genügt, an der Seite ihres Mannes zu stehen, die darin sogar ihre Erfüllung sehen und keine andere Selbstverwirklichung brauchen. Ich habe mich nie beschwert, weil es keinen Grund dafür gab. Außerdem habe ich ja meine Pferde, und die sind kein Hobby, sondern vielmehr eine Leidenschaft – so wie andere Frauen ihren Garten bis zur Perfektion pflegen oder Teetassen sammeln.«

»Dass dieses Hobby mittlerweile Millionen abwirft, hat sicher nicht geschadet.« Bietigheim hatte sich selbstverständlich vorbereitet.

»Ich habe ein Händchen für Hengste.« Sie nahm einen Schluck ihres Cocktails. »Das können Sie ruhig zweideutig verstehen. Sie dürfen auch leicht erröten, das passt gut zur Farbe meiner Polstergarnitur.«

»Prophylaxezahnbürste.« Meine Güte, wann würde das endlich wieder aufhören!

»Wie bitte?«

»Ich bin Hanseat. Wir erröten nicht. Wir räuspern uns nur.« Er räusperte sich.

»Sehr aristokratisch.«

Bietigheim wollte darauf hinweisen, dass Hamburg dezidiert bürgerlich sei, ließ es aber bleiben. »Wenn ich ganz offen sein darf: Vor diesem Hintergrund drängt sich die Frage auf, ob die Polizei Sie befragt hat.«

Sie schmunzelte. »Oh, aber sicher dürfen Sie das fragen, Herr Professor. Ich mag es, wenn es delikat wird. Ja, ein paar Herren von Scotland Yard waren hier. Sie haben mir eine Affäre mit Jonathan Cleesewood unterstellt.« Sie hielt ihre Zigarette in die Höhe und lachte dann auf. »Ich bitte Sie. Sehe ich aus, als könnte ich ein solches Jüngelchen in meinem Bett gebrauchen?«

»Nein«, sagte Bietigheim. »Sie sehen, mit Verlaub, danach aus, als hätten dort nur Löwen eine reelle Überlebenschance.«

»Herr Professor, Sie amüsieren mich. Und ich finde Männer attraktiv, die mich amüsieren. Das gelingt nur wenigen.«

»Bei Scotland Yard hielt man es also für denkbar, dass Sie Ihren Mann umgebracht haben, weil dieser hinter Ihre Affäre gekommen ist oder weil sie Ihrem ... Gespielen die angesehene Institutsleitung besorgen wollten. Und als der Lustknabe ausgespielt hatte, entledigten Sie sich seiner.«

»Ja, genau das unterstellte man mir. Eine griechische Tragödie. Albern, schrecklich albern.«

»Wer war es dann? Feinde, eine Geliebte ...«

»Ach, hören Sie doch auf. Blanker Unsinn. Seine Feinde hatte er sich alle redlich verdient, doch das waren Kollegen, und denen ist ein Mord zu profan, die wollen auf dem Feld der Intrigen siegen.«

»Und ...«

»... eine Geliebte? Nein, hatte er nicht nötig. Ich bitte Sie, Herr Professor. Diese Frage war wirklich unhöflich. Sie enttäuschen. Er hatte doch mich!« Sie lüpfte ihr Kleid ein wenig und entblößte ein makelloses Bein. »Wissen Sie, Herr Professor, mir wäre es lieb, wenn der Mörder gefasst würde. Diese Geschichte wird ja immer wieder an mich herangetragen. Ständig fragt einen jemand, ob Yard den Täter endlich hätte. Ich bin das so leid, es langweilt mich ungemein. Und ich habe keine Zeit für Langeweile. Das ist etwas für Leute mit Großbildfernsehern.«

Erst jetzt fiel Bietigheim auf, dass sich im Wohnzimmer kein Fernseher befand. Auch kein Schrank, in dem er versteckt sein konnte. »Ich werde mich bemühen, Scotland Yard nach Kräften zu unterstützen. Sagen Sie mir einfach alles, was Sie wissen.«

Die Countess stand auf und ließ die gläserne Terrassentür per Knopfdruck vollständig zur Seite fahren. »Ich bin kein lebendes Tonband, das einfach Informationen abspult. Ich sage Ihnen, wo Sie Ihre Nase hineinstecken sollten und schnüffeln wie ein kleiner Hund. Sagt Ihnen das Tregothnan Estate etwas?«

Bietigheim stellte sich neben sie. »Ja«, sagte er. »Englands einzige Teeplantage, angelegt in Cornwall. Der dort produzierte Tee ist von hoher Qualität und ausgesprochen teuer. Wieso soll ich mich dort umsehen? Schnüffeln werde ich sicher nicht. Schon gar nicht wie ein kleiner Hund.«

»Oh, gekränkter Stolz, wie niedlich. Aber er sei Ihnen gegönnt. Im universitären Bereich ist Stolz schließlich zur Selbsterhaltung nötig. Tregothnan war das Lieblingsprojekt von Jonathan. Er hat die Plantage unterstützt. Timothy hatte das Projekt zuvor betreut und es auf einen Schlag und ohne Angabe von Gründen an ihn abgegeben. Eine Woche später war er tot.« Sie drehte sich zu ihm. »Noch einen Cocktail? Danach zeige ich Ihnen meine Hengste. Wagen Sie es nicht zu widersprechen!«

Bietigheim wagte es nicht. Statt eines Cocktails bestand er jedoch auf einem Tee. Die Sorte war außergewöhnlich.

Pu-Erh. Sehr alt. Und sehr falsch zubereitet.

Zurück in Cambridge fuhr der Professor erst einmal zu University Cycles, um die Schrauben an seinem Drahtesel nachziehen zu lassen. Er musste nicht lange warten, bis Colin an die Theke trat, sich die Hände an einem Lappen abreibend.

»Und? Sind Sie zufrieden, Professor?«

Bietigheim hatte sein Fahrrad mit hineingenommen und tätschelte nun den Sattel. »Fährt sich traumhaft. Und die Federung ist butterweich.«

»Freut mich. Ich zieh alles nach.« Er nahm das Rad und schob es in die Werkstatt.

»Darf ich Ihnen dabei zusehen?«

Colin schien nicht irritiert, sondern nickte freundlich und hielt dem Professor die Tür auf. Die Werkstatt war extrem ordentlich, das Werkzeug sauber und an seinem Platz. In einer Ecke stand ein Radio, das so leise vor sich hin dudelte, als hätte es Angst, aufzufallen und ausgeschaltet zu werden.

Mit wenigen Handgriffen zog Colin die ersten Schrauben an, und Bietigheim beschloss, seine Ermittlungen fortzusetzen. Über das Tregothnan Estate wusste Colin sicher nichts, da musste der Professor schon persönlich hin. Doch eine andere Spur ließ sich bestimmt verfolgen.

»Da Sie früher an der University waren, kennen Sie sicher auch die Nightclimber?«

Colin beugte sich über das Hinterrad. »Dafür muss man

nicht an der University gewesen sein, die kennt hier jeder. Na ja, kennen ist zu viel gesagt, jeder hat von ihnen gehört.«

»Ich muss den Kontakt zu dieser Society herstellen.«

Colin lachte kurz auf. »Viel Glück. Wenn es eines gibt, was die Nightclimber nicht wollen, ist es, gefunden zu werden. Warum wollen Sie die denn sprechen? Sicher geht es um die Morde an Ihren Vorgängern, oder? Vermuten Sie etwa, dass einer von ihnen etwas gesehen haben könnte?«

Bietigheim war überrascht. »Ist das so offensichtlich?«

Colin nickte. »Aber wenn einer von denen etwas gesehen hätte, dann wäre er doch längst zur Polizei gegangen, oder nicht?«

»Und wenn sie andere Studenten decken? Oder einen der ihren?«

Colin gönnte der Schraube vor sich eine letzte Umdrehung und stand auf. »Dann ja, da haben Sie recht. Ich selber weiß zwar nicht, wie Sie an die Nightclimber herankommen können, aber ich kenne jemanden, der es weiß.« Er gab dem Hinterrad Schwung und beobachtete die Bewegung. »Einwandfrei.«

Bietigheim trat zu ihm und hielt das Rad fest. »Wen meinen Sie?«

Colin ging seelenruhig zum Vorderrad und wiederholte den kleinen Test. »Die Bell Ringers von Great St Mary's. Ihr offizieller Name lautet ›The Society of Cambridge Youths‹, gegründet wurden sie 1724, und damit sind sie die zweitälteste Ringing Society der Welt, die kontinuierlich ihren Dienst verrichtet.«

Der Professor musterte den Fahrradhändler genauer. Seine kräftigen Arme, seine exakte Art, die Halskette mit Kreuz. »Sie waren früher selber ein Bell Ringer, nicht wahr?«

»Die zwölfte und schwerste Glocke war meine. Sie wird Tenor genannt und stammt aus dem Jahr 1770.« Colin steckte seinen Schraubenschlüssel weg. »So, fertig.« Er blickte auf die große, schlichte Werkstattuhr. »Und jetzt bringe ich Sie zu den Ringers, Professor. Natürlich nur, wenn Sie Zeit haben. Gerade jetzt übt die Society nämlich. Das hat sich seit Ewigkeiten nicht geändert. So ist Cambridge.«

Der Professor hatte eigentlich keine Zeit, doch das hinderte ihn nicht daran, sie sich zu nehmen.

Die meisten Touristen betraten Great St Mary's nur, um den Turm zu besteigen – von dort aus hatte man nämlich einen wunderbaren Rundumblick über die Stadt. Doch auf dem Weg zur Aussichtsplattform konnte man in einem kleinen Raum auf halber Höhe die Bell Ringers bewundern, die dort ihrer Tätigkeit nachgingen. Den Boden bedeckte ein hellblauer Teppich, die Wände waren aus dunklem Holz, in der Mitte stand ein Holztischchen, beladen mit Büchern und Noten, das von vier Sitzbänken umgeben war. Großformatige hölzerne Urkunden an den Wänden erinnerten an wichtige Glockenläutungen und die beteiligten Bell Ringers. Zum Beispiel die Grandsire Quarters mit 5039 Wechseln, wofür sie drei Stunden und siebenundzwanzig Minuten gebraucht hatten. Aus der hölzernen Decke hingen die Seile der zwölf Glocken.

An vieren der Seile hingen Männer.

Ein fünfter stand daneben und brüllte sie an.

Colin winkte ihm zu. Dann fielen sie sich in die Arme. Der Mann sah aus, als sei er aus sechs Kartoffeln zusammengesetzt: je zwei für Beine und Arme, eine für den Rumpf und eine für den Kopf. Sowie eine klitzekleine, aber extrem unförmige Kartoffel für die Nase. Er war auf eine landwirtschaftliche Weise knollig. Eine halbe Ewigkeit sprach Colin mit ihm über die guten, alten Zeiten. Bietigheim blickte währenddessen mehr als einmal auf seine goldene Taschenuhr, ja, er räusperte sich sogar ärgerlich. Endlich stellte Colin ihm den Mann als Richard A. Unsworth vor, den Belfry Maintenance Officer. Der Professor war mittlerweile an einem Punkt angekommen, an dem er keine Lust hatte, noch länger auf die benötigte Information zu warten.

»Ich muss dringend, und ich betone dringend, mit den Nightclimbern reden, die kennen Sie doch.«

»Nein, kennen wir nicht«, sagte Unsworth, ohne mit der Wimper zu zucken.

»Ach, hören Sie doch auf mit dem Schmuh! Hier geht es um eine Mordermittlung. Also stellen Sie sich nicht dümmer, als Sie sind.«

»Darf er so mit mir reden?«, fragte Unsworth und wandte sich schmunzelnd an Colin, dem einer der Glöcknerschüler um der guten alten Zeiten willen das Seil der zwölften Glocke überlassen hatte.

Der Professor antwortete laut, um die Glockenschläge zu übertönen: »Wie würden Sie mit einem bockigen Glöckner reden, wenn Sie das nächste Opfer eines Serienkillers sein könnten?«

Colin zog die Tenor. »Gerechtfertigte Frage, finde ich.« Der Schlag der Glocke war satt und klar. »Außerdem habe ich ihm bereits verraten, dass die Society mit den Nightclimbern in Verbindung steht.«

Unsworth nahm einen Stuhl und stellte ihn vor sich. »Der ist für Sie, Professor.« Dann holte er sich einen eigenen und stellte ihn gegenüber hin. Bevor er Platz nahm, wandte er sich an die Glöcknerschüler: »Und ihr macht weiter! Ich erwarte Perfektion. Das ist schließlich kein Rock 'n' Roll, sondern Glöcknerei!«

Dann gehörte seine Aufmerksamkeit Bietigheim.

»So, dann lassen Sie uns reden. Es stimmt, was Colin Ihnen anvertraut hat. Die Verbindung zwischen uns und den Nightclimbern ist sehr alt. Wobei Verbindung zu viel gesagt ist. Es ist ein Gentlemen's Agreement, seit den frühesten Tagen dieser nächtlichen Aktivisten. 1895 begann der berühmte Alpinist Geoffrey Winthrop Young damit, die Dächer der Universität zu erklettern. Er publizierte sogar einen Führer mit den erkletterten Strecken. Andere sind ihm nachgefolgt, und heute ist es für einigermaßen trainierte junge Menschen kein größeres Problem mehr, die berühmten Dächer vom King's College oder von der St John's College Chapel zu besteigen. Insofern gibt es nicht *die* Nightclimber, denn jeder kann dieser ... Tätigkeit nachgehen. Doch es gibt stets einen engeren Zirkel von Studenten, die ihrer Leidenschaft gemeinsam und organisiert frönen. Früher erkletterten sie auch Great St Mary's – doch wir haben sie erwischt. Dann einigte man sich. Sie klettern nicht mehr auf unsere ehrwürdige Kathedrale, und wir verraten nie, wenn wir sie von unserer exponierten Position aus beim Klettern beobachten. Und so ist es geblieben. Hat der Zirkel einen neuen Vorsitzenden, wird er bei uns vorstellig. Gemeinsam nehmen wir einen Cream Tea und erneuern den Bund. Das ist alles. Doch ich werde Ihnen, obwohl Ihr Leben daran hängen könnte, nicht verraten, wer dieser Vorsitzende ist. Es ist eine Frage des Vertrauens, und ich werde nicht allen Bell Ringers vor mir Schande bereiten, indem ich unser Versprechen breche.«

Bietigheim rückte seinen Stuhl näher. »Ich sage ja niemandem, dass ich es von Ihnen weiß ...«

Unsworth stand auf. »Das Wort eines Bell Ringers gilt. Immer. Und nun muss ich mich wieder um die Ausbildung des Nachwuchses kümmern. Ich darf mich verabschieden.« Er stand auf und zog Bietigheim den Stuhl unter dem Hintern weg.

Colin brachte ihn hinaus. Und zwinkerte ihm zum Abschied verschwörerisch zu. Anscheinend hatte ihm, dachte Bietigheim, das letzte Glöcklein noch nicht geschlagen.

Beim Verlassen von Great St Mary's sah er Pit beim Servieren in Auntie's Tea House gegenüber. Er trug eine Schürze. Und lächelte. Es war ein Bild für die Götter.

Bietigheim schaute nach seiner heutigen Lehrveranstaltung im Institut vorbei und dann in seinem Büro am St John's College, wo er seine Studentensprechstunde abhielt. Für ihn der quälendste Teil seiner Arbeit. Warum konnte es keine Universitäten ohne Studenten geben? Dann wäre die Welt ein besserer Ort.

Allerdings musste er zugeben, dass das studentische Rohmaterial in Cambridge deutlich hochwertiger war als in Hamburg. In der Heimat beschlich ihn manchmal das Gefühl, Tinnitus im Auge zu haben – denn er sah nur Pfeifen.

Seine Cambridge-Studenten waren allesamt zwischen siebzehn und einundzwanzig Jahre alt und hier, um hart zu studieren. Abends wurde hart gefeiert, aber nicht zu lang, denn am nächsten Morgen begannen die Lehrveranstaltungen früh. Da sie nur wenig Zeit zum Feiern hatten, komprimierten sie die Exzesse und die Alkoholzufuhr auf wenige Stunden.

Bietigheim sah das Resultat bei seiner heutigen Vorlesung wieder an den Augenringen seiner Studenten. Deshalb gab er ihnen Sonderaufgaben, um sie vor dem Feiern zu schützen.

Sie schienen das nicht zu honorieren.

Danach radelte er in sein Haus in der Pretoria Road zurück, wo Benno den Vormittag solo im Garten verbracht hatte – überraschenderweise, um Löcher zu buddeln. Es sah aus wie nach einem Bombenangriff. Und Benno war vollständig erdbraun.

Im Wohnzimmer erholte sich Pit bereits von seiner ersten Schicht als Teemädchen.

Indem er literweise Bier trank.

Immerhin hatte er die Schuhe ausgezogen, bevor er die Füße auf den Esstisch gelegt hatte. Wobei die Socken keinen sonderlich frischen Eindruck machten.

»Professore, willkommen! Bevor Sie irgendwas Blödes

über meine Sitzhaltung sagen: Ich habe zwei Nachrichten für Sie. Erstens: Die Käuferin des White Tea, der in Ihrer Küche stand, war eine Ms Pond. Beatrice Pond. Jemals von ihr gehört?«

Bietigheim schüttelte den Kopf, während er für Benno ein Schälchen mit Wasser füllte.

»Mir geht's genauso. Hab sie auch nicht im Telefonbuch oder den offiziellen Listen der Uni-Mitarbeiter gefunden.«

»Und die zweite Nachricht?« Der Professor setzte Teewasser auf. Er hatte im Schrank einen Scottish Breakfast Tea gefunden, den der verstorbene Cleesewood wohl sehr schätzte.

»Ich bin auf dem Rückweg beim Fotoladen auf der Trumpington Street vorbeigegangen. Da gehen alle von der Uni hin, und ich hab ihnen die Bilder gezeigt, die Sie bei Ihrer Ankunft gefunden haben.« Pit warf die Abzüge auf den Tisch. »Die hier, von Ihren ermordeten Vorgängern.«

»Wedeln Sie jetzt den Leuten mit meinem Privateigentum unter der Nase herum? Und wie sitzen Sie überhaupt da? Lungern Sie in Ihrem Taxi auch so krumm?«

»Das ist gut für den Rücken. Wollen Sie jetzt die Pointe hören oder nicht?«

Bietigheim schwieg. Natürlich wollte er die Pointe hören.

»Gut. Also, in dem kleinen Fotoladen machen sie die Abzüge noch selbst, und diese besonderen Bilder sind ihnen aufgefallen. Die Fotos hat jemand aus Zeitungen abfotografiert, mit ziemlich viel Aufwand.«

Bietigheim brummte zustimmend. Pit war anscheinend ganz allein auf eine gute Idee gekommen. Noch dazu eine, auf die er selbst nicht gekommen war. Hoffentlich wurde das nicht zur Regel.

»Der Auftraggeber ist einer ihrer Stammkunden. Aber leiden können sie ihn deshalb nicht. Ganz im Gegenteil. Der Mann ist ein Kotzbrocken allererster Güte.«

Bietigheim sah auf. »Töler?«

Pit nickte, woraufhin der Professor in den Flur rannte und seinen Mantel vom Haken nahm. »Dieses Furunkel am verlängerten Rücken des Leibhaftigen! Der bekommt jetzt Besuch!«

Wenig später stand Bietigheim in Begleitung von Benno vor dem Institut für Gastrochemie, das von Professor Töler geleitet wurde. Als er, ohne zu klopfen, die Tür zum Sekretariat aufriss, wurde ihm schlecht. Denn es roch nach Minze, diesem krautigen Lippenblütengewächs, dessen Genuss der Professor mit Delikten wie Fahrraddiebstahl und Katzenertränken gleichsetzte. Wie konnte man sich diesem Zeug nur verschreiben?

An den Wänden des kleinen Raums hingen DIN-A1-Kopien der Umschläge von Tölers Büchern. Eines hatte er über Minzsauce verfasst, unter besonderer Hervorhebung des Zitronensaftes als Ingredienz, eines über Minze in Zahnpasta (keine kulinarische Arbeit!), außerdem eine Geschichte des After Eight (käuflich war er also auch!) und ein Werk über Minztees (dabei war dieser nur teeähnlich!). Dass er noch nichts über Minzeinlagen für Schweißfüße geschrieben hatte, grenzte an ein Wunder.

Bietigheim hatte keine guten Erinnerungen an Minze. Als er seinerzeit in der mündlichen Magisterprüfung gefragt worden war, welche Minze für die Joghurtgetränke Ayran und Dugh Verwendung findet, hatte er einfach nicht gewusst, dass es die Nane-Minze ist – was ihm die perfekte Abschlussnote zerstört hatte. Seitdem war diese Übelkeit da, sobald er auch nur das Wort Minze in den Mund nahm.

Bietigheims stürmischer Auftritt hatte den Institutsleiter aus seinem Büro gelockt.

»Professor Töler«, sagte Bietigheim. »Wie ich heute erst erfahren habe, ist es Ihnen zu verdanken, dass ich grausige Fotos meiner toten Vorgänger in meinem neuen Domizil entdecken musste.«

»Mein lieber Kollege!«, antwortete Töler und grinste breit. »Das habe ich aus purer Freundlichkeit getan, damit Sie wissen, auf welch unsinniges Abenteuer Sie sich eingelassen haben. Wollen wir in mein Büro gehen? Heute Nachmittag wird es noch geputzt, da macht es nichts aus, wenn Sie es noch beschmutzen.«

Im Vergleich zu Tölers Büro nahm sich Bietigheims Zimmer wie ein Maharadscha-Palast aus. Die Tür war klein, das Fenster war klein, der Schreibtisch war klein – passte alles wunderbar zu Tölers geistigem Horizont. Dahinter standen einige zusammengelegte Umzugskartons. Hier plante jemand ganz offensichtlich, das Quartier zu wechseln.

Die Kartons waren nicht weniger als ein Mordmotiv. Zumindest wenn der Täter ein Ego von der Größe des Buckingham Palace hatte und sich zu Höherem berufen sah – wie es bei Töler der Fall war.

Bietigheim zog einen der Kartons wie beiläufig hervor. »Ich weiß selbstverständlich, dass Sie sich nicht ernsthaft um den Lehrstuhl beworben haben, den ich nun bekleide. Sonst hätten Sie ihn sicher auch erhalten. Dabei hatte ich Ihnen gewünscht, schon der Nachfolger vom Earl von Shropsborough zu werden, leider traf es ja Cleesewood. Aber wenn man solch ein geräumiges Institut wie das Ihre seine Heimat nennt, kommt es einem natürlich nicht in den Sinn, eine besser dotierte und weitaus renommiertere Position anzustreben. Schuster, bleib bei deinem Leisten, war schließlich immer Ihr Leitspruch. Daran merkt man Ihre Weisheit.«

»Darf ich Ihnen einen Minztee anbieten? Leider ist er gesund, aber vielleicht wirkt er bei Ihnen ja nicht.«

»Wie ungemein höflich von Ihnen. Wie schrieb Heinrich Böll einst so treffend: Höflichkeit ist doch die sicherste Form der Verachtung. Bezüglich des Tees darf, nein, muss ich Sie korrigieren, schließlich sind wir dem Titel nach Kollegen. Es ist natürlich kein Minztee, sondern nur ein aromatisches Aufgussgetränk aus Minze. Und ich lehne mit ausgesprochener, nicht mehr steigerbarer Höflichkeit ab.« Benno jagte gerade eine Staubmaus, Bietigheim schob sie in Richtung von Tölers Füßen, damit der Terrier diese attackierte. Doch dieser verlor mit einem Mal die Lust daran. Verdammt! »Ich hoffe sehr, dass nach meiner Zeit hier in Cambridge das hiesige Kulinaristikinstitut geschlossen wird, damit dort ein begabter Mann mit seinem eigenen Institut einziehen kann. Falls ich ermordet würde, geschähe dies sicher noch schneller, oder auch, wenn ich vor lauter Angst den Posten von mir aus räumen würde.«

»Ach, sagen Sie bloß. Darauf wäre ich nie gekommen.«

»Leider nur kommt mir kein einziger begabter Mann in den Sinn, sondern nur ein skrupelloser. Mit schlechtem Geschmack. Aber Sie wissen sicher nicht, von wem ich spreche, mein verehrter Kollege.«

»Nein, das weiß ich tatsächlich nicht. Wen könnten Sie bloß meinen? Ach, warten Sie: sich selbst.«

Bietigheim ging zur Tür. »Jetzt wollte ich mich höflich verabschieden, da führen Sie plötzlich ein Selbstgespräch. Nun ja, auf Wiedersehen, Kollege. Ich hoffe, Ihr schrecklich enger Terminkalender lässt es nicht zu, dass wir uns bald wiedersehen.«

Schnell ging er hinaus, bevor Töler etwas erwidern konnte. Benno trottete ihm hinterher.

Es war ein gutes Gefühl, das letzte Wort zu haben.

In Bietigheims Kopf flatterten die Gedanken wie Kolibris. Er beschloss, nicht nach Hause, sondern ins Institut zu radeln, um all das, was in seinem Hirn herumflog, in passend beschriftete Käfige zu sperren.

Seine indische Sekretärin hatte das Büro bereits verlassen. Picobello, wie Bietigheim erfreut feststellte. Wo hatte sie auf ihrem Schreibtisch nur das Klebeband versteckt?

Dann könnte er Indizien, Hinweise und Verdächtige aufschreiben und in sinnvollen Konstellationen an die Wand pinnen. Vielleicht in der Schublade? Auch Benno von Saber suchte – vermutlich jedoch nicht nach dem Tesafilm. An der Wand klebte eine Telefonliste, also musste Asha Ghalib Klebeband haben.

Der Professor hielt inne.

Auf der Liste stand ein Name, den er dort nicht erwartet hätte. Niemals.

Beatrice Pond. Mit vollständiger Adresse. Sie wohnte gar nicht weit entfernt.

Bietigheim musste keine Sekunde überlegen. Er würde sie nicht anrufen, um sie zu warnen. Ganz im Gegenteil: Er wollte sie persönlich stellen, mit einem kampfbereiten Hund an der Seite.

Oder vielleicht eher einem fressbereiten.

Auf Asha Ghalibs Liste waren nur die Namen, Telefonnummern und Adressen angeben, zur Position oder Funktion stand leider nichts. War Beatrice Pond ein Mitglied des Instituts? Er hatte noch nicht alle Mitarbeiter kennengelernt. Oder eine Ärztin, die für Notfälle aufgeführt war? Ein hohes Tier der Universitätsverwaltung? Nein, das konnte nicht sein, denn auf den offiziellen Listen hatte Pit ihren Namen nicht finden können.

Die mysteriöse Beatrice Pond lebte in einem schmucklosen Reihenhaus mit kleinem Vorgarten in der Prospect Row. Der Professor hob Benno aus dem Korb, kettete sein Fahrrad an den gusseisernen Gartenzaun und drückte den Klingelknopf. Egal, was diese Frau auf der Liste zu suchen hatte, er würde sie so überrumpeln, dass sie gar nicht anders konnte, als damit herauszurücken, warum sie ihm diese unmissverständliche Morddrohung in Teeform hatte zukommen lassen.

Die Tür wurde von einer kugelförmigen Dame unbestimmten Alters mit roten Wangen, einem seligen Lächeln auf den Lippen und einer knallbunt geblümten Schürze geöffnet. Beatrice Pond sah aus, als würde sie Reklame für hausgemachte Marmelade machen. Als sie Bietigheim sah, schlug sie vor Freude die Hände zusammen.

»Ach, Herr Professor, was für eine Ehre! Sie hätten sich aber nicht die Mühe machen müssen, mich zu besuchen. Ich komme doch morgen sowieso bei Ihnen putzen. Kommen Sie doch rein, bitte, möchten Sie mit uns essen? Es gibt Spaghetti Bolognese mit Kartoffelpüree, Erbsen und Würstchen.«

Wie hieß noch das Sprichwort: Wer in England gut essen will, muss dreimal frühstücken.

Sie schien keine Antwort auf ihre Essenseinladung zu erwarten. Vermutlich weil sie davon ausging, dass er sie annahm.

Was Bietigheim, bei allem Interesse für fremdländische Sitten, auf gar keinen Fall machen würde.

»Henry!«, brüllte sie in einer Lautstärke, die ein AC/DC-Konzert leise erscheinen ließ. »Knöpf dir die Hose zu und mach den Fernseher aus, mein neuer Professor ist da. Der aus Deutschland.« Sie wandte sich wieder an Bietigheim. »Henry ist mein Mann.«

Mit kleinen Schritten ging Beatrice vor ihm her in Richtung Wohnzimmer. Es war ausgesprochen ordentlich. Schließlich war die englische Hausfrau auch angehalten, das Eigenheim jederzeit so perfekt aussehen zu lassen, dass man sich nicht schämen muss, falls plötzlich die Queen zum Tee vorbeikommt.

Henry war immer noch dabei, sich die Hose zuzuknöpfen. Scheinbar verlangte ihm das alles ab.

»Nun mach doch endlich den Fernseher aus!«

»Da laufen die News, die werden den Professor sicher auch interessieren. Ist doch so, Professor? Nachrichten haben Sie doch auch in Deutschland.«

»Ja, so weit sind wir auf dem Kontinent dann schon.«

»Siehst du, Bea«, sagte Henry triumphierend und ließ sich wieder in seinen Fernsehsessel mit ausgeklappter Fußstütze fallen.

»Hat Ihnen der Tee geschmeckt, den ich Ihnen gekauft habe?«, fuhr Beatrice Pond fort. »Ich selber hab ja keine Ahnung von so was, hab einfach auf den teuersten gezeigt.«

Gut, dachte Bietigheim, damit hatte sich sein Besuch erübrigt. Eine vielversprechende Spur weniger. Dafür eine geschwätzige Putzfrau mehr.

Die plötzlich eine Kamera in Händen hielt.

»Darf ich?«

Bevor Bietigheim etwas dagegen tun konnte, hatte sie Benno von Saber schon fotografiert.

»So ein Süßer. Und so wohlerzogen.«

»Er hofft noch, dass er bei Ihnen etwas zu essen bekommt. Wenn er begreift, dass dies nicht der Fall ist, könnten Ihre Gardinen Schaden nehmen.«

Beatrice Pond beugte sich zu Benno hinunter und tätschelte ihm den Kopf. »Na, du Süüüßer! Natürlich bekommst du gleich ein feines Fresschen.«

»Machen Sie Fotos von allen Tieren, in deren Häusern Sie putzen?«

»Na ja, ich fotografiere halt gern. Aber nur Tiere. Das ist mein Hobby. Warten Sie, da zeige ich Ihnen gleich was. Das wird Ihnen gefallen. Deutsche sind doch so tierlieb. Schäferhunde und Dackel gibt es bei Ihnen ja ganz viele.«

»Die Städte quellen über davon«, sagte Bietigheim, begriff aber im selben Moment, dass er bei Mrs Pond mit Ironie an der falschen Adresse war. Sie tippelte zu ihrem Computer, der auf einem grauen Wägelchen stand, das so überhaupt nicht zur sonstigen Einrichtung passte.

»Ich habe schon über sechsundzwanzigtausend Fotos! Am meisten Treffer hat man natürlich in der Fußgängerzone oder auf dem Marktplatz. Das ist mein bevorzugtes

Jagdrevier.« Sie kicherte auf eine ausgesprochen nette und gleichzeitig gemütliche Art. Dann klickte sie auf die Tastatur, und Dutzende Fotos erschienen. Allesamt von Vierbeinern.

»Hier, die in dem Ordner habe ich heute erst gemacht. Ist dieser Corgi nicht allerliebst – und mit einem der Schoßtiere der Queen verwandt, können Sie das glauben?«

»Unfassbar.«

»Bei dem Mastiff hier musste ich natürlich mit Weitwinkel arbeiten, sonst bekommt man solche Brocken nicht aufs Bild. Jetzt sieht man leider auch den ganzen Straßenzug und die Geschäfte. Aber ein schönes Tier, nicht wahr? Prachtvoll. Und dann habe ich noch …«

Doch der Professor hinderte ihre Hand am Weiterklicken. »Können Sie das vergrößern?« Er deutete auf einen Bildausschnitt im Hintergrund. »Und Sie sind sich ganz sicher, dass Sie dieses Foto heute aufgenommen haben? Oder ist es vielleicht nur zufällig in diesen Ordner gerutscht?«

Beatrice Pond hob stolz ihre digitale Spiegelreflexkamera hoch. »Was dieses Wunderwerk schießt, wird immer korrekt datiert und abgelegt. Ordnung ist das halbe Leben!«

»Gut, ich wollte nur sichergehen«, sagte Bietigheim und merkte, wie er vor Aufregung kurzatmig wurde. »Jetzt zoomen Sie den Ausschnitt heran. Bitte schnell.«

Beatrices wurstdicke Finger ließen den Mauszeiger über den Bildschirm huschen, und nach wenigen Klicks sah Bietigheim das Gewünschte in perfekter Schärfe.

Es gab keinen Zweifel. Für andere Menschen mochten alle Asiaten gleich aussehen, doch Bietigheims Augen waren geschult. Und gerade dieses Gesicht würde er unter hunderttausenden wiedererkennen. Denn schließlich gehörte es einer Legende: dem Teemeister Musō Kokushi, ansässig in der alten japanischen Kaiserstadt Kyōto. Er reiste selten ins Ausland, und wenn, dann kam dies einem Staatsbesuch gleich. Medien berichteten, Universitäten rissen sich um seine Besuche, eine Schar von Lakaien umringte ihn stets.

Genau diesen Musō Kokushi mit seinem kurz geschorenen, weißen Haar, seinem mondförmigen Gesicht und seiner kleinen, gebeugten Gestalt hatte Bietigheim auf dem Foto von Beatrice Pond identifiziert. Und zwar ganz allein. Ohne dass irgendjemand etwas von seiner Anwesenheit in Europa gewusst hätte.

»Prosencephalon«, sagte der Professor.

Er wusste später nicht, was Mrs Pond verstanden hatte. Aber sie brachte ihm ohne Umschweife einen Teller mit Gebäck.

KAPITEL 4

Afternoon Tea

Es war noch stockdunkel draußen, doch Adalbert Bietigheims Laune war an diesem Morgen sonnig.

»Wirklich keinen Tee? Zur Stärkung?« Er hob die Kanne lockend empor. Der Duft der Ceylonmischung würzte den Raum und füllte ihn mit köstlicher Exotik. Wie unglaublich beruhigend guter Tee doch wirkte, wie er einem von innen den Bauch warm streichelte, wie er einem sagte: Alles ist gut, mach dir keine Sorgen, du bist in Sicherheit. Kein anderes Getränk der Welt vermochte dies. – Es hielt Leib und Seele sowie das Empire zusammen.

»Ich kann keinen Tee mehr sehen«, antwortete Pit. »Ich bleib lieber bei meinem Bier zum Frühstück. Das weckt meine Lebensgeister. Außerdem hilft's mir, den ganzen Kram hier runterzukriegen.«

Damit meinte er das traditionelle englische Frühstück, welches Bietigheim aufgefahren hatte. Pit fand das Verhältnis von Fleisch zu Nichtfleisch unausgewogen. Das fand er eigentlich immer, wenn ein Gericht nicht ausschließlich aus Fleisch bestand.

Vor ihm standen Rührei, Würstchen, Bacon, geschmorte Tomaten sowie Pilze, Baked Beans, dazu fast schwarze Toastscheiben und Porridge, der heißer war als Magma. Das alles gab es, weil eine lange Reise bevorstand. Über sechs Stunden Fahrt waren es bis zum Tregothnan Estate in Cornwall, dem südwestlichsten Zipfel Großbritanniens.

Benno von Saber würde sie begleiten, schließlich liebte er Autofahrten, vor allem wenn man ihm ab und an gestattete, seinen Kopf herauszustrecken und die Zunge im Wind flattern zu lassen. Heute allerdings sah es schlecht damit aus, denn ein geradezu ekliger Regen ging auf das Land nieder. Die Tropfen erinnerten an den Sabber eines zahnlosen Greises. Man wollte nicht vor die Tür gehen. Doch nachdem der Professor den Vorsitzenden der Port Wine Society angerufen und ihn darum gebeten hatte, mit seinen Mitstudenten die Stadt nach Teemeister Musō Kokushi zu durchstöbern, machten sie sich auf den Weg.

Der Professor beschloss, die lange Fahrt zu nutzen, um Pit in der Teekunde zu schulen. Dessen Einwand, nahezu alle Briten würden sowieso nur billigen Schwarztee trinken, ließ er nicht gelten. Schließlich fuhren sie gerade zum Tregothnan Estate, wo die Nachfahren des berühmten Earl Grey ebensolchen Tee produzierten – welcher im Ruf stand, der Beste seiner Art auf der ganzen Welt zu sein. Erzeugt wurden außerdem Afternoon Tea, grüner Tee sowie eine Mischung mit dem Namen »Classic Tea«. Allerdings bestand keiner davon ausschließlich aus englischem Tee, stets war er nur ein Teil der Gesamtkomposition.

Irgendwann stellte Pit die Musik so laut, dass Bietigheim seine eigene Stimme nicht mehr hören konnte. Dieser verstand das Zeichen, drehte die Musik leiser – und referierte fortan über Cornwall.

Auf dem Home Estate der Familie Wenbosca, der das Anwesen seit 1335 gehörte, wuchs an verschiedenen Stellen Tee, die größeren Plantagen fanden sich allerdings außerhalb. Bietigheim hatte sich mit dem Besitzer, Sir Godehard Wenbosca, im gutseigenen Restaurant Smugglers verabredet. Das Gebäude aus dem 15. Jahrhundert lag wunderschön am River Fal, das Dach war reetgedeckt, und Efeu schmückte die Hauswände. Ein Ort, wo die Welt noch in Ordnung zu sein schien. Bietigheim beruhigte es, an solche Plätze zu kommen, wo mitten in einer sich ständig verändernden Welt etwas Bestand hatte, ohne zu veralten, stattdessen mit der Zeit an Grandezza gewann.

Bietigheim nannte einer Kellnerin seinen Namen, woraufhin er und Pit zu einem Tisch am Fenster geleitet wurden. Die Aussicht auf den Fluss war bezaubernd. Ein Bild der Eigentümerfamilie hing neben dem Eingang, der aktuelle Sir Wenbosca und seine Frau, beide in den Fünfzigern, saßen mitten in der Teeplantage auf zwei Stühlen, drumherum waren zwei Mädchen und ein Junge in ihrer besten Sonntagskleidung drapiert.

Die Bedienung erschien und fragte, was sie trinken wollten. Der Professor bestellte einmal Cream Tea. Dahinter verbarg sich kein Sahnetee, sondern ein Schwarztee, zu dem es frisch gebackene Scones gab, Marmelade und Clotted Cream. Außerdem orderte er einmal Afternoon Tea, zu dem Gurken- sowie Räucherlachs-und-Cream-Cheese-Sandwiches gereicht wurden.

Pit passte die Wahl überhaupt nicht. »Ich hab richtig Hunger. Und ich trinke keinen Tee.«

»Sie trinken hier verdammt noch mal Tee und haben Freude daran. Benehmen Sie sich! Glauben Sie, sonst gibt uns jemand Auskunft? Höflichkeit ist Trumpf, und dazu gehört es, die Sitten und Gebräuche zu achten.«

»Es geht auch anders als höflich. Diese ganze Höflichkeit hier geht mir langsam tierisch auf den Sack. Außerdem brauche ich ein Bier, aber das darf ich mir ja nicht bestellen.«

»So ist es.«

»Dann aber wenigstens Kaffee und keinen Tee, ich benötige nämlich Koffein und nicht dieses blöde Tein.«

»Den Stoff Tein gibt es gar nicht, auch in Tee ist Koffein enthalten. Sind Sie jetzt beruhigt?«

Pit war nicht beruhigt. Er war ernsthaft irritiert. »Ich dachte immer, kurz gebrühter Tee putscht auf, lange gezogener beruhigt. Wie kann das denn bei Koffein sein?«

Die Bedienung kam und stellte alles auf den Tisch. Bietigheim blickte auf die Uhr. Es war noch genug Zeit für eine kurze Chemielektion, bevor der Hausherr eintreffen würde. »Sperren Sie Ihre Lauscher auf, ich sage es nur einmal. Das Koffein aus den Teeblättern geht schon nach kurzer Zeit in das Getränk über. Andere Stoffe brauchen länger – genauer gesagt zwei bis drei Minuten Ziehzeit. Zum Beispiel das Theanin, welches eine beruhigende Wirkung hat. Die Polyphenole, die ebenfalls etwas länger brauchen, um sich zu lösen, verändern das Koffein so, dass es nicht mehr wirkt. Deshalb haben wir schließlich einen beruhigenden Tee.«

Zu Pits Glück konnte der Professor nicht noch weiter ausholen, denn plötzlich stand jemand neben ihrem Tisch. Es war die Frau vom Foto. Sie trug englischen Landhaus-Chic, der zeigen sollte, dass sie sich theoretisch die Hände schmutzig machen konnte – dies jedoch praktisch niemals tat.

»Herr Professor!« Sie reichte ihm die Hand. »Welch eine Freude, dass Sie uns so schnell nach Ihrem Amtsantritt besuchen. Mein Mann lässt sich entschuldigen, er hat heute leider einen wichtigen Termin in London.« Sie blickte an Pit herab. »Mir war nicht bewusst, dass man Ihnen einen Bodyguard zur Seite gestellt hat. Aber das ist sicher eine sinnvolle Entscheidung.«

Sie bestellte sich ein Bier.

Pit stöhnte laut auf.

Etikette, dachte der Professor, spielte für diesen Burschen wahrlich keine Rolle – sondern klebte aus seiner Sicht ausschließlich auf Bierflaschen.

»Ich will nicht zu viel Ihrer kostbaren Zeit in Anspruch nehmen«, begann der Professor.

»Es ist eine Freude, Sie hier zu haben«, entgegnete Dame Julia Wenbosca. »Wir haben alle Zeit der Welt.«

Demonstrativ trank Bietigheim etwas von seinem Tee

und spreizte dabei den kleinen Finger. »Herausragend, Ihr Earl Grey.«

»Danke sehr, wie nett von Ihnen, das zu sagen.«

Irgendetwas stimmte nicht mit Dame Wenbosca. Vielleicht war ihr Lächeln ein bisschen zu perfekt. Es wirkte wie eine ebenso schöne wie undurchdringliche Mauer.

»Meine Vorgänger haben bei Ihnen ein Projekt zum Grüntee durchgeführt?«

»Ja, eine Pflanzung. Ziel war es, gemeinsam den ersten Matcha-Tee Englands zu erzeugen. Was extrem aufwendig ist. So müssen die Teesträucher vier Wochen vor der Ernte beschattet werden, nur dadurch erhält man ein kräftig dunkelgrünes Blatt. Auch was die Produktionsschritte nach der Ernte betrifft, hatte Jonathan Cleesewood ganz genaue Vorstellungen. Er war ein Perfektionist. Die Teeblätter mussten fachmännisch gedämpft, getrocknet und in einer eigens dafür angeschafften Steinmühle zu Pulver gemahlen werden. Ein unfassbarer Aufwand, vor allem für diese kleine Menge. Wirtschaftlich ist das nicht zu begründen, es fällt eher unter PR. Wissen Sie schon, ob Sie das Projekt über dieses Jahr hinaus fortführen werden? Zwei Ihrer Studenten betreuen es ja zurzeit, doch wir wüssten gerne, wie es weitergehen wird.«

Dem Professor war gar nicht bewusst gewesen, dass das Projekt auf der Kippe stand. Er nahm einen Schluck Tee, um Zeit zu gewinnen. Dieser war wirklich vorzüglich – keine naturidentischen Aromen und auch nicht zu viel Bergamotte, die das feine Aroma des Assamtees überdeckt hätte.

Bietigheim traf einen Entschluss. Schließlich hatte er nun den Lehrstuhl für Kulinaristik inne!

»Wir werden es selbstverständlich fortführen. Alles andere wäre eine Schande.«

»Das freut uns zu hören.«

»Gerne schaue ich mir die Anlage mal an. Ich bin allerdings wegen etwas ganz anderem hier. Es geht um meine persönliche Sicherheit, deshalb frage ich Sie frei heraus: Haben Sie vielleicht eine Vermutung, wer meine beiden Vorgänger ermordet haben könnte? Etwas, das Sie der Polizei lieber nicht sagen wollten, weil es Ihnen zu vage erscheint?«

Sie atmete tief durch. »Nein. Der 17. Earl von Shropsborough ist mit seiner forschen Art sicher bei vielen angeeckt, aber sein Nachfolger Jonathan war eine Seele von Mensch.«

»Das Mordmotiv muss etwas sein, das sie verbunden hat. Vielleicht ihre Arbeit hier?«

»Nein.« Dame Wenbosca schüttelte energisch den Kopf. »Dieses Projekt bietet wahrlich keinen Anlass zu Morden. Es ist ausgesprochen klein, es steht in keiner Konkurrenz zu irgendjemandem, und bevor Sie fragen: Das Land, auf dem es durchgeführt wird, gehört uns schon seit Jahrhunderten, es wurde also kein armer Bauer dafür übers Ohr gehauen.«

»Sie missverstehen mich. Was, wenn die beiden während ihrer Arbeit hier auf etwas gestoßen sind, was sie nicht wissen durften? Und wenn sie deshalb zum Schweigen gebracht werden mussten?«

»Das fragen Sie mich? Ernsthaft?« Ihre Stimme gewann an Schärfe. »Wenn es hier so etwas gäbe, dann wüsste ich davon.« Dann zwang sie sich wieder, eine freundliche Miene aufzusetzen. »Wissen Sie, ich kann Ihre Sorge verstehen. Solange der Mörder frei herumläuft, sind Sie nicht sicher. Aber glauben Sie mir bitte, wenn ich sage, dass Tregothnan Estate nichts mit den Morden zu tun hat.« Sie nahm einen großen Schluck Bier. »Tee ist flüssige Weisheit, das ist unser Motto. Und danach leben wir, danach behandeln wir unsere Mitarbeiter und unsere Geschäftspartner.«

»Es war eher Cleesewoods Projekt, nicht wahr?«

Sie nickte und nahm noch einen weiteren Schluck Bier, bevor sie antwortete. Ihre Kehle musste ausgesprochen trocken sein. »Es war eine echte Herzensangelegenheit für ihn. Der Earl von Shropsborough hatte nur die Grundlagen gelegt, Gelder aufgetrieben, ein bisschen die Werbetrommel gerührt. Das konnte er gut. Besser als jeder andere. Aber nachdem das erledigt war, hat er alles andere Jonathan überlassen.«

»Wer war der Ansprechpartner vor Ort?«

»Der Earl hatte mehr mit meinem Mann zu tun, Jonathan mit mir, wir haben das Projekt zusammen umgesetzt.«

Bietigheim löffelte sich Marmelade auf seinen Scone, bevor er die nächste Frage stellte. Damit sie beiläufiger wirkte, als sie eigentlich war.

»Wissen Sie etwas über die sechste Schale?«

In ihrem sonnengebräunten Gesicht tauchte ein Lächeln auf. »Oh, ja.«

»Was hat es damit auf sich?«

»Jonathan wollte unseren Matcha-Tee so nennen, aber das hat er keinem verraten.«

»Warum sechste Schale?«

»Das wollte er nicht sagen. Es schien für ihn eine besondere Bedeutung zu haben. Er sagte immer, es sei in mehrerlei Hinsicht in seinem Leben wichtig. Und unser Tee würde dem Matcha endlich seinen verdienten Stellenwert in unserem Land einbringen. Er war fest davon überzeugt, dass es der gesündeste aller Tees ist. Das Geheimnis um die sechste Schale wollte er auf der Pressekonferenz zu unserem ersten Matcha lüften.«

»Und wann wird die stattfinden?«

»Sie hätte eine Woche nach seinem Tod stattfinden sollen. Doch wir haben alles abgesagt. Es schien uns nicht angemessen.«

Bietigheim blickte Pit an und sah in dessen Augen, dass er dasselbe dachte wie er: Was, wenn der Mörder genau dadurch sein Ziel erreicht hatte? Doch was in aller Welt konnte so gefährlich an einem englischen Matcha-Tee sein?

Erst spät in der Nacht waren sie zurück nach Cambridge gekommen, trotzdem musste Pit sich am nächsten Morgen früh auf den Weg machen – so bekam er immerhin nicht wieder das »Full English Breakfast« des Professors aufgetischt. Zugegeben, es war alles lecker gewesen, aber selbst sein Magen konnte nur handelsübliche Mengen Fett verarbeiten.

Pit hatte Frühschicht, und »Auntie« war not amused, wenn man zu spät kam. Eigentlich hieß sie Diana. »Ja, genau wie die Prinzessin. Sogar wegen der Prinzessin«, hatte sie zu Pit gesagt, als sie ihm ihren richtigen Namen verraten hatte.

Pit kam so früh, dass er vor der Tür warten musste, weil noch niemand aufgeschlossen hatte. Er stand in der Kälte der frühen Stunde und blickte auf die schlafende Stadt. Hamburg war nie so still wie Cambridge, das ihm immer noch wie ein Dorf erschien – was tagsüber wegen der unzähligen Studenten und Touristen nicht auffiel.

Er sog die kühle Luft tief in seine Lungen. »Aah!« Das war erfrischend und gesund.

Dann zündete er sich eine Zigarette an.

Am metallenen Kirchenzaun gegenüber waren Dutzende schwarze Fahrräder angekettet, viele davon mit Körben am Lenker – hoffentlich, dachte Pit, gab es in dieser Stadt nicht noch mehr von Bietigheims Sorte. Einer war ja ganz lustig, aber eine ganze Herde wäre zu viel des Guten.

Plötzlich waren die schnellen Schritte einer Frau zu hören. Als sie um die Ecke bog, hielt sie bereits den Schlüssel für Auntie's Tea House in der Hand.

»Morgen«, sagte Diana, ohne ihn eines Blickes zu würdigen und schloss auf. »Stell doch gleich mal die Stühle von den Tischen.«

Pit hatte zumindest ein kurzes Lob für sein frühes Eintreffen erwartet. Lautstark stellte er die Stühle auf den Boden. Keine Reaktion aus der Küche, wo Diana Vorbereitungen traf. Erst als er fertig war und keine Stühle mehr knallten, meldete sie sich: »Wisch noch mal über die Tische. Aber bitte ordentlich.«

Pit wischte über die Tische.

Dann stand sie neben ihm. Er hatte gar nicht gemerkt, wie sie zu ihm getreten war. Sie blickte ihn lange und prüfend an. »Du bist ein starker Kerl, oder ist das alles Fett?« Sie kniff in seinen Oberarm. Es war beileibe nicht nur Fett. »Gut«, sagte sie. »Kann man dir vertrauen? Ich kenne dich noch nicht lange, deshalb frag ich dich das.«

»Klar kann man mir vertrauen. Hast du etwa Angst, dass ich mich mit der Kasse verpisse? Weil ich wie ein Schwerverbrecher aussehe?«

Sie strich sich durch ihr feines, dunkles Haar, das sie heute offen trug. »Musst nicht gleich eingeschnappt sein. Es geht um einen ... Sonderauftrag.« Sie drückte ihm einen Schlüssel in die Hand. »Drüben im Teegeschäft muss Ware von der Anlieferungsrampe ins Lager geräumt werden. Eigentlich macht das immer Bob, aber der hat jetzt wegen seiner Prüfungen keine Zeit. Du bist drüben ganz allein. Kriegst du das hin?«

Pit verschränkte die Arme vor der Brust. »Langsam bin ich wirklich beleidigt. Zuerst denkst du, ich wäre zu schwach, dann zu kriminell und nun zu dumm. Warum hast du mich überhaupt eingestellt?«

Diana antwortete nicht.

»Ich war der einzige Bewerber, oder?«

»Gehst du jetzt rüber oder nicht?«

Er nahm ihr den Schlüssel aus der Hand. Morgen würde er zu spät kommen, das konnte auch nicht schlimmer sein.

Der Tea Shop lag ganz in der Nähe in der Trinity Street. Im Inneren sah alles dunkel aus. Pit schloss den Haupteingang schnell auf und hinter sich wieder zu. Schleppen war gut, Pit mochte Schleppen. Das trainierte die Muskeln.

Und er musste dabei keine Schürze tragen. Und trotzdem wäre er lieber drüben bei Diana geblieben. Vielleicht sagte sie irgendwann auch mal was Nettes. Und war nicht immer so grimmig und unnahbar.

Das Licht ließ er ausgeschaltet, während er durch den Laden zur Rampe ging. Die durch die Schaufenster hereinscheinende Straßenbeleuchtung war hell genug. Der Laden war mit einem riesigen, umlaufenden Regal ausgestattet, in dem unzählige grüne Metalldosen in der Größe von Kochtöpfen standen, die Tee enthielten. Durchschnitten wurde der Raum von einer gläsernen Theke, auf der Kannen und Tassen aufgebaut waren.

Das Ganze erinnerte an eine teure Boutique, und auch hier gab es unordentliche Hinterzimmer. Die quadratischen Holzkisten und Plastiksäcke mit Tee, die er von der Anlieferungsrampe räumen musste, waren nicht zu übersehen. Als er sie in Augenschein nahm, bemerkte Pit, dass in viele hineingestochen worden war, aber nur in solche mit grünem Tee. Und zwar, das sah er direkt, mit einer unglaublich scharfen Klinge, jeweils auf verschiedenen Höhen. Merkwürdig. Dadurch konnten doch Luft und Feuchtigkeit eindringen? Er beschloss, mit seinem Handy ein paar Fotos zu schießen und sie später dem Professor zu zeigen.

Dann spuckte Pit in die Hände, griff sich die bereitstehende Sackkarre und bugsierte die erste Fuhre ins Lager.

Nachdem er alles dorthin geschafft hatte, setzte er sich auf die umgedrehte Sackkarre und trank einen Schluck Aquavit aus seinem Flachmann.

Plötzlich hörte er etwas.

Jemand öffnete die Tür. Diana konnte es nicht sein, denn ihren Schlüssel hatte er ja.

Wer immer es war, er schaltete das Licht ebenfalls nicht an. Und ging auf leisen Sohlen.

Pit zog sich die Schuhe aus und schlich in den Verkaufsraum. Vorsichtshalber nahm er ein Brecheisen aus dem Lager mit.

Niemand zu sehen.

Dann erklangen wieder sachte Schritte. Diesmal aus dem Büro. »Verdammt«, sagte eine Stimme. »Verdammt, verdammt, verdammt.«

Pit lugte in das Zimmer. Er sah den morgendlichen Eindringling nur von hinten, doch es war zweifellos Kevin, der schweigsame Besitzer mit der Löwenmähne. Gerade stand er vor einem kleinen Wandtresor und leerte den Inhalt hektisch in eine mitgebrachte Plastiktüte von Marks & Spencer. »Nichts werden sie finden, diese Schweine«, murmelte er. »Keinen einzigen Krümel!« Er fegte mit der Hand den Boden des Tresors leer. »Jetzt rede ich schon mit mir selbst wie ein Vollidiot!«

Pit überlegte, Kevin eins überzuziehen und dann nachzuschauen, was er aus dem Tresor geholt hatte. Doch so erfrischend er ein wenig Gewalt dann und wann fand – der Mann hatte keine Schläge verdient. Denn das waren sein Geschäft und sein Tresor. Auch wenn es verdammt unüblich war, einen Tresor so panisch auszuräumen.

Vielleicht wusste Diana etwas? Vielleicht sogar, was zu tun war? Er musste schnell fort, bevor Kevin bemerkte, dass er ihn beobachtet hatte.

Pit schlich zurück, griff seine Schuhe und hörte bereits, wie Kevin sich der Anlieferungsrampe näherte. Es gelang ihm, in den Verkaufsraum zu schlüpfen, die Eingangstür leise zu öffnen und hindurchzuflutschen. Er ließ sie einen Spalt offen und lief noch auf Socken die Trinity Street hinunter. Ohne sich umzusehen. Sein Atem ging so schwer, dass er nicht mitbekommen hätte, wenn die Tür zum Tea Shop aufgegangen wäre und Kevin ihn hätte davonrennen sehen.

Erst vor der Hauptpforte von Great St Mary's hielt er an,

zog sich seine Schuhe über die nun dreckig-feuchten Socken und ging schnell zu Auntie's Tea House. Das Lokal war mittlerweile geöffnet, doch Kunden gab es noch keine. Zwei Serviererinnen standen bereit, Bestellungen entgegenzunehmen.

Er fand Diana in der kleinen Küche.

»Ich muss dir was sagen, drüben im Tea Shop, der Besitzer …«

»Ja, was ist mit meinem Vater?«

»Wie bitte?«

»Kevin ist mein Vater. Also, was wolltest du sagen?«

Sie sah ihn erwartungsvoll an und mit einem Hauch Stolz auf ihren Erzeuger.

»Nichts.« Pit presste die Lippen aufeinander. »Ich wollte nur fragen, wann er den Laden aufsperrt. Draußen stand nämlich schon ein Kunde.«

»Echt? Um die Uhrzeit? Als könnten sie ihren morgendlichen Teeschuss nicht erwarten.« Diana lachte. »So, genug geschwätzt. Wisch bitte hinten noch mal die Küche nass durch. Und zwar zackig.«

Pit stapfte an ihr vorbei. Morgen würde er kündigen. Egal, was der Professor dazu sagte.

Der erste Student in Professor Bietigheims heutiger Sprechstunde war ein bekanntes Gesicht: Michael Broadbent von der Port Wine Society. Koteletten-Mike, wie Bietigheim beschlossen hatte, ihn zu nennen. Zumindest wenn er mit sich selber sprach.

Koteletten-Mike war außer Atem.

»Wir haben ihn!«

Bietigheim musste nicht überlegen, wer gemeint war. »Wo steckt Meister Musō Kokushi?«

»Joel Payne hat gerade angerufen und gesagt, dass er aus dem Tea Shop in der Trinity Street gekommen ist, wo ihn der Besitzer nervös verabschiedete, und jetzt die King's

Parade Richtung Great St Mary's geht. Jancis hat sich an ihn gehängt. Sie schickt mir eine SMS, wenn er abbiegt.«

»Kokushi nähert sich also dem St John's. Wissen Sie, wo sich seine Unterkunft befindet?«

Broadbent schüttelte den Kopf. »Wir vermuten, außerhalb von Cambridge, in London vielleicht.«

»Dort hat er sicher viele Kontakte«, meinte Bietigheim. »Und haben Sie schon irgendwas Offizielles zu seinem Aufenthalt hier gefunden?«

»Nein, wenn man dem Internet glauben darf, ist er immer noch in Kyōto.« Broadbents Handy spielte den Glockenschlag von Big Ben – der ursprünglich aus Cambridge stammte. Er blickte auf das Display, dann zum Professor. Seine Pupillen waren geweitet. »Eine SMS von Jancis. Kokushi hat das St John's betreten. Sie kann ihm nicht mehr folgen, da sie ihren Studentenausweis nicht dabeihat.«

»Wenn er zu mir will, wird er nicht länger als fünf Minuten benötigen. Frag Jancis, ob er sich beim Pförtner nach dem Weg zu einem Büro erkundigt hat. Irgendwas muss er ja zu ihm gesagt haben, sonst hätte er ihn nicht durchgelassen. Am heutigen Tag sind schließlich keine Touristen auf dem Gelände erlaubt.«

Michael tippte schneller, als Bietigheim sprach. Kurze Zeit später hatte er die Antwort auf seinem Handydisplay. »Meister Kokushi hat einen Termin, bei wem, wollte der Pförtner nicht verraten.«

Bietigheim griff sich seinen Mantel, und der bis eben noch schlafende Benno war sofort in Habachtstellung. »Zumindest nicht bei mir. Denn dann wüsste ich davon. Halten Sie hier die Stellung. Falls er doch noch auftaucht, überzeugen Sie ihn, auf mich zu warten. Ich gehe ihn suchen.«

Der Student nickte und simste den Plan an Jancis.

»Und ordnen Sie Ihre Krawatte«, fügte Bietigheim im Gehen hinzu, »das sieht ja unmöglich aus!«

Und schon war der Professor samt Benno die Treppen hinuntergelaufen. Doch wohin dann? Bietigheim wählte den kürzesten Weg zu dem Trakt des Colleges, der weitere Büros des Lehrpersonals enthielt. Er konnte nur hoffen, dass der Teemeister sein Ziel noch nicht erreicht hatte, denn war er erst einmal hinter einer Tür verschwunden, würde er ihn niemals finden.

Das St John's College war über Jahrhunderte gewachsen, weshalb es auch keine logische Aufteilung der Räume gab. Manches lag seit Jahrhunderten eng beisammen, einige der dazugehörigen Büros befanden sich jedoch drei Gebäude weiter. Diese unlogische Tradition wurde hier gelebt und geliebt.

Noch während der Professor auf der Suche war, sah er ihn.

Meister Kokushi auf dem Weg über die Seufzerbrücke in den New Court. Zwar war er weit entfernt von Bietigheim, und es geziemte sich nicht für einen Fellow des Colleges, laut zu rufen, aber mit eiligem Schritt würde er ihn rechtzeitig einholen. Bietigheim gelang es, den Abstand zu verringern. Dabei bestand jederzeit die Gefahr, dass der Teemeister um eine Ecke bog oder einen Raum betrat, zu dem der Professor keinen Zugang hatte.

So weit würde er es nicht kommen lassen!

Während er die Brücke überquerte, fiel sein Blick kurz aufs Wasser des Cam, wo der bösartige, einäugige Schwan gerade einer Ente mit dem Schnabel auf den Kopf hackte. Und plötzlich hatte Bietigheim einen Geistesblitz die Mordfälle betreffend – doch dessen Überprüfung musste bis später warten. Kokushi ging vor!

»Ach, Herr Professor, dass ich Sie hier treffe! Und Ihren Hund auch, da muss ich gleich noch ein Foto schießen! Das ist ja wirklich ein Süßer. Und hier ist das Licht auch viel besser als bei mir zu Hause.«

Beatrice Pond.

»Keine Zeit. Bitte gehen Sie mir aus dem Weg.«

»Immer in Eile, die Herren Professoren, kenne ich doch. Aber für ein Foto ist immer genug Zeit.«

Meister Kokushi bog um eine Ecke.

Und war nicht mehr zu sehen.

Bietigheim eilte hinterher.

»Im Laufen ist es sogar noch besser!«, rief Beatrice Pond, die ihm eifrig folgte. »Wie schnell der Kleine rennen kann. Herrlich, diese elegante Bewegung. Ja, guck mal her, du Süßer, guck zu Tante Beatrice!«

Doch wo war jetzt plötzlich dieser verflixte Kokushi hin? Da! Gott sei Dank. Jetzt sah er ihn wieder.

Und jetzt sah er ihn wieder nicht.

Jetzt sah er Mastiffs.

Auf dem LCD-Bildschirm von Beatrice Ponds Kamera. Sie hielt ihn ganz nah vor sein Gesicht.

»Sehen Sie, ich hab noch mehr von denen fotografiert. Die Rasse gefiel Ihnen doch so gut. Hier in Großaufnahme, der wurde sogar mal auf der Crufts prämiert.«

»Jetzt tun Sie doch diesen Apparat weg. Ich muss einen Tee-Meister im Auge behalten.«

»Wen? Da ist doch keiner.«

Die Kamera senkte sich.

Und da war keiner.

Teemeister Musō Kokushi war fort. »Das darf doch nicht wahr sein!«, rief Bietigheim. »Das darf doch jetzt wirklich nicht wahr sein!« Er drehte sich zu Beatrice Pond um. »Tun Sie mir einen Gefallen, und kaufen Sie sich einen Hund. Ich weiß, dass Ihr Mann allergisch ist, bauen Sie ihm eine Hütte im Garten. Also Ihrem Mann. Setzen Sie einen Fernseher rein und erlauben sie ihm, dort ohne Hose rumzulaufen, dann ist er schon glücklich.«

»Woher…?«

»Es ist ganz offensichtlich, dass Sie vernarrt in Hunde sind. Aber Sie besitzen keinen eigenen. Da Sie zu Hause die Hosen anhaben, kann es nicht am Einspruch Ihres Mannes liegen. Der Grund kann folglich nur eine Allergie sein. Sie haben Benno jedoch gestreichelt, ihr Mann nicht. So einfach ist das. Und jetzt ist der Teemeister weg, weil Sie keinen Hund haben.«

Beatrice Pond steckte ihre Kamera weg, schaute leicht verdattert – und schwieg. Doch dieser Zustand hielt leider nicht lange an. »Was haben Sie gerade gesagt? Der Teemeister? Meinen Sie etwa einen Asiaten?«

»Ja, einen Asiaten.«

»Der so ein bisschen aussieht wie der auf dem Foto in meiner Kamera?«

»Wo ist er, Mrs Pond?«

Die Putzfrau deutete auf ein Fenster ganz in der Nähe, hinter dem Meister Kokushi zu sehen war. Er stand in einem prachtvollen Büro und war tief ins Gespräch mit Professor W. W. Stuart versunken, dem Master des St John's College.

»Troglodyt«, sagte Bietigheim. Und legte sogar noch ein »Anisogametangiogamie« obendrauf.

Es war wirklich ernst.

Bietigheim entschied sich, die beiden nicht jetzt zur Rede zu stellen. Es wäre besser, sie sich einzeln vorzuknöpfen, und zwar idealerweise in einer Situation ohne Fluchtmöglichkeit. Das jedoch wollte klug inszeniert sein. Deshalb machte er sich auf den Weg nach Hause, allerdings mit einigen Umwegen.

Als Erstes wohnte er dem förmlichen Dinner der Fellows des St John's bei. Er hielt alle drei Gänge aus, aß, ohne zu kleckern, bei Kerzenschein mit dem silbernen Besteck und nutzte die erste Gelegenheit, sich zu entfernen. Denn ein wichtiges Experiment musste für den späten Abend vorbereitet werden. Es galt, seinen Geistesblitz beim Anblick des Cam anschaulich darzustellen.

Zu Hause angekommen bestellte er die Port Wine Society zu sich. Die Mitglieder ließen alles stehen und liegen und kamen in die Pretoria Road. Sie wirkten wie elektrisiert, als sie über die Schwelle traten. Es war ihnen anzusehen, dass es kaum etwas Aufregenderes geben konnte, als ihre Füße in das Haus der beiden toten Professoren zu setzen. Staunend sahen sie sich alles an, jedes Buch im Regal, jede Topfpflanze auf der Fensterbank, jedes Staubkorn auf dem Boden. Sie setzten sich auf die bereitstehenden Stühle und Sofas, als handelte es sich um wertvolle Museumsstücke.

Pit saß still in der Ecke, ein riesiges Stück Vanille-fudge in der Hand und Benno von Saber auf dem Schoß. Bietigheim wusste, dass sein Hamburger Vertrauter sich in aller Ruhe anschauen wollte, wie die Studenten parieren mussten.

Der Professor brachte sechs Teekannen sowie ausreichend Teetassen ins Wohnzimmer und forderte die Gäste nach kurzer Begrüßung auf, sich zu bedienen. Alle Tees sollten probiert werden, er würde sie anschließend dazu befragen.

»Verehrte Mitglieder der Port Wine Society«, hob er an. »Zurzeit überschlagen sich die Ereignisse, weswegen wir die Ermittlungen vorantreiben müssen.«

Zustimmendes Gemurmel. Bietigheim klärte sie über die neuesten Erkenntnisse auf – und diesmal hielt er nichts zurück.

»Die wichtigste Frage, und da werden Sie mir sicher zustimmen, ist: Wer ist der Mörder? Um das herauszufinden, schlage ich vor, dass sich jeder von Ihnen mit einem Verdächtigen befasst. Fangen wir bei Ihnen an, Mr Broadbent. Sie übernehmen Professor Töler. Wenn ich scheitere, gehören ihm die Räumlichkeiten hier, er hatte wohl auch auf die Institutsleitung spekuliert. Ein Motiv hat er, doch wie sieht es mit Alibis aus? Mr Johnson, Sie übernehmen

Teemeister Kokushi. Wir haben kein Motiv, und bisher wissen wir auch nicht, ob er zu den Tatzeiten überhaupt in Cambridge war. Das gilt es herauszufinden. Seine Anwesenheit ist auf jeden Fall mysteriös. Sie müssen ihn dazu allerdings nicht selbst befragen, das werde ich gemeinsam mit Pit übernehmen.«

»Ach ja?«, fragte Pit. »Da weiß ich ja noch gar nichts von.«

»Sie wissen es jetzt.«

»Ms Robinson, Sie kümmern sich um Dame Julia Wenbosca vom Tregothnan Estate. Irgendetwas ist da faul. Mr Payne wird ihren Mann durchleuchten. Ms Sutcliffe, in Ihre Obhut fällt die lustige Witwe, die Countess von Shropsborough. Mr Clarke, Sie übernehmen den Teehändler Kevin Shields. Pit wird Sie auf den aktuellen Stand bringen, was es mit ihm auf sich hat.«

»Mach ich gern«, erwiderte Oz Clarke.

»Und Sie selbst, Pit, Sie heften sich an die Leiterin von Auntie's Tea House, ruhig auch nach Feierabend. Mr Parker, Sie sind am St John's, Ihnen obliegt die Ehre, unseren Master W. W. Stuart zu durchleuchten. Er behindert die Nachforschungen und trifft sich im Geheimen mit einem Teemeister – obwohl ihn als Physiker nichts mit ihm verbinden dürfte.«

Bietigheim machte eine Pause. Die Mitglieder der Port Wine Society sahen sich fragend an. War es das schon, sollten sie gleich loslegen?

Als Michael Broadbent Anstalten machte aufzustehen, sprach der Professor weiter.

»Ich möchte Sie kurz noch auf eine neue Erkenntnis aufmerksam machen. Ich habe mir die Fotos, auf denen die Ermordeten in den gefüllten Punting-Booten zu sehen sind, genau angeschaut, insbesondere die Farbe des Tees. Und ich habe mich gefragt: Woher kam das Wasser? Die Polizei scheint davon auszugehen, dass kühles Flusswasser verwendet und der Tee einfach als heiße Lösung hinzugegeben wurde. Die Polizei besteht aus Dummköpfen – was mir heute beim Anblick des Cam-Wassers klar geworden ist. In allen sechs Kannen vor Ihnen auf dem Tisch ist weißer Tee, und zwar genau die Sorte, in welche meine Vorgänger eingelegt wurden. Einmal aufgebrüht mit Wasser aus dem Granta, einmal mit Wasser aus dem Wasseranschluss, der der Stelle am Ufer, wo die Boote losgemacht wurden, am nächsten liegt – dieser befindet sich außerhalb des Prancing Pony Pubs. Er ist nicht abgeschlossen, jeder kann dort nachts Wasser zapfen. Es ist eine alte Leitung, und das Wasser weist manchmal eine leicht bräunliche Färbung auf. Das dritte Wasser stammt aus einer Leitung am Bootssteg, für die man jedoch einen Schlüssel benötigt. Sie ist relativ neu und bietet das klarste Wasser. Jetzt werden Sie sich fragen: Warum sechs Kannen und nicht drei?« Er blickte erwartungsvoll in die Runde.

Es dauerte einige Zeit, bis Hugh Johnson nickte. »Das frage ich mich tatsächlich schon die ganze Zeit.«

»Gut«, sagte Bietigheim. »Dann bin ich beruhigt. Wenigstens ein Kopf, der nicht völlig hohl ist. Nun, die Antwort lautet: Es gibt drei Sorten Wasser und jeweils zwei Arten der Zubereitung, was insgesamt sechs Teekannen macht.Wenn Sie möchten, können Sie es sich alles gerne notieren, ich werde es sicher nicht wiederholen.« Notizblöcke wurden gezückt und die Mitglieder der Port Wine Society begannen, wie wild zu schreiben. Pit streichelte Benno von Saber vergnügt über den Rücken.

»Der Tee, in dem der Earl aufgefunden wurde«, fuhr der Professor fort, »war zwar enorm dünn, aber korrekt aufgebrüht. Und zwar mit dem besten Wasser. Das Gebräu hingegen, in dem Jonathan Cleesewood versenkt wurde, war eine Schande. Auch das verwendete Wasser hatte nicht dieselbe Qualität. Es stammte nämlich aus dem Granta selbst. Pit ist der Einzige, der die entsprechende Tasse ausgetrunken hat, aber seine Geschmacksnerven sind auch von übermäßigem Currywurstgenuss verätzt.« Bietigheim lächelte zufrieden über diesen kleinen Seitenhieb. »Es ist also durchaus denkbar, dass es sich nicht um ein und denselben Täter handelt. Sondern beim Mord an Cleesewood um einen stümperhaften Nachahmer, der sich nicht im gleichen Maße mit der Teezubereitung auskannte. Er wollte den Anschein erwecken, es handele sich um denselben Täter. Doch damit kommt er nicht mehr durch! Denn wir behalten diese Variante fortan im Hinterkopf!«

Bietigheim hob die prachtvollste der Teekannen empor, um seine folgenden Worte zu illustrieren. »Es gibt kein Getränk, das dermaßen viel Feingefühl verlangt wie Tee. Das Wasser muss die richtige Qualität haben, nicht zu hart und nicht zu weich, mit wenig Mineralien. Es muss die richtige Temperatur aufweisen, kochend bei Schwarztee, niemals kochend bei grünem. Teeblätter und Wasser müssen das perfekte Verhältnis eingehen, und genau die richtige Zeit zusammen verbringen, bevor man sie wieder trennt. Es ist eine Wissenschaft, die Feingefühl und Geduld erfordert. Wer sich so viel Mühe wie unser erster Täter gibt, einen Tee aufzubrühen, den niemals jemand trinken wird, dem ist entweder der Tee wichtig – oder der Tote. Dem zweiten Täter war beides egal, oder er wusste es nicht besser. Es ging ihm nur um eines: seine Spur zu verwischen.«

Michael Broadbent erhob sich und klatschte. Die anderen Mitglieder der Port Wine Society stimmten ein, und selbst auf Pits Gesicht erschien ein stolzer Ausdruck. Dies war schließlich sein Professor. Benno konnte nicht anders als bellen.

Dann klingelte das Telefon. Wie ein Feldherr nach erfolgreicher Schlacht marschierte Bietigheim hin und nahm den Hörer ab. »Professor Dr. Dr. Adalbert Bietigheim am Apparat.«

»Hallo, Professor, hier ist Colin von University Cycles. Es

geht um die Nightclimber. Meine Freunde von den Glöcknern haben mir nach langem Zureden einen Kontakt gegeben. Mit dem habe ich schon gesprochen, und er ist bereit für ein Gespräch mit Ihnen. Allerdings muss es jetzt sein. Also sofort.«

Colin nannte ihm den Treffpunkt.

Anschließend erklärte der Professor der Port Wine Society kurz und prägnant, worum es ging, tätigte einen Anruf beim Pförtner von Great St Mary's, ließ sich zur Kirche fahren und stieg dann mit einem vergnügten Benno von Saber und einem genervten Pit Kossitzke die Stufen im Glockenturm hinauf – diesmal bis ganz nach oben.

Denn dort wartete der Nightclimber.

Die Turmspitze umgab ein metallener Sicherheitszaun, der am oberen Ende nach innen gebogen war, sodass es nahezu unmöglich schien, daran hochzusteigen, um sich in den Tod zu stürzen.

Wenn man dies vorhatte, gab es allerdings kaum einen Platz in Cambridge mit schönerer Aussicht.

Als sie ins Freie traten, begann es zu regnen. Der Regen fiel wie ein ungestümer Liebhaber, der einem feuchte, warme Küsse auf die Haut drückte. Es war noch Tag, weswegen sich der Nightclimber mit einem breiten Wollschal vor dem Gesicht, einer Sonnenbrille und einer Baseball-Cap unkenntlich gemacht hatte.

Bietigheim ging strammen Schrittes auf den Vermummten zu und streckte ihm die Hand hin. Der drehte sich weg – begann aber mit ihm zu sprechen.

Er hatte die Stimme einer jungen Frau.

»Dass ich als Vorsitzende der Nightclimber mit Ihnen rede, ist ein Gefallen an die Glöckner. Wir begleichen damit eine alte Schuld. Ich bin nur hier, um Ihnen zu sagen, dass Sie Ihre Bemühungen einstellen können.«

Bietigheim stellte sich genau vor sie. »Und dafür haben Sie extra den weiten Weg gemacht?«

»Sie lassen ja sonst nicht locker. Das hat sich schon herumgesprochen. Sie verbeißen sich in diese Sache wie ein Terrier.«

»Das hat in Deutschland Tradition. Im Fußball wie in der Wissenschaft.« Der Professor trat noch näher. »Mein Leben steht auf dem Spiel. Wenn Sie mich Ihr Blatt sehen lassen, habe ich vielleicht eine Chance. Ich bitte Sie, helfen Sie mir.«

Der weibliche Nightclimber brachte wieder etwas Abstand zwischen sich und den Professor. »Ein großartiger Ausblick auf die Dächer der Stadt, nicht wahr? So viele herrliche Strecken zum Klettern. Ist das ein Hobby, dem Sie auch nachgehen?«

»Wird das sinnloser Small Talk, oder wollen Sie auf etwas hinaus? Sie haben etwas gesehen, oder?«

»In der Nacht, als der Earl ermordet wurde, nahm einer von uns die Südwestroute auf dieses Gebäude dort drüben. Es war drei Uhr früh, und die Nacht war klar. Und ganz richtig, er hat etwas gesehen. Ihnen werde ich nur mitteilen, dass wir nicht glauben, Sie seien in Gefahr. Es war unserer Meinung nach eine Sache zwischen dem Täter und dem Professor. Und jetzt darf ich mich verabschieden.«

Bietigheim hob die Hand, und plötzlich stand Pit neben ihm. Der bärtige Hüne legte seine Pranken auf die Schultern der drahtigen, jungen Frau. Sie schlossen sich darum wie Schraubstöcke.

»Wir sagen nichts!«, erklärte die Nightclimberin trotzig. »Unter Studenten herrscht Stillschweigen.«

»Also war es jemand aus der Studentenschaft«, folgerte Bietigheim. »Das hilft uns doch schon weiter. Mein lieber Pit, haben Sie die Tür hinter sich verriegelt? Und ist auch keiner sonst auf dem Dach?«

»In beiden Fällen lautet die Antwort Ja«, erwiderte Pit.

»Gut. Dann mal los. Ich hatte gehofft, wir hätten dies vermeiden können.«

Und schon schulterte Pit die Studentin und wuchtete sie über den Sicherheitszaun, während er nur noch ihre Beine festhielt.

Bietigheim war geschockt. Vereinbart war, nur Gewalt anzudrohen, auf eine subtile, ja geradezu freundliche Art. Pit musste ihn missverstanden haben. Dabei hatte ihm dieser versichert, dass er wüsste, was zu tun sei, und dass dabei nichts passieren könne.

Danach sah es jetzt gar nicht aus.

»Pit, wir sollten …«

Doch der hörte nicht zu.

»Na, ist dir nach Klettern zumute?«, fragte Pit die Studentin. »Heute lernst du die wichtigste Lektion dabei.«

»Welche ist das denn?«, brachte die vermummte Frau stockend hervor.

»Fallen.«

Pit lockerte den Griff. Nur kurz. Den Bruchteil einer Sekunde. Doch der Professor konnte sehen, wie in dieser Zeit das Blut im Körper des weiblichen Nightclimbers aufkochte.

»Es war Michael Broadbent!«, rief sie.

»*Was?*« Bietigheim half Pit, die junge Frau wieder auf den festen Boden zurückzuholen.

»Michael Broadbent von der Port Wine Society. Er hat die Leiche ins Boot geschleift und den Tee hineingegeben. Er ist der Mörder!«

KAPITEL 5

Matcha

Es kostete Bietigheim nur eine Frage beim Pförtner des St John's College, um herauszufinden, in welchem Zimmer Michael Broadbent – mit bürgerlichem Namen Steven Spurrier – lebte. Und weitere drei Minuten, bis er vor der entsprechenden Tür stand.

Und sie öffnete.

Das Zimmer war bewohnt.

Als Bietigheim den jungen Mann sah, der mit dem Rücken zu ihm auf dem Bett saß, wurde Adrenalin in unvorstellbaren Mengen in sein Blut ausgeschüttet – das zu einem abrupten Halt kam, ja beinahe Auffahrunfälle in seinen Adern verursachte, als der Student sich umdrehte.

Es war nicht Michael Broadbent.

»Er ist weg«, sagte der junge Mann und stellte sich dann als Frederick Finger vor, deutscher Austauschstudent an der Mathematischen Fakultät. »Michael ist eben hereingestürzt, hat ein paar Sachen zusammenpackt und ist dann wieder hinausgerannt.«

»Hat er irgendetwas zu Ihnen gesagt?«

»Leb wohl.«

Bietigheim sah Pit an und dann Benno, der sicher gerne weitergerannt wäre, denn seine Augen strahlten, während die Zunge hechelnd heraushing. Bietigheims Blick bedeutete: durchsuchen. Pit und Benno legten los.

»Sein Notebook hat er mitgenommen«, erklärte der junge Deutsche ungefragt. »Auch seine externe Festplatte, ein paar USB-Sticks und einen Ordner, aber wirklich nur einen. Was immer Sie suchen, er hat es vermutlich bei sich. Worum geht es denn überhaupt? Sie sind Professor Bietigheim, oder? Und das ist Ihr Bodyguard?«

Pit missfiel es offenbar, als Bodyguard bezeichnet zu werden. »Nein, ich bin sein unehelicher Sohn. Meine Mutter ist eine haarige Hamburger Wrestlerin.«

Finger nickte beeindruckt, wenn auch nicht vollends überzeugt.

»Handynummer«, sagte Bietigheim im Befehlston, »Kontaktdaten seiner Eltern, Namen seiner Freunde, schnell und säuberlich auf einen Zettel geschrieben. Als Zimmergenosse werden Sie all dies doch sicher haben.«

Der Professor hatte Glück. Üblich war es auch in Cambridge nicht mehr, dass man so viel über seinen Zimmergenossen wusste.

Wenige Minuten später übergab ihm Frederick Finger das Gewünschte. »Es hat mit den Morden zu tun, oder? Aber Michael ist nicht der Typ dafür, er ist eine Seele von Mensch. Die meiste Zeit redet er nur von Jancis, also Jancis Robinson. Sie ist die Liebe seines Lebens – aber weiß noch nichts von ihrem Glück. Deshalb ist ihm die Society auch so wichtig, ich glaube, er ist nur wegen Jancis drin. Oh, Ihr Hund hat Michaels Vorrat an Käse gefunden. Und Ihr ... Sohn seine liebsten Portweine.«

Während Benno herausfand, dass man selbst im leichten Galopp Blauschimmelkäse hochwürgen konnte, schob Bietigheim in flottem Tempo sein Fahrrad. Pit entkorkte im Laufen die erste Portflasche und ließ sich den Inhalt in den Hals rinnen. »Ganz schön süßes Zeug, aber lecker.«

»Kaugummi ist lecker oder von mir aus Pommes frites, aber kein Wein. Oder würden Sie unglaubliche Summen für etwas bezahlen, das einfach nur lecker ist?«

»Wenn es *unglaublich* lecker ist, dann schon.« Pit klemmte sich die Flasche mit der Aufschrift »Niepoort Vintage Port« unter den Arm und öffnete eine, auf der »Taylor's« stand.

»So geht es nicht weiter«, sagte der Professor schnaufend.

»Doch, Flasche für Flasche. Ich versetze mich in unseren Täter hinein. Oder besser: Ich versetze das Lieblingsgetränk unseres Täters in mich hinein.«

»Ich meine den Fall. Da geht es nicht weiter.«

»Muss es doch auch gar nicht. Wir haben den Täter. Jetzt müssen wir ihn nur noch finden. Und fassen«, sagte Pit – während Benno sich parallel auf perfekten englischen Rasen übergab, der danach nicht mehr aussah wie mit Schere und Kamm in Form gebracht.

»Es steckt mehr dahinter«, meinte der Professor, während er um die Ecke bog. »Viel mehr, das spüre ich, so wie ich nur einen Tropfen auf meiner Zunge brauche, um zu sagen, dass zu viel Salz in einer Suppe ist. Und wir sind trotz der Port Wine Society zu wenige, um alles herauszufinden. Kontaktieren Sie bitte meine wissenschaftliche Hilfskraft in Hamburg, sie soll sofort herkommen. Sie kann hervorragend organisieren sowie mit Computern umgehen. Zusätzlich benötige ich mehr Zeit, um nachzudenken und alles zu ordnen, was diese Morde betrifft. Zu vieles passt nicht ineinander. Es kommt mir vor, als würde man versuchen, aus zwei Regalen unterschiedlicher Hersteller eine Schrankwand zu errichten. Also, Benno, wirklich! Wie viel Käse kann ein einzelner Hund denn erbrechen? Dein Magen muss doch langsam mal leer sein!«

Aber Bennos Magen hatte immer noch was auf Lager.

»Wohin rennen wir eigentlich?«, fragte Pit, als sie einen roten, gusseisernen Briefkasten passierten. »Das ist doch nicht der Weg zu unserem Haus?«

»Zu *meinem* Haus«, antwortete Bietigheim spitz. »Und nein, das ist er nicht. Wir sind auf dem Weg zu einer massiven Zeitersparnis.«

Zu Pits Erstaunen, war des Professors Ziel das Fahrradgeschäft namens ›University Cycles‹.

Kurz nachdem sie den Laden betreten und das Glöckchen über der Eingangstür zum Läuten gebracht hatten, stand schon der Besitzer hinter der Theke.

»Professor Bietigheim! Ist mit Ihrem Rad etwas nicht in Ordnung?«

Der Professor räusperte sich. »Ich will direkt zur Sache kommen, denn ich habe keine Zeit zu verschenken. Dieses unzureichende Maß an Zeit ist es auch, das mich nun zu Ihnen geführt hat. Als ich das erste Mal in Ihrem Laden war, servierten Sie mir einen Darjeeling Flugtee Gielle FTGPOP. Er war perfekt gebrüht, und wenn ich perfekt sage, meine ich perfekt. So etwas schaffen selbst ambitionierte Amateure nur selten. Zudem wussten Sie, dass der bei Ihnen von der Port Wine Society hinterlegte Umschlag nach Stinking Bishop roch – und sogar, dass ich eine Arbeit darüber verfasst habe. Zwar weiß ich, dass diese stilistisch wie inhaltlich großartig geraten ist, doch bin ich mir durchaus bewusst, dass nur ein kleiner erlauchter Kreis sie wahrnimmt, nämlich fast ausschließlich Wissenschaftler meiner Disziplin. Ich habe deshalb ein wenig recherchiert. Sie sind Colin Inniskeen, Dr. Colin Inniskeen, und Sie haben einst am Institut für Kulinaristik als wissenschaftliche Hilfskraft gearbeitet.«

Colin hob die Augenbrauen und lächelte anerkennend. »Es stimmt also, was die Leute sagen: Ihr Verstand ist tatsächlich so scharf wie Damaszenerstahl.«

»Ist Inniskeen nicht ein irischer Name? Warum sprechen Sie dann mit keinerlei Akzent?«

»Ach, das ist schon Generationen her, die Familie ist vor Ewigkeiten nach Südengland übergesiedelt und wir haben keinen Kontakt mehr zur alten Heimat. Möchten Sie auch diesmal einen Tee?«

»Ich möchte Ihnen einen Job anbieten. Als meine Vertretung am Institut. In der nächsten Zeit werde ich mich noch intensiver um die Mordfälle kümmern müssen.«

Colin öffnete den hinter sich stehenden Kühlschrank und reichte Pit eine Dose Real Ale. »Ich bin jetzt Fahrradhändler. Es ist Jahre her, seit ich wissenschaftlich gearbeitet habe.«

»Das verlernt man nicht. Genau wie ... Fahrradfahren.« Nun war es an Bietigheim zu lächeln.

»Was hat Ihr Hund? Er würgt plötzlich so.«

»Zu viel Blauschimmelkäse verschlungen.«

Colin legte schnell eine alte Zeitung vor Benno auf den Boden. Der Professor kniete sich neben den Foxterrier und strich ihm beruhigend über das Fell.

»Es geht nicht um eine Vollzeitstelle«, erklärte er. »Ich benötige nur jemanden, der meine Vorträge halten und verstehen kann. Es wäre Ihr Wiedereinstieg in die akademische Welt.«

»Und mein Laden?«

»Pit kann Sie vertreten.«

»*Bitte?*« Pit hob seine Pranken, um zu zeigen, dass man damit zwar ohne zusätzliche Werkzeuge Nägel in die Wand hauen und Bäume entwurzeln, nie im Leben aber Schräubchen und andere Kleinteile montieren konnte.

»Um wie viele Stunden in der Woche geht es denn?«, fragte Colin, und der Professor wusste, dass er ihn an der Angel hatte.

»Nicht viele, höchstens acht oder so.« Es waren zwölf.

»Und die Themen?«

»Fast alles über Tee.« Zwei Seminare waren über Tee, die anderen vier über völlig andere Themen.

»Das klingt tatsächlich machbar. Auch ohne die Hilfe von Pit. In der Zeit ist der Laden dann eben geschlossen.«

»Sehen Sie!«, sagte Bietigheim und reichte ihm die Hand, um den Deal zu besiegeln. Colin schlug ein. »Morgen um neun Uhr im Institut – keine Minute später.«

Damit verließ Bietigheim das Geschäft – mit Pit und Benno im Schlepptau. Er war bester Laune, als er mit seinen beiden Begleitern kurze Zeit später in die Pretoria Road bog.

Doch damit sollte es schnell vorbei sein.

Denn die Haustür stand sperrangelweit offen.

Benno war zuerst im Haus – obwohl der Professor ihm »Sitz!« befohlen hatte. Wieder einmal wurde dem Professor klar: Auf Foxterrier war nur Verlass, wenn es um Erdlöcher ging. Als Zweiter betrat Pit voller Empörung das Gebäude – er konnte gar nicht fassen, dass jemand seine Schlösser überwunden hatte. Bietigheim selbst näherte sich der Tür nur sehr langsam und achtete auf alle Hinweise, die Garten, Kiesweg und Tür ihm gaben.

Der Einbrecher hatte nicht versucht, das Gitter vor dem Fenster zu lösen, er war direkt zur Tür gegangen. Die Pretoria Road war keine Haupteinkaufsstraße, aber unbelebt war sie auch nicht. Wer immer sich Zutritt verschafft hatte, musste es schnell getan haben, sonst wäre er aufgefallen. Und solche Schlösser öffnete kein Amateur, selbst kein begabter. Das schaffte nur ein Profi.

Als der Professor das Kaminzimmer betrat, musste er feststellen, dass der Boden fast vollständig mit Büchern und anderen Unterlagen bedeckt war – der Einbrecher hatte alle Regale komplett geleert.

In diesem Moment klingelte das Telefon.

Bietigheim ging in die Diele und hob ab. Er versuchte, seinen Atem zu kontrollieren, obwohl der Puls raste. Mit dem Einbruch war eine Grenze überschritten worden, nirgends konnte er sich nun mehr sicher fühlen. Er war wie die Maus, deren Schwanz von der Pranke einer Katze festgehalten wurde – weil diese noch nicht wusste, ob sie weiterspielen oder gleich zuschlagen wollte.

Ruhig atmen. Sich nichts anmerken lassen.

»Professor Dr. Dr. Adalbert Bietigheim. Ich höre.«

»Mein lieber Professor, Sie klingen so schwach, als hätten Sie letzte Nacht alle Damen im größten Bordell Cambridges einer eingehenden Leibesvisitation unterzogen, Sie alter Schwerenöter!«

»Frau zu Trömmsen, welche Ehre!«

Jeder Gedanke an den Einbruch war mit einem Mal verschwunden. Auch die Angst war wie fortgeweht von einem frischen Wind. Schließlich durfte er nun mit Hildegard zu Trömmsen sprechen, der großen, unerfüllten Liebe seines Lebens. Der Grande Dame der Hamburger Gesellschaft. Ihre Wangenknochen waren wie aus Marmor gemeißelt, ihre Augen besaßen das Blau des tiefen Ozeans und ihre Lippen waren ein einziges, sündiges Versprechen. Schönere Stunden als mit ihr hatte Bietigheim niemals verbringen dürfen, dabei hatten sie stets nur in ihrem Grünen Salon gesessen, bei Tee, englischem Gebäck und philosophischen Exkursen über Gott und die Welt.

»Mein lieber Professor, wer so gestresst ist wie Sie, der muss sich entspannen. Gehen Sie in die Sauna. Das mache ich auch immer: meinen nackten Körper den heißen Dämpfen aussetzen, bis ich aus jeder Pore schwitze. Das ist göttlich.«

Bietigheim fühlte sich, als würde er jetzt aus jeder Pore schwitzen. Allein die Vorstellung: Hildegard zu Trömmsen, nackt, wie Gott sie schuf – sein Meisterwerk.

»Professor? Sind Sie noch da? Nun reden Sie doch, guter Mann!«

»Ja, Frau zu Trömmsen, ich bin noch da.« Körperlich zumindest, geistig saß er bereits neben ihr in der Sauna.

»Vom Kriminalfall, in dem Sie zurzeit recherchieren, erwarte ich einen zusammenfassenden Bericht. Es ist mir jetzt zu mühselig, Ihnen alles aus der Nase zu ziehen. Als Dank für Ihre Abhandlung erzähle ich Ihnen meinen liebsten Saunawitz. Dafür haben Sie doch sicher Zeit.«

»Selbstverständlich.«

»Eine Dame stürmt aus der Sauna und ruft: ›Ich wurde unsittlich berührt!‹ Darauf der Saunawart: ›Gnädige Frau, ich arbeite hier seit fünfzehn Jahren, das ist noch nie vorgekommen.‹ Genau in diesem Augenblick stürmt eine weitere Frau heraus und schreit: ›Ich wurde gerade unsittlich berührt!‹ Der Saunawart ist fassungslos: ›Das kann nicht sein!‹ Als eine dritte Frau herausstürzt und ebenfalls schreit: ›Ich wurde unsittlich berührt‹, geht er in die Sauna und stößt auf einen Mann, der am Boden herumkriecht. Auf die Frage des Saunawartes, was er da mache, antwortet der Mann: ›Ich suche mein Toupet, dreimal hatte ich's schon in der Hand, doch dann war's plötzlich wieder weg ...‹«

Der Professor befand sich in Gedanken immer noch in der Sauna neben Hildegard zu Trömmsen. Er brachte deshalb nur ein kurzes »Haha!« heraus.

»Also, ich finde diesen Witz ausgesprochen köstlich.«

Plötzlich stand Pit neben ihm. »Ich muss Ihnen was zeigen«, wisperte er. »Dringend.«

Bietigheim hielt die Hörermuschel zu. »Später, jetzt habe ich keine Zeit. Bitte gehen Sie!«

»Aber ...«

»Sofort!«

Pit zog mürrisch ab, und Bietigheim sprach weiter in den Hörer. »Entschuldigen Sie bitte, ich wurde unwirsch davon abgehalten, Ihrer Stimme zu lauschen.«

»Das habe ich wahrgenommen. Nun darf ich alles noch einmal sagen, dabei macht das doch die Lippen spröde. Nun ja, für Sie, Professor, nur für Sie: In der kommenden Woche werde ich mit dem Ost- und Westfriesischen Schwarztee-Convivium in Cambridge eintreffen. Eine Einladung des London High Tea Club ins beste Restaurant vor Ort – Midsummer House heißt es. Dort will man uns demonstrieren, wie großartig die englische Küche ist. Dass ich nicht lache! Diese englischen Teetrinker sind ein überhebliches Volk, lieber Professor. Denen muss man mal ein wenig Demut beibringen. Deshalb habe ich ausgemacht, dass Sie parallel etwas kochen werden, was die anwesenden Gäste so noch nie gegessen haben. Ich gehe davon aus, dass dies für einen Mann Ihres Intellekts und Ihrer Fähigkeiten nicht das geringste Problem darstellen wird.«

»Natürlich nicht.« Sauna. Hildegard zu Trömmsen. Heißer Dampf …

»Sie klingen immer noch leicht … benebelt, lieber Professor. Ich nehme an, das liegt am englischen Wetter.« Sie lachte, was für Bietigheim wie Engelsgesang klang.

Für jeden normalen Menschen jedoch wie das Krächzen einer heiseren Möwe.

»Apropos Krankheit, da muss ich Ihnen noch etwas Köstliches erzählen.«

Wieder tauchte Pit auf. Diesmal stellte er sich ganz nah vor ihn. »Professor, das müssen Sie sehen. Und wir sollten endlich die Polizei rufen.«

»Erzählen Sie bitte das Köstliche. Ich brenne darauf!«

»Herrgott, ich fass es nicht«, rief Pit. »Dann mach ich's eben mit meinem Handy!«

»Letzten Monat traf ich Drauzio Varella«, fuhr Hildegard zu Trömmsen fort, »den brasilianischen Onkologen und Nobelpreisträger für Medizin. Sie kennen ihn sicher, eine ausgesprochen reizende Persönlichkeit. So geistreich.«

Bietigheim spürte, wie sich eine kalte Faust der Eifersucht in seinem Magen bildete. »Wie recht Sie haben, für einen Onkologen besitzt er wirklich Witz. In Kulinaristikkreisen käme er mit diesem jedoch nicht weit, wir sind nämlich …«

Doch da unterbrach ihn die Göttliche. »Nun seien Sie nicht gleich eingeschnappt, mein Lieber. Sie wissen doch, dass Sie meine Nummer eins sind und immer bleiben werden. Varella sagte mir also Folgendes: In der heutigen Welt wird fünfmal mehr in Medikamente für die männliche

Potenz und Silikon für Frauen investiert als in die Heilung von Alzheimerpatienten. Daher werden wir in ein paar Jahren alte Frauen mit großen Titten und alte Männer mit hartem Penis haben, aber keiner von ihnen wird sich daran erinnern können, wozu das gut ist.«

Jetzt lachte sie schallend. So laut, dass sogar Pit, der im Nebenraum sein Handy am Ohr hielt, um die Ecke schaute. So laut, dass Benno von Saber aufhörte, ein weiteres der wehrlosen Bücher zu zerfetzen, und stattdessen versuchte, am Telefon hochzuspringen.

Erfreulicherweise ebbte das laute Gelächter langsam von allein ab.

»So, und jetzt muss ich ganz eilig zum Übersee-Club am Neuen Jungfernstieg. Sie wissen ja Bescheid, lieber Professor: nächsten Donnerstag. Dem Koch vom Midsummer House habe ich Ihr Kommen bereits angekündigt. Er war ... wenig erfreut. Aber das schert uns nicht! Zeigen Sie den Engländern, wozu ein hanseatischer Professor fähig ist. Und vergessen Sie beim nächsten Saunabesuch nicht, Ihr Toupet zu suchen – muss ja niemand wissen, dass Sie gar keines tragen! Adieu!«

Dieses Rasseweib. So etwas wuchs nur an der rauen Nordseeküste!

Versonnen blickte der Professor in die Ferne, bis Pit ihn ins Wohnzimmer schob. Nun erst nahm er das Ausmaß der Verwüstung wahr. Nicht nur die Bücher der Bibliothek lagen auf dem Boden verstreut, auch die Kartons mit den Unterlagen seiner ermordeten Vorgänger waren durchwühlt worden. Kein Bild mehr an der Wand, die Polstermöbel waren aufgeschlitzt.

»In den anderen Räumen sieht es nicht besser aus«, informierte ihn Pit. »Das ganze Haus ist auf den Kopf gestellt worden. In der Küche liegt das Essen auf den Fliesen, eine Schande ist das! Gutes Fleisch einfach auf den Boden zu werfen. Die müssen doch krank sein!« Als Pit ein herrliches Filet vom Angusrind aufhob, bekam er feuchte Augen.

»Was mag der Einbrecher gesucht haben?«, fragte Bietigheim, während er Handfeger und Kehrschaufel aus dem Unterschrank der Spüle holte. »Geld und Schmuck wird er nicht gefunden haben. Hier befinden sich nur geistig wertvolle Dinge.«

»Oh, ich kann Ihnen ganz genau sagen, was der Bursche oder die Burschen wollten. Kommen Sie mit.«

Pit ging zum Treppenhaus und zeigte auf die Wand. Auf die lindgrüne Tapete hatte jemand mit einem Stück verkohltem Holz aus dem Kamin etwas geschrieben.

In riesigen Lettern.

Fünf Worte.

»Wo ist die sechste Schale?«

Nachdem die Polizei alle Spuren gesichert hatte, räumten der Professor und Pit den ganzen Abend und ein Gutteil der Nacht notdürftig auf. Der Einbrecher konnte nicht viel Zeit im Haus verbracht haben, doch die hatte er effektiv genutzt, um alles zu verwüsten. Und doch nichts zu finden.

Natürlich gab es im Haus Teeschalen, doch die waren unnummeriert. Keiner der Professoren hatte Eierschalen gesammelt, auch Muschelschalen konnten enorm wertvoll sein, aber die konnten ebenfalls nicht gemeint sein, da war sich der Professor sicher.

Pit suchte alles nach einem Tresor ab. Er meinte, er sei gut darin. Nachfragen zum Thema überging er einfach. Doch auch Pit wurde nicht fündig. Keine sechste Schale, nirgendwo.

Für den nächsten Morgen hatte Bietigheim Beatrice Pond in sein Haus bestellt und sie vorgewarnt, dass sie diesmal besonders viel Zeit zum Aufräumen und Putzen mitbringen müsse.

Schon bevor sie eintraf, saß der Professor mit Pit in dessen Taxi auf dem Weg in den Südwesten Londons. Die Mitglieder der Port Wine Society hatte der Professor bereits am frühen Morgen abtelefoniert. Das Ergebnis ihrer Nachforschungen: Michael Broadbent war weder bei seinen Eltern noch bei anderen Verwandten oder Freunden. Die Hobbydetektive hatten mittlerweile auch die Jugendherbergen der Umgebung und die nahen Campingplätze erfolglos durchkämmt. Sie verstanden nicht, wieso Bietigheim mit dem Ergebnis hochzufrieden war.

Sie wussten ja nicht, dass der Professor sich nun sicher war, wo er Michael finden würde: zwischen Richmond upon Thames und Kew. In einem der ältesten botanischen Gärten der Welt, einer unglaublich weitläufigen Parkanlage mit Pflanzen, die es sonst nirgends auf der nördlichen Halbkugel gab: die Royal Botanic Gardens, besser bekannt als Kew Gardens.

Bietigheim wollte immer schon mal dorthin.

Pit hatte er das genaue Ziel nicht verraten. Denn der hätte sofort begriffen, dass man in Gärten nicht mit dem Taxi fahren durfte – sondern gehen musste. Und Gehen empfand Pit als Beleidigung für seine Füße.

Sein Gemaule begann in dem Moment, als er mit seinen Schuhsohlen festen Boden berührte. Erfreulicherweise begann Benno gleichzeitig glücklich durch die seltenen Pflanzen aus aller Herren Länder zu jagen.

Was selbstverständlich streng verboten war.

Es gab etliches zu sehen in Kew Gardens, doch der Professor ließ alles links liegen, ihn zog es zum 1861 errichteten Temperate House, dem »Haus der gemäßigten Klimazonen«. Es war das größte viktorianische Glashaus der Welt, umfasste knapp fünftausend Quadratmeter und war bis zu neunzehn Meter hoch. Doch die Zahlen sagten nichts über die Schönheit des Gebäudes, die selbst Adalbert Bietigheim den Atem raubte. Auch Pit schien für einen kurzen Augenblick einmal nicht an ein perfekt gegrilltes Porterhouse-Steak zu denken. Das Temperate House war ein Palast aus Licht, die Strahlen der Sonne sprangen hinein, als könnten sie es gar nicht erwarten.

Fast ehrfürchtig traten sie ein, und selbst Benno verzichtete darauf, alles anzubellen. Im Inneren empfingen sie eine angenehme Wärme und eine besinnliche Stille, so als könnte man das Schweigen der unzähligen Pflanzen hören. Das weiß gestrichene Metall bog sich behütend über die Pflanzen und sah dabei aus, als wäre es selbst ein Gewächs und nicht geschmiedet. Die engen Wendeltreppen waren über und über bewachsen, das Glashaus war eins mit dem geworden, was es in seinem Inneren schützte. Eine Zeit lang blickten sie versonnen auf den Seerosenteich, doch dann entschied Bietigheim, dass es Zeit war, nach Michael zu suchen.

Sie teilten sich auf und durchstöberten das riesige Gewächshaus. Jeden Winkel, jede Wurzel, jedes große Blatt.

Das brauchte Zeit.

Doch dann erklang ein scharfer Pfiff. Er stammte von Pit.

Bietigheim ging strammen Schrittes in seine Richtung und fand seinen Hamburger Freund schließlich vor der Camellia sinensis – der Teepflanze. Der Hüne zeigte auf das Beet dahinter, wo zusammengerollt ein laubgrüner Schlafsack lag. Daneben eine schwarze Reisetasche, notdürftig mit Humus bedeckt.

Sie beschlossen zu warten.

An beiden Eingängen.

Eine gute halbe Stunde später traf Michael ein. Zu seinem Pech auf der Seite, die Pit bewacht hatte. Mit seinen massigen Händen drückte er den jungen Mann umgehend Richtung Bietigheim.

»Lassen Sie mich los! Das tut weh!« Nach kurzer Zeit

stand Michael vor dem Professor. »Ich hätte wissen müssen, dass Sie mich finden! Wie sind Sie denn darauf gekommen?«

Bietigheim tippte an seine Schläfe. »Es ist stets von Vorteil, ein funktionsfähiges Gedächtnis sein Eigen zu nennen. Bei unserem ersten Treffen, damals am Granta, als Sie mich für die ›Cambridge Evening News‹ interviewten, erzählten Sie begeistert von Ihrem Job in Kew Gardens. Es klang nach einer prägenden Zeit für Sie. Und wer würde hier schon jemanden vermuten?«

Michael nickte. »Wann trifft die Polizei ein?«

»Wollen wir uns nicht setzen?«, fragte Bietigheim.

»Ich würde lieber stehen.«

»*Setzen* Sie sich!«

Michael setzte sich. Und Benno auch. Das musste der Professor sich merken.

»Und jetzt erzählen Sie endlich.«

Mit einem Schlag war Michaels Stimme heiser, und der Professor sah, wie seine Hände leicht zitterten. »Mir war sofort klar, was Ihnen der Nightclimber sagen würde. Er war mir in der Nacht aufgefallen, seitdem hatte ich ständig Panik, dass die Polizei mich abholt. Deshalb bin ich abgehauen, Hals über Kopf, als Sie sich mit ihm getroffen haben. Ich wusste nicht, wohin, wusste nicht, wo mich niemand finden würde. Außer hier.« Er blickte Bietigheim lange an. »Wieso sitzen Sie so ruhig neben mir? Ich bin schließlich ein … Mörder.«

»Nein, sind Sie nicht. Sie haben die Leiche des 17. Earl von Shropsborough im Boot drapiert, aber getötet haben Sie ihn nicht. Sie brauchen nicht so verständnislos zu schauen. Wer jemanden kaltblütig tötet, der gibt sich nicht dermaßen Mühe mit der … wollen wir es ›Dekoration‹ der Leiche nennen? Insbesondere ein Ersttäter versucht möglichst schnell den Tatort zu verlassen. Er brüht sicherlich nicht in aller Ruhe teuren Tee auf.«

»Sie sind unglaublich«, meinte Michael lachend. »Wissen Sie das eigentlich?«

»Das ist mir sehr wohl bewusst. Benno! Nicht an die Palme pinkeln, es ist eine der größten nicht im Freien wachsenden auf der ganzen Welt.« Der Professor schüttelte den Kopf. »Na ja, wer kann es ihm verdenken. Solch ein Baum ist allzu verlockend. Damit kann er vor den anderen Hamburger Hunden schwer angeben. Und jetzt erzählen Sie bitte weiter, alles.«

Michael wartete kurz, bis eine fünfköpfige Familie vorbeigestürmt war, die Kinder voran, die Eltern hinterher dackelnd.

»Sie wissen ja schon alles. Aber niemand sonst wird es mir glauben, ich bin erledigt. Lassen Sie mich bitte gehen. Ich muss irgendwie ins Ausland kommen.«

Bietigheim stand auf. »Sie haben recht, gehen Sie, am besten sofort. Denn es wird nicht lange dauern, bis die Zeitungen über Ihre Flucht berichten. Auch Ihre Port Wine Society wird erfahren, dass ein Doppelmörder einst ihr stellvertretender Vorsitzender war. Ich weiß nicht, wie sie es aufnehmen werden, vor allem Jancis Robinson. Sie schien mir bereits außerordentlich geschockt wegen Ihrer Flucht. Aber so etwas darf Sie jetzt natürlich nicht stören, retten Sie Ihren Kopf, statt Ihre Weste reinzuwaschen.«

Der Professor hatte nicht wenig Vergnügen daran zu sehen, wie sich die Linien in Michaels Gesicht verschoben, wie aus Enttäuschung und Mutlosigkeit mit einem Mal Entschlossenheit wurde, und der Gedanke an Jancis Robinson ein warmes Funkeln in seine Augen zauberte.

Der junge Student nickte, erst einmal, dann immer öfter und schließlich begann er wieder zu reden. »In der fraglichen Nacht fand ich den Earl ermordet im Treppenhaus des Instituts. Ich hatte lange gearbeitet. Im ersten Moment war ich geschockt und wollte sofort die Polizei verständigen. Aber dann ... dann wurde mir klar, dass dies kein Ende war, das er sich gewünscht hätte. Tot im Treppenhaus, das passte nicht zu ihm, das war seiner nicht würdig. Er liebte den großen Auftritt und hatte einen großen Abgang verdient. Einen, der ihn noch ein letztes Mal in die Medien bringen würde.«

»Wenn ich mich recht erinnere«, erwiderte Bietigheim, »stand die Port Wine Society vor dem ersten Mord kurz vor der Auflösung. Ohne die Society hätten Sie die bezaubernde Jancis nicht mehr regelmäßig gesehen. Also erzählen Sie mir nicht, es wäre kein Eigennutz dabei gewesen.«

Michael wandte den Blick ab. »Es haben verschiedene Überlegungen eine Rolle gespielt.«

»Das lasse ich mal so stehen. Fahren Sie fort.«

Michael stand auf und ging vorsichtig an der Teepflanze vorbei, um seinen Schlafsack zusammenzurollen. »Den Tee hatte ich schon Wochen vorher gekauft, einfach weil ich ihn mal ausprobieren wollte, ich hatte ihn in meinem Rucksack, um abends im Institut eine Tasse davon zu trinken. Nachdem ich meinen Plan gefasst hatte, hieß es warten, bis niemand mehr unterwegs war. Zuerst verschaffte ich mir Zugang zur Wasserleitung – wissen Sie, ich habe früher in der vorlesungsfreien Zeit als Punter gearbeitet und kenne mich daher aus. Dann habe ich das Wasser in den Stechkahn gelassen. Den Tee habe ich mit heißem Wasser aufgesetzt, damit sich Aromastoffe und Farbe lösten, und habe ihn später zum kalten Wasser dazugegeben. Mit einer Schubkarre habe ich den Earl zum Ufer gebracht. Es ging alles ganz schnell. Ich habe einfach nicht nachgedacht, was passiert, wenn man mich sieht. Ich war so voller Adrenalin. Es war saublöd von mir.«

»Und der zweite Mord?«

»Damit habe ich nichts zu tun! Das ist ein Nachahmungstäter! Sie haben ja selbst gesehen, wie schlecht der Tee zubereitet war.« Michael atmete tief durch und fügte dann leise hinzu: »Können Sie das alles bitte auch Jancis erzählen?«

»Das sollten Sie lieber selber machen. Außer uns, dem Nightclimber und Ihrer Society weiß bisher niemand von Ihrer Beteiligung am Mord. Und zurzeit sehe ich keinen Grund, das zu ändern. In meinem Taxi ist noch ein Platz für Sie frei.«

Pit tippte ihm auf die Schulter. »Ist mein Taxi plötzlich in Ihren Besitz übergegangen? Hab ich gar nicht gemerkt. Aber du kannst natürlich gern mitkommen, Kleiner. Es gibt nur eine Regel: Keinen Blauschimmelkäse für den Hund! Ganz egal, wie er dich anguckt!«

Eine bleiche, kraftlose Sonne stand am Himmel, als sie am Nachmittag die Stadtgrenzen Cambridges passierten. Der Professor ließ sich von Pit am Institut absetzen, wo er prüfen wollte, ob mit Colin alles reibungslos gelaufen war. Michael wurde in der Pretoria Road einquartiert, und danach widmete sich Pit seinem Auftrag, Teemeister Kokushi aufzutreiben. Zur Stärkung kaufte er sich Pommes frites – und bemerkte zu spät, dass man Essig darauf gegeben hatte.

Er warf sie in die nächste Mülltonne.

Irgendetwas stimmte nicht mit den Menschen hier.

Essig gehörte in den Salat. Vielleicht dachten die Briten, wenn sie Essig mit Pommes aßen, könnten sie sich den Salat sparen. Wenn es doch nur so einfach wäre.

Nach einem kurzen Gespräch mit der Sekretärin des Masters vom St John's College, bei der Pit erst seinen ganzen Charme einsetzte und ihr dann ein kleines bisschen Angst einjagte, hatte er die Adresse des fraglichen Hotels. Es war das Double Tree am Granta Place. Außerdem erfuhr er, dass Teemeister Kokushi um ein weiteres Gespräch gebeten, der Master dieses jedoch bisher nicht terminiert hatte.

Eine gute Viertelstunde später hämmerte Pit an die Tür des Hotelzimmers 312. Der Teemeister öffnete, in Jeans und grauem Sweatshirt.

»Können Sie schwimmen?«

»Nein«, antwortete Kokushi, von dieser Frage völlig überrascht. Seine Stimme war dünn, der Akzent deutlich.

»Wunderbar. Ich soll Sie im Auftrag des Masters vom St John's College abholen. Sofort.«

Merkwürdigerweise schien die unvermutete Einladung den Asiaten nicht zu wundern. Er griff sich eine abgewetzte Lederjacke und folgte Pit nach draußen.

Eigentlich hatte der Professor ihn nur gebeten, diesen kleinen, asiatischen Burschen zu ihm zu bringen. Pit wusste aber, dass Bietigheim vor allem Antworten auf seine Fragen wollte, und wenn Pit sie ihm lieferte, umso besser.

Dafür musste er nur darauf hoffen, dass Kokushi wenig über englische Gebräuche wusste. Pit parkte in der Nähe des Mill Pond und mietete dort einen Stechkahn. Der Teemeister trottete die ganze Zeit hinter ihm her wie ein Entenküken hinter der Mutter.

Pit deutete in Richtung der Colleges. »Der Weg zum Master lässt sich mit einem Stechkahn am schnellsten zurücklegen. Denn der Verkehr ist um die Uhrzeit höllisch. Also rein mit Ihnen. Aber nicht hopsen!«

Der Teemeister nickte und stieg zögerlich ein.

Das Boot schwankte gefährlich.

Nach ein paar Staksern, die weitaus komplizierter waren, als Pit vermutet hatte – ständig lief man Gefahr, dass der Stock im matschigen Flussgrund stecken blieb –, richtete er das Wort an Kokushi. Er tat es laut und mit bedrohlichem Unterton.

»Jetzt hören Sie gut zu, Meister. Ich kann diesen Kahn nicht fahren. Die Chance, dass wir ins Wasser fallen, ist groß. Wenn Sie mir keine Antworten geben, wird sie riesengroß. Dann kippe ich diese Schaluppe nämlich eigenhändig um.«

»Sie kommen nicht vom Master?«

»Ich komme von Professor Bietigheim. Und der steht über allen. Zumindest, wenn man ihn fragt.«

Pit stakte weiter, bis sie in der Mitte des Granta waren. Zwar war der Fluss nicht tief, aber das wusste sein Passagier ja nicht.

Kokushi lehnte sich zurück. »Gut, fragen Sie. Ich antworte. Dann wird niemand nass.«

»Was ist die sechste Schale?«

»Ich bin erstaunt. Mit dieser Frage hatte ich nicht gerechnet.«

»Beantwortet wird sie trotzdem.« Das Staksen fühlte sich ein wenig an wie Gondoliere zu sein. Pit fühlte den Drang zu singen. »Alles klar auf der Andrea Doria« von Udo Lindenberg kam ihm in den Sinn. Oder sollte er lieber den Titelsong von »Titanic« schmettern? Den fand er zwar unter aller Sau, aber er würde seinem Fahrgast damit sicher ein wenig Angst einjagen. »Also, was ist?«

»Der Ausdruck ›die sechste Schale‹ bezieht sich auf das ›Gedicht der sieben Schalen Tee‹ vom chinesischen Dichter Lu T'ung aus der Tang-Dynastie.« Kokushi befeuchtete seine Lippen, bevor er mit der Rezitation begann. »Die erste Schale netzt mir Lippen und Kehle. Die zweite verscheucht meine Einsamkeit, die dritte durchdringt mein unfruchtbares Inneres, um darin nichts weiter als einige fünftausend Ideogramme zu finden. Die vierte Schale erregt einen leichten Schweiß – alles Schlechte des Lebens schwindet durch meine Poren dahin. Bei der fünften Schale bin ich geläutert, und die sechste ruft mich ins Reich des Unvergänglichen. Die siebte Schale – ah, aber ich kann nicht weitertrinken. Ich fühle nur den kalten Windhauch, der sich in meinen Ärmeln fängt. Der Hōrai-San, wo liegt er? Lasst mich mit diesem lieblichen Windhauch segeln und dorthin schweben.«

Pit ging alles noch mal im Kopf durch und versuchte,

dabei nicht vom Boot zu fallen, obwohl der glatte Holzboden, auf dem er stand, durch die von der Stange spritzenden Wassertropfen immer glitschiger wurde. »Die sechste Schale ruft mich ins Reich des Unvergänglichen? Des Ewigen also. Was ist damit gemeint? Der Tod? Nur der währt schließlich ewig. Und Magenschmerzen nach einem Besuch bei Mannis Bulettenschmiede.«

Kokushi ließ eine Hand ins Wasser gleiten, sodass sich die kleinen Wellen daran brachen. »Das Nichts ist unvergänglich. Und unvorstellbar. Schauen Sie sich diesen Fluss an. Undenkbar, dass er einmal nicht mehr da sein wird. Doch irgendwann wird das geschehen, nur die Zeit fließt immer weiter. Nicht das Wasser.«

Ein leichter Wind kam auf und ließ den Stechkahn noch mehr schwanken. Pit hatte keine Lust auf esoterisches Gebrabbel. »Alles schön und gut, aber was kann die Schale mit dem Mord an den Professoren zu tun haben?«

Kokushi zuckte mit den Schultern und zeigte auf einen Vogel am Himmel. Als würde das irgendetwas erklären. Das machte Pit richtig sauer. »Finden Sie nicht, dass es ein wahnsinniger Zufall ist, dass Sie ausgerechnet jetzt hier auftauchen?«

»Jonathan Cleesewood hat mich kurz vor seinem Tod informiert, dass er ein wichtiges Forschungsprojekt abgeschlossen hat, welches die Welt der teuren Tees auf den Kopf stellen würde. Damit kann eigentlich nur Matcha-Tee gemeint sein oder alter Pu-Erh. Er wollte mir seine Ergebnisse als Erstem zeigen und meinte, durch sie würde ein Skandal aufgedeckt werden. Jonathan nannte das Projekt ›Die sechste Schale‹.«

»Verarschen Sie mich nicht. Warum sind Sie gerade *jetzt* hier? Sie hätten ja auch früher kommen können. Immerhin ist er schon eine ganze Weile unter der Erde.«

Kokushi zog die Hand aus dem Wasser und trocknete sie sorgfältig an einem Taschentuch. »Meine Zeit ließ es vorher nicht zu. Erst jetzt kam ich dazu, beim Master des St John's College vorzusprechen und um Einsicht in die Forschungsergebnisse zu bitten. Was er leider verweigert hat. Ein dummer, eingebildeter Mann. Keine ungewöhnliche Kombination. Zudem ein Mann, der Angst vor der Wahrheit hat und damit die Lüge heranzüchtet.«

Pit stakte weiter, allmählich bekam er Gefallen daran. Auch wenn ihm ein Lenkrad und Ledersitze lieber gewesen wären.

»Wie könnte Cleesewoods Projekt ausgesehen haben? Da haben Sie doch sicher eine Vorstellung.«

»Ich weiß nur von einem anderen Forschungsprojekt. Vielleicht standen sie in Beziehung zueinander. Jonathan hat mit einigen deutschen Wissenschaftlern zum Thema Alzheimer-Demenz gearbeitet – gegen die es bislang keine wirksame Therapie gibt. Mit einem Bestandteil des grünen Tees, einem Polyphenol namens Epigallocatechingallat, in Kombination mit Laserlicht im nahen Infrarotbereich kann der Abbau sogenannter Beta-Amyloid-Plaques in Nervenzellen bewerkstelligt werden. Diese Verklumpungen spielen bei der Entstehung der Erkrankung und der Schädigung der Nervenzellen eine wichtige Rolle.«

»Aber warum sollte dafür jemand morden? Vor allem, wenn deutsche Forscher daran beteiligt sind? Die müssten dann ja auch aus dem Weg geräumt werden, wenn man die Ergebnisse für sich haben will.« Ihm kam ein Gedanke. »Es sei denn, die Deutschen wollten jemanden loswerden, mit dem sie den Erfolg teilen müssten …«

Kokushi zog sich Jacke, Hemd und T-Shirt aus, danach Hose und Shorts, bis er nackt im Stechkahn saß. Währenddessen erzählte er seelenruhig weiter. »Dazu kann ich nichts sagen. Ich sehe auch nicht den Zusammenhang mit der sechsten Schale. Unvergänglichkeit und Vergessen sind zweierlei.« Er sprang ins kühle Wasser des Cam und schwamm kraftvoll um den Kahn.

»Sie haben doch gesagt, dass Sie nicht schwimmen können!«

»Ich bevorzuge es, von anderen unterschätzt zu werden.« Kokushi begann mit Rückenkraulen – ein Anblick, auf den Pit wegen dessen Nackheit gerne verzichtet hätte –, rieb sich nach kurzer Zeit allerdings über den Bauch. »Schwimmen macht hungrig. Sie sehen aus wie ein Mann, der weiß, wo man in dieser Stadt ein gutes, blutiges Steak essen kann. Ich bin es so leid, ständig Reis vorgesetzt zu bekommen.«

Mit einem Mal war dieser kleine Asiate Pit enorm sympathisch. Und wenn ein Mann ein gutes, blutiges Steak wollte, dann sollte er eines bekommen.

Ein leises Klopfen ertönte von der Tür zu Bietigheims Büro. Der Professor blickte kurz auf, setzte die Lesebrille ab, justierte den Sitz seiner Fliege nach und rief: »Herein!«

Jancis Robinsons Kopf schob sich zögerlich in die Türöffnung. »Darf ich stören?«

»Das tun Sie bereits, und Sie dürfen damit fortfahren, falls es nicht zu lange dauert.« Er nickte ihr aufmunternd zu, während sie ins Zimmer trat.

»Es geht um den Auftrag, den Sie der Port Wine Society erteilt haben. Aber erst wollte ich Sie etwas fragen.«

»Sie möchten wissen, ob ich Michael gefunden habe.«

Jancis nickte – und ihre Wangen erröteten leicht.

»Weil Sie sich um Ihren Stellvertretenden Vorsitzenden sorgen. Sie alle, meine ich, die ganze Society.«

»So ist es«, sagte Jancis erleichtert.

»Er ist bei mir, und es geht ihm gut. Ich werde ihm sagen, dass Sie sich nach seinem Befinden erkundigt haben. Das wird ihn sicherlich sehr freuen …«

Jancis lächelte und setzte sich. »Aber eigentlich bin ich wegen Dame Wenbosca und ihrem Mann hier.«

»Ich bin ganz Ohr.«

»Joel, der den Mann von Dame Wenbosca, Godehard, durchleuchten sollte, hat erfahren, dass die beiden eine Teepräsentation im Londoner The Dorchester geben wollten. Also sind wir hin. Die Gäste waren extrem hochrangig und die Wenboscas unglaublich souverän.« Jancis legte ihm die offizielle Einladung auf den Schreibtisch.

»So weit, so erwartbar.«

»Ja, aber danach passierte etwas Unerwartetes. Bei der Veranstaltung waren sie ein Herz und eine Seele, scherzten miteinander, warfen sich Blicke zu – aber danach trennten sich ihre Wege sofort. Und zwar ohne eine Umarmung oder einen Kuss zum Abschied. Godehard klapperte anschließend die besten Teehändler Londons ab auf der Suche nach seltenen Pu-Erhs. Dame Julia dagegen fuhr nach ... Cambridge.«

»Oha.«

»Vorher hat sie noch Blumen gekauft, einen großen Strauß langstieliger roter Rosen. Doch wir haben sie an der Stadtgrenze verloren.«

»Vielleicht wollte sie zu Verwandten oder Freunden? Jemanden im Krankenhaus besuchen?«

Jancis schüttelte entschieden den Kopf. »Mit roten Rosen? Das glaube ich kaum, außerdem habe ich sie schon eine Dreiviertelstunde später wieder aus Cambridge hinausfahren sehen. Der Strauß war zu diesem Zeitpunkt nicht mehr in ihrem Wagen. Wenn man jemanden besucht, bleibt man doch wohl länger.«

»Erst recht, wenn man zu jemandem geht, für den man rote Rosen kauft.«

»Darauf habe ich leider auch keine Antwort.«

»Trotzdem danke. Wir werden sehen, wann es Zeit ist, Dame Wenboscas Geheimnis zu lüften. Ich behalte es im Hinterkopf.« Aber zurzeit, dachte Bietigheim, gab es Wichtigeres als rote Rosen.

»Die anderen aus unserer Society haben noch nichts

Neues herausgefunden. Von unserem Vorsitzenden Robert Parker soll ich Ihnen ausrichten, dass wir dranbleiben und für Sie da sind.« Sie stand auf und ging zur Tür. Bevor sie das Büro verließ, drehte sie sich ein letztes Mal um. »Sagen Sie Michael, er soll sich bei mir melden. Wir müssen miteinander reden. Das hätten wir schon längst tun sollen.«

»Das«, sagte Bietigheim, »hätten Sie tatsächlich. Doch es ist nie zu spät für richtige Entscheidungen.«

Es gibt Tage, an deren Beginn der wache Geist bereits ahnt, dass Unheil droht. Andere Tage verstellen sich und tun so, als wäre alles wie immer. Die Welt dreht sich stetig weiter, scheinen sie zu sagen, egal was passiert. Und wenn man nur genug Distanz gewinnt, wird sowieso alles klein und unwichtig.

Der Dienstag, der nun in Cambridge anbrach, war ein solcher Lügner. So schnell, als wollte er sein Pensum fix hinter sich bringen, prasselte der Regen auf das erwachende Cambridge, auf die Dächer, unter denen schon der Morgentee geschlürft und die Zeitung des Tages studiert wurde.

Auch Adalbert Bietigheim gab sich diesen Tätigkeiten hin, während der Regen unentwegt gegen die Fensterscheibe klopfte. Dazu aß der Professor heißen Porridge mit Zucker und Erdbeermarmelade. Eine Schüssel davon, und er brauchte den ganzen Tag nichts anderes mehr zu essen. Für Pit, der so herausragende Arbeit beim Teemeister geleistet hatte, gab es Baked Beans, Würstchen und Bacon. Kokushi würde sicher dasselbe nehmen. Letzterer hatte sich einquartiert, nachdem er erfuhr, dass hier die Unterlagen von Bietigheims Vorgänger zu finden waren, und hatte diese dann bis spät in die Nacht durchsucht. Bewacht von Benno.

Der letzte Übernachtungsgast, Michael Broadbent, würde Toast mit Fruchtmarmelade erhalten. Diesen Wunsch hatte er gestern Abend geäußert, bevor er in seine Studentenbude gegangen war, um schnell das Wichtigste für die Nacht zu holen. Er wollte ein wenig Abstand von dort haben. Bietigheim hatte keine Ahnung, wann er zurückgekehrt war. Platz war im Haus auf jeden Fall genug, und auf diese Weise hatte Bietigheim es nicht weit zu seinen Verdächtigen.

Allerdings kam er nicht dazu, mit ihnen zu frühstücken, denn das Telefon klingelte. Es war schrecklich in diesem Haus! Die ganze Welt schien seine Nummer zu haben. Und er verfügte über keinen Butler, der die Gespräche annehmen konnte. Dabei hätte er so gut ins Haus gepasst.

Bietigheim setzte die Tasse ab, kaute in aller Ruhe fertig und ging dann langsamen Schrittes zum Lärmverursacher und hob ab. Der Anruf war nicht für ihn, sondern für Pit, und zwar von Auntie's Tea House. Er solle ganz schnell kommen, der Laden sei brechend voll, denn bei Great St Mary's sei gerade eine Leiche gefunden worden.

Wenige Sekunden später saß Bietigheim auf seinem Fahrrad – er hatte sich nicht einmal die Zeit genommen, die Hosenklammern anzulegen – und trat mit einer Kraft in die Pedalen, als ginge es den Mont Ventoux empor. Er brauchte nicht lang bis zur Kirche, stellte sein Fahrrad ab, ohne es abzuschließen, und verschaffte sich mit einem vorgetäuschten asthmatischen Anfall einen Weg durch die Menschenmasse. So brachte er es bis zur polizeilichen Absperrung.

Auf den ersten Blick hätte man denken können, ein Penner liege auf dem Rasen von Great St Mary's und mache ein Nickerchen. Doch es war nur eine Frage der Perspektive, dann sah es völlig anders aus. Arme und Beine standen grotesk ab. Das Gesicht hatte den Aufprall etwas abgefangen, doch es war noch genug zu erkennen, dass man für die Identifizierung keine Röntgenaufnahmen des Zahnarztes würde konsultieren müssen.

Es war Michael Broadbent. Er war vom Glockenturm der Kirche Great St Mary's gefallen.

Oder gesprungen.

Oder gesprungen worden.

Bietigheim wurde schummrig. Hätte er Michael besser in Kew Gardens lassen sollen? Doch der junge Student hatte auf der gemeinsamen Rückfahrt keinerlei Selbstmordgedanken geäußert, ja, er war sogar guter Laune gewesen, erleichtert, dass die Wahrheit endlich raus war und Bietigheim an seiner Seite stand. War das alles etwa nur Schauspiel gewesen? Oder hatte jemand in Cambridge auf Michael gewartet? Und hatte er, Adalbert Bietigheim, ihn auf die Schlachtbank geführt, indem er ihn zurück in die Stadt brachte?

Plötzlich hörte er, wie durch die Menge ein Wispern ging. Es dauerte eine Weile, bis sich die Worte verdichteten und bei ihm die Botschaft ankam: Man hatte einen Abschiedsbrief gefunden.

Der alles erklärte.

KAPITEL 6

Die sechste Schale

»Lassen Sie mich durch, ich bin Professor!«, rief Bietigheim einem nahe stehenden Polizisten zu. Doch selbst in der Universitätsstadt Cambridge wirkte das nicht immer. Er konnte nur zusehen, wie Michaels Leiche in einen schwarzen Sack gesteckt und der Reißverschluss über seinem leblosen Körper zugezogen wurde.

Bietigheim blieb nichts anderes übrig, als wieder nach Hause zu radeln. Zuerst fluchend und schnell, doch mit der Zeit immer langsamer, denn es drängten sich ihm eine ganze Menge Fragen auf. Wie sollte er an den Abschiedsbrief von Michael kommen? Würde die Polizei ihn veröffentlichen? Warum hatte der Student eine so komplizierte Variante des Selbstmords gewählt? Warum sollte er von einem Gebäude springen, zu dem er keinen Schlüssel besaß und bei dem man für den Todessprung noch dazu über einen hohen Zaun klettern musste? Wäre Michael Glöckner gewesen, hätte Bietigheim die Wahl des Ortes ja verstanden, doch Michaels Leidenschaft galt Portwein, Käse, kriminalistischen Rätseln – und Jancis Robinson.

Als der Professor zu Hause eintraf, saßen Pit, Benno und Meister Kokushi immer noch beim Frühstück. Das Radio lief.

»Wir haben's schon gehört«, erklärte Pit mit vollem Mund. »So eine Scheiße. Er war echt ein netter Kerl. Völlig durchgeknallt, was er mit der Leiche angestellt hat. Aber nett war er trotzdem.«

»Man hat einen Abschiedsbrief gefunden«, berichtete Bietigheim.

»Jau, das haben sie eben auch schon im Radio gemeldet.« Pit schaufelte sich ein weiteres großes Stück Würstchen zwischen die Kiefer. »Der Bacon war übrigens angebrannt, als ich runterkam. Die Pfanne können Sie vergessen.«

Bietigheim schob Pits Teller zur Seite. »Was haben sie sonst noch im Radio gesagt? Und sitzen Sie nicht da wie ein Höhlenmensch über dem gegrillten Mammut.«

»Ist Schwein, Mammut war aus.« Er grinste breit. »Sonst wurde nix gemeldet. Also, außer dass es gleich eine Pressekonferenz in den Headquarters der Cambridgeshire Constabulary gibt. Sie können sich also in aller Ruhe hinsetzen und Ihr Frühstück zu Ende futtern. Wir werden alles früh genug erfahren, ist ja das absolute Topthema.« Er klopfte auf den Stuhl neben sich. »Setzen Sie sich doch, Professore.«

»Ich muss sofort hin. Fahren Sie mich.«

»Die werden Sie nicht reinlassen, und selbst wenn Sie irgendwie reinkommen, wird Ihnen keiner was sagen. Warten Sie einfach ab. Vielleicht befragen die Burschen Sie heute ja noch – falls Michael in seinem Abschiedsbrief geschrieben hat, dass Sie ihm auf die Schliche gekommen sind und in Kew Gardens einkassiert haben.«

Bietigheim schob nun auch Pits Kaffeetasse beiseite. »Ich habe nicht das geringste Interesse daran zu warten. Ich muss umgehend wissen, was in diesem Brief steht und wie der Stand der Ermittlungen ist.«

Pit sah zu ihm empor und zog dann Tasse sowie Teller wieder zu sich. »Gut, okay, dann schlage ich Ihnen einen Deal vor: Sie lassen mich zu Ende frühstücken, weil meine Laune sonst total im Keller ist. Und danach fahre *ich* zu der Pressekonferenz und krieg da alles raus. Ich bin nämlich kein Professor, sondern Taxifahrer. Und die kommen überall rein. Wenn sie gut sind. Sagen Sie jetzt nichts Falsches! Dahinten steht übrigens grüner Tee, den hat unser Kokushi gerade zubereitet. Ich hab das Zeug probiert und fand's nicht absolut abstoßend. Damit ist es der beste grüne Tee, den ich kenne.«

»Ich benötige eine Abschrift oder ein Foto des Briefs«, sagte Bietigheim, während er sich langsam setzte.

»Gibt's alles. Aber erst wird gefrühstückt.«

Eine halbe Stunde später, mit einem prall gefüllten Frühstücksbauch und entsprechend guter Laune, parkte Pit seinen Alfons vor dem Polizeigebäude. Dieses lag genau gegenüber von Parker's Piece – wo 1848 die Regeln des modernen Fußballs festgelegt worden waren. Es war nicht zu übersehen, wo die Pressekonferenz stattfinden würde. Die Londoner Medien mussten Scharen von Journalisten, Fotografen und Kameraleuten hingeschickt haben, schätzungsweise über achtzig Personen, die darauf warteten, dass die Tür endlich geöffnet wurde.

Pit stellte sich einfach dazu.

Gute zehn Minuten später wurde die Pforte aufgetan. Es dauerte, bis die ersten Multiplikatoren eingelassen wurden, denn alle mussten ihre Presseausweise zeigen. Schließlich kam Pit dran – nachdem er sich vorgedrängelt hatte.

»Deutsche Presse-Agentur, Büro London«, sagte er auf Deutsch und hielt seinen Taxifahrerausweis für den Bruchteil einer Sekunde in die Höhe. Hinter ihm drängten weitere Medienvertreter, der Polizist am Eingang winkte ihn durch.

Pit ergatterte den letzten freien Platz in der ersten Reihe – indem er einen Stuhl aus der vierten nach vorne stellte.

Als alle drin waren, wurden die Türen geschlossen, und ein schnauzbärtiger Uniformierter mit der Ausstrahlung einer Gießkanne trat ein, seine Dienstmütze stolz ans Herz gedrückt. Er stieg auf die kleine Bühne, setzte sich hinter den schmucklosen, weißen Tisch, auf dem etliche Mikrofone aufgebaut waren, und stellte sich als Chief Constable Perry Simon vor. Dann räusperte er sich lange – bevor er einen Hustenanfall bekam. Nach einem großen Schluck Wasser ging es ihm besser. Solch einer Pressemeute hatte er vermutlich noch nie gegenübergesessen.

»Ich darf Ihnen danken, dass Sie die Zeit gefunden haben, zu unserer kurzfristig angesetzten Pressekonferenz zu erscheinen. Die Ereignisse haben sich, wie Sie alle wissen, am frühen Morgen überschlagen. Der einundzwanzigjährige Steven Spurrier, auch bekannt unter seinem Künstlernamen Michael Broadbent, Student an der University of Cambridge, St John's College, hat sich in der vergangenen Nacht vom Glockenturm der Kirche Great St Mary's zu Tode gestürzt. Die vermutete Todeszeit liegt zwischen zwei und drei Uhr früh. Es liegen keine Vorstrafen vor, Spurrier galt als unbescholtener Bürger. Doch dann haben wir auf dem Glockenturm seinen Abschiedsbrief gefunden.« Perry Simon hielt eine verschweißte Klarsichthülle mit dem Schreiben hoch. »Sie werden sicher Verständnis haben, dass keine Fotos oder Videoaufnahmen davon gemacht werden dürfen, bevor die Spurensicherung ihre Arbeit beendet hat. Aus dem Brief geht hervor, dass Steven Spurrier die Morde an den beiden Professoren begangen und sich selbst das Leben genommen hat. An der Echtheit des Abschiedsbriefs besteht kein Zweifel. Es ist Spurriers Briefpapier, die Tinte stammt aus seinem Stift, und auch die Schrift ist eindeutig die seine. Die Mordserie an den Kulinaristikprofessoren darf hiermit als aufgeklärt bezeichnet werden.«

Chief Constable Perry Simon war merklich zufrieden, obwohl er nichts geleistet hatte. Er hatte nur Glück gehabt, dass ein Mann von einem Turm gesprungen war.

Sofort schossen die Hände in die Höhe. Und weil nicht gleich jemand drangenommen wurde, redete der Erste einfach los: »William Astor, Observer. Wie hat es Spurrier denn nachts auf den Glockenturm von Great St Mary's geschafft?«

»Das werden die Ermittlungen zeigen.«

»Paul Dacre, Daily Mail. Hatte er Alkohol im Blut?«

»Das wird die Obduktion ergeben.«

»Pit Kossitzke, Deutsche Dobermann Depesche. Ist er allein auf den Glockenturm gestiegen, oder hatte er Helfer bei seinem Selbstmord? Die Fallgitter auf der Turmspitze sind ja nicht leicht zu überwinden.«

»Auch diese Frage ist noch nicht geklärt. Ich danke Ihnen.«

Noch während der Chief Constable sich ein paar Schluck Wasser aus einem Glas genehmigte, stand Pit auf, griff sich den Brief und schoss mit seinem Handy ein Foto davon.

»Was tun Sie da? Das dürfen Sie nicht! Wer sind Sie?« Chief Constable Perry Simon war außer sich.

»Pit Kossitzke, Deutscher Brieftaubenzuchtverein.« Mit diesen Worten drehte er sich um und ging schnell zum Ausgang.

Es entstand ein Tumult.

Tumulte gehörten zu den Dingen, die Pit neben gebratenem Fleisch besonders liebte. Deshalb stellte er sich bei Spielen des FC St. Pauli immer in den Fanblock der Gastmannschaft und feierte frenetisch jedes Tor der Hamburger. Sein Körper war geradezu gebaut für Tumulte.

Dieser Tumult war vergleichsweise harmlos, denn eigentlich wollten ihn die Medienvertreter nicht aufhalten – sie wollten nur das Foto haben. Indem sie ihm Geld boten oder versuchten, das Handy zu ergattern, welches Pit in die Innentasche seiner Lederjacke gesteckt hatte.

Vor der Tür standen weitere Menschen, darunter Polizeikräfte. Doch Pit hatte bereits Fahrt aufgenommen. Und so brach er mit Schwung und Vergnügen durch die Massen, die gar nicht wussten, wer da aus dem Gebäude kam und ob sie ihn aufhalten sollten. Das war ihr Problem. Denn Pit wusste genau, was er wollte: raus.

»Für wen arbeiten Sie noch mal?«, kam die Frage aus der Menge.

»Deutsches Deppeninstitut.« Er stieg schnell in sein Taxi und ließ das Seitenfenster heruntergleiten. »Pit Kossitzke, Deutscher Überraschungseffektmeister!« Dann brauste er los und stellte laute Musik an: AC/DC, Dirty Deeds Done Dirt Cheap.

Pit hielt es für angebracht, mit quietschenden Bremsen vor dem Domizil des Professors zum Stehen zu kommen. Das machte er nur zu besonderen Gelegenheiten. Jetzt kehrte der siegreiche Ritter mit dem Kopf des Drachens zurück!

Schwungvoll öffnete er die Haustür.

»Tadaaa!«

Professor Bietigheim und Meister Kokushi sahen nur kurz auf, sie saßen im Wohnzimmer und waren in ein Gespräch vertieft. Allem Anschein nach ging es um den Tee, der vor ihnen stand.

Nur Benno begrüßte Pit freundlich, sprang sogar an ihm hoch – was allerdings auch an dem nur zur Hälfte gegessenen Thunfisch-Sandwich in seiner Jackentasche liegen konnte.

»Im Radio war von einem Tumult bei der Pressekonferenz die Rede«, bemerkte Bietigheim. »Sie sind also da gewesen.«

Pit hielt ihm wortlos das Display der Kamera entgegen, auf dem der Abschiedsbrief zu sehen war.

»Das ist ja viel zu mühsam, so etwas Kleines zu lesen«, beschwerte sich der Professor. »Geht das nicht auch größer? Muss man Ihnen denn alles sagen?«

Bietigheim, wie er leibte und lebte. Man musste ihn einfach … oder doch eher nicht. »Das ist das einzige Foto des Briefs auf der ganzen Welt, ich hab dafür wahrscheinlich eine Straftat begangen. Und wenn ich es verkaufe, erhalte ich ein kleines Vermögen.«

»Zu klein ist es trotzdem.«

Pit ging zum großen LCD-Fernseher und schloss sein

Handy an. Es dauerte nur wenige Sekunden, dann erschien der komplette Abschiedsbrief auf dem Bildschirm. Die Schrift war zittrig, Tränen hatten einige Buchstaben unkenntlich gemacht. Ohne ein Wort der Anerkennung las der Professor laut vor:

Ich schreibe diesen Brief, weil ich mich entschlossen habe, meinem Leben ein Ende zu setzen. Es tut mir leid für alle, denen ich durch diesen Schritt Schmerz verursache, meinen Eltern, meiner Familie, meinen Freunden und meinen Kommilitonen. Doch die Schuld lastet zu schwer auf mir. Ich habe zwei Menschen auf dem Gewissen und halte es nicht mehr aus mit mir selbst. Ich bin keine friedliche Insel mehr.

Und muss reinen Tisch machen.

Professor Shropsborough habe ich mit einem Schlag auf den Kopf getötet und ihn danach in ein Punting-Boot gelegt. Der Grund für meine Tat war ein Streit zwischen dem Professor und mir, bei dem ich zu diesem Zeitpunkt als studentische Hilfskraft arbeitete. Shropsborough hat mich beschuldigt, Geld aus der Institutskasse entwendet zu haben, was er melden wollte. Das hätte das Ende meines Studiums, ja, meines ganzen Lebensentwurfs bedeutet. Da habe ich ohne nachzudenken zugeschlagen. Er war sofort tot.

Professor Cleesewood hat mich bei der Tat gesehen und mich einige Wochen später damit erpresst. Ich habe ihn mit Tetrodotoxin vergiftet, dem Gift des Fugu-Fisches, welches ich aus der Sammlung des Instituts entwendet hatte. Danach habe ich mich seiner Leiche auf dieselbe Art entledigt wie der von Professor Shropsborough, damit es nach einem verrückten Serientäter aussehen würde. Ich habe alles genauso gemacht wie bei der ersten Leiche.

Professor Adalbert Bietigheim, seines Zeichens

Nachfolger der beiden Ermordeten, ist mir auf die Spur gekommen, und alles, was ich verdrängt hatte, kam plötzlich wieder hoch. Ich müsste nun auch ihn umbringen, doch ich kann keinen weiteren Menschen mehr ermorden. Ich muss der Sache ein Ende bereiten. Ich bin zu einem Monster geworden.

Es tut mir alles so schrecklich leid.

Michael Broadbent

Pit nickte anerkennend. »Selbst im Tod hat er sein Pseudonym durchgehalten. Respekt.«

Der Professor stellte sich vor den Bildschirm und deutete auf einen der Sätze: »Da! Sehen Sie es? ›Ich habe alles genauso gemacht wie bei der ersten Leiche.‹ Das ist eine Lüge. Der zweite Tee wurde mit anderem Wasser hergestellt und dilettantisch aufgebrüht. Michael wusste, dass wir und die ganze Port Wine Society davon Kenntnis haben. Warum lügt er über diesen eher zweitrangigen Punkt? Mit Leichtigkeit hätte er schreiben können, dass er bei der zweiten Leiche weniger Sorgfalt walten ließ.«

Pit ließ sich in den Ohrensessel fallen – aus dem er zuvor den schlafenden Benno emporgehoben hatte. »Vielleicht wollte er jemanden decken?«

»Mit solch einer fadenscheinigen Lüge? Bei der er weiß, dass wir sie sofort durchschauen? Und wen sollte er damit decken? Etwa Jancis? Nein, bei aller Liebe, das kann ich nicht glauben, weil es einfach keinen Sinn ergibt.«

»Vielleicht fand er es einfach zu kompliziert zu schreiben, dass er beim zweiten Mord anderes Wasser genommen hat.« Pit genoss, wie er langsam im Polster versank. »Ist ja auch nicht wirklich wichtig.«

»Tee ist niemals unwichtig«, meldete sich Kokushi zu Wort. »Und wenn ein Kulinaristikstudent ihn aufbrüht, dann denkt er sich etwas dabei. Es sind diese Details, die den Unterschied ausmachen.« Er zog etwas aus seiner

Jackentasche. »Sehen Sie sich zum Beispiel dieses Messer an. Es sieht völlig unspektakulär aus, doch dank einiger Details ist es so scharf, dass Sie damit eine Schneeflocke durchschneiden könnten. Doch das wissen nur echte Kenner.«

Bietigheim war froh, jemanden im Haus zu haben, dessen Hirn nicht von Fettadern marmoriert war. »Ganz genau!«, rief er nun aus. »Michael wollte uns damit sagen, dass mit diesem Bekennerschreiben etwas nicht stimmt, dass es eine Lüge ist. Vermutlich hat er es nicht freiwillig geschrieben und wollte uns ein Zeichen geben, das nur wir verstehen – nicht aber die Person, die Michael gezwungen hat, den Brief zu verfassen. Was wiederum bedeutet, dass er sich nicht selbst das Leben genommen hat, sondern umgebracht wurde, ja umgebracht werden musste – denn ansonsten hätte er das Schreiben ja problemlos widerrufen können. Die Frage ist nun: Wer hat ihn auf dem Gewissen? Glotzen Sie nicht wie ein toter Fisch, Pit. Mir ist klar, dass ich zu schnell für Sie bin, aber Sie könnten sich wenigstens bemühen mitzukommen, anstatt einfach abzuschalten.«

Pit blinzelte und richtete seine Augen auf den Professor. »So guck ich halt, wenn ich denke.«

»Hab ich noch nie gesehen. Na ja, kein Wunder.«

»Haben Sie denn schon mal gesehen, wie ich Ihnen die beidhändige Doppelbackpfeife verpasse? Oder den senkrechten Schlag mit der Faust auf den Kopf? Von Bud Spencer abgeschaut. Danach gucken *Sie* dann wie ein Fisch – aber wie ein verdammt platter. So, und jetzt sag ich Ihnen, worüber ich nachgedacht habe, Professore. Bin ja nicht nachtragend. Also: Michael wurde umgebracht, weil er etwas über den Täter wusste. Etwas, was er Ihnen nicht erzählt hat, vielleicht weil er Angst hatte, deshalb umgebracht zu werden. Nun ist er gestorben, obwohl er es Ihnen nicht erzählt hat – und ihm das vielleicht sogar hätte den Kopf retten können.«

Bietigheim zwang ein Lächeln hervor. »Das könnte tatsächlich der Grund gewesen sein. Weiterdenken! Und dabei nicht aufhören, Benno zu kraulen.« Er ging in die Küche und kam mit einem Teller voller Shortbread zurück, wovon er eines umgehend in seinen Mund beförderte. Nachdem er zu Ende gekaut und sich die Lippen mit seinem Seidentaschentuch abgetupft hatte, hob er den Finger demonstrativ in die Luft. »Eine andere Frage beschäftigt mich genauso intensiv: Wurde Cleesewood wirklich mit Tetrodotoxin getötet? Der Gerichtsmediziner hat das bisher nicht feststellen können. Wenn es stimmt, wissen wir, wer Michael Broadbents Mörder ist: der einzige Mann, der von dem Gift wissen kann, derjenige nämlich, der Professor Jonathan Cleesewood tatsächlich auf dem Gewissen hat.«

Die drei Bewohner des viktorianischen Reihenhauses hatten es noch nicht bemerkt, doch der Vorgarten hatte sich gefüllt. Nicht mit Regenpfützen, nicht mit Tauben, nicht mit Ratten, nein, mit Gefährlicherem: mit der Medienmeute. Sie musste von den Zeilen über Bietigheim in Michaels Abschiedsbrief erfahren haben. Schon wurden Kameraobjektive hektisch zwischen die Gitterstäbe der Fenster geschoben, es folgte ein Blitzlichtgewitter. Bietigheim und seine beiden Gäste wandten sich zur Hintertür. Doch es war bereits zu spät. Auch dort standen sie.

Das Haus in der Pretoria Road war umzingelt.

Pit zog in Windeseile alle Gardinen zu und ließ Rollläden runter, wo es welche gab. Dann stellte er die Türklingel ab und legte den Hörer neben das Telefon.

»So, jetzt haben wir erst mal unsere Ruhe.«

Das Klopfen begann. An der Haustür, an der Gartentür, an den Fenstern. Es klang, als würden Hagelkörner von der Größe indischer Elefanten gegen das Haus knallen.

Bietigheim und Meister Kokushi hielten sich die Ohren zu. »Wie bekommen wir die bloß weg?«, fragte der Professor. »Bei solch einem Lärm kann man ja keinen klaren Gedanken fassen!«

»Das ist ein Fall für Conspirator!«, sagte Pit und stampfte hoch in sein Zimmer.

»Wissen Sie, was er meint?«, fragte Bietigheim.

»Sagt mir nichts«, meinte Kokushi. »Vielleicht ist es eine Maschine, die es so nur in Großbritannien gibt?«

»Woher sollte Pit Kossitzke aus Hamburg die dann kennen?«

In diesem Moment kam Pit die Treppe herunter. In der Hand trug er einen Ghettoblaster.

»Ist das etwa ein Conspirator?«, wollte Kokushi wissen. »Das Gerät sieht zumindest ... gefährlich aus.«

Doch Conspirator war keineswegs der Name des Geräts, sondern der Band, deren Musik aus dem Ghettoblaster dröhnte, nachdem Pit ihn eingestöpselt und direkt hinter die Haustür gestellt hatte. Death Metal, eine extrem laute und extrem bösartige Spielart der Metalmusik, bei welcher der Gesang als Grunzbrüllen bekannt war. Die Hamburger Band schaffte es mit nur wenigen Takten, dass sich niemand mehr direkt an der Tür aufhielt. Auch das Klopfen hörte auf. Ob Conspirator allerdings besser war, darüber gingen die Meinungen im Haus auseinander. Sehr weit auseinander.

»Das ist keine Lösung!«, rief Bietigheim. »Dieser Krach könnte sogar zum Pflanzensterben im Vorgarten führen.«

»Quatsch, die Jungs können das. Vor allem der Sänger hat's drauf. Der ist echt ein Tier.«

Bietigheim griff zum Telefon. »Ihre Lösung ist immer Gewalt, selbst wenn es musikalische ist. Ihre Waffe ist die Keule, meine das Florett.« Er nahm das Telefon an der Schnur mit in die Küche und schloss die Tür hinter sich.

Fünf Minuten später kam er wieder heraus.

»Haben Sie die Polizei angerufen?«, fragte Pit.

»Ich bitte Sie! Wenn die Vertreter der Staatsmacht hier auftauchen, werden sie sofort erkennen, wer das unerlaubte Foto geschossen hat. Nämlich Sie! Deshalb habe ich mir diese Telefonkosten gespart. Mein Anruf galt einem einzelnen Herrn. Bis mein Plan in die Tat umgesetzt wird – was etwas dauern kann –, werden wir das tun, was jeder gute Brite im Moment größter Sorge und Not tut: eine Tasse Tee trinken. Wenn ich bitten darf, Meister. Lassen Sie uns Matcha-Tee trinken – bis zur sechsten Schale.«

»Aber vorher«, schlug Kokushi vor, »stecken wir uns irgendwas in die Ohren. Haben Sie vielleicht Teebeutel dafür?« Pit hatte sogar ein paar Sets Ohrstöpsel. Allerdings gebrauchte. Bietigheim kochte sie vorsorglich ab, bevor er sie sich in die Gehörgänge drückte.

Dann war der Matcha-Tee auch schon fertig.

Die erste Schale benetzte ihre Lippen und Kehlen, die zweite verscheuchte ihre Einsamkeit, die dritte durchdrang ihr unfruchtbares Inneres, die vierte Schale erregte einen leichten Schweißausbruch, bei der fünften Schale waren sie geläutert, die sechste rief sie ins Reich des...

Bietigheim stand auf. Warum hatte er nicht vorher daran gedacht! Die sechste Schale wurde doch im »Gedicht der sieben Schalen Tee« des chinesischen Dichters Lu T'ung erwähnt. Da Jonathan Cleesewood so ein Theater darum gemacht hatte, war das entsprechende Buch bestimmt in seinem Besitz gewesen. Vielleicht gab es darin ja Hinweise auf seine geheime Forschung. Randnotizen. Zeichnungen. Zahlen.

Bietigheim fing an zu suchen, und nachdem er den anderen beiden brüllend erklärt hatte, wonach er Ausschau hielt, gingen sie zu dritt jeden Band durch – im Erdgeschoss, in der ersten Etage und schließlich auch auf dem Speicher.

Der Geräuschpegel außerhalb des Hauses nahm peu à peu ab, doch die Gegenwart der kampierenden Meute war körperlich spürbar. Conspirator und Ohrstöpsel waren aber fürs Erste nicht mehr nötig.

Schließlich hatten sie alles durchsucht.

»Nicht da«, sagte Pit, als er das letzte Kochbuch zurück ins Küchenregal stellte.

»Auch ich habe es nicht gefunden«, kam es von Kokushi aus dem Schlafzimmer.

»Es muss aber hier sein«, beharrte der Professor. »Vielleicht ist es eine Originalausgabe. Pit, hatten Sie Bücher mit chinesischen Schriftzeichen?«

Pit antwortete nicht.

»Hatten Sie Bücher …«, begann Bietigheim, um sich dann selbst zu unterbrechen: »Sie hatten, nicht wahr? Und da Sie nicht wissen, wie die Zeichen für Lu T'ung aussehen, haben Sie die Bücher wieder zurückgestellt. *Nicht wahr*?«

»Ich glaube, wir müssen die Conspirator-CD noch mal anstellen, die fangen sonst wieder an zu klopfen.« Pit verschwand in Richtung Haustür. Doch die Death-Metal-Band erklang diesmal nur in Zimmerlautstärke. Pit quartierte sich mit der Zeitung auf dem Klo ein.

Der Professor und Kokushi gingen abermals alle Bücher durch. Plötzlich begann Bietigheim, eine Arie aus Mozarts »Hochzeit des Figaro« zu pfeifen. Benno kam und lief bellend um ihn herum.

»Ich ha-be es ge-fun-den!«

Bietigheim hatte erwartet, dass das Buch an einem unzugänglichen Platz versteckt wäre, doch es lag im Wohnzimmer, in einem Regal, das nur eine Armlänge vom Ohrensessel entfernt stand. Allzeit griffbereit.

Er schlug es auf.

Es enthielt keine Randbemerkungen, keine Zettel, keine Unterstreichungen.

Stattdessen: Nichts.

Im wahrsten Sinne des Wortes.

In der Mitte des Buches war ein großes, rechteckiges Nichts ausgeschnitten worden – das genau Platz für den darin liegenden USB-Stick bot. Dieser war wie folgt beschriftet: »Die sechste Schale«.

Stolz hielt Bietigheim den USB-Stick in die Höhe, als sei es der Weltmeisterpokal. »Wir sollten uns die Daten sofort anschauen! Pit, Sie wissen doch, wie man den Rechner hier im Arbeitszimmer anwirft.«

In der Tat wusste Pit das, und schnell war der Stick angeschlossen. Er versuchte den USB-Ordner zu öffnen. »Kacke, der ist passwortgeschützt.«

»Knacken Sie den Code«, forderte der Professor ihn auf.

»Ich bin Taxifahrer, kein Hacker.«

Bietigheim blickte ihn vorwurfsvoll an.

»Nein, wirklich nicht«, sagte Pit und hob die Hände abwehrend. »Ich bin gut bei Motoren, Fleisch grillen kann ich super, Rockabilly tanzen, und auch bei der Orchideenzucht kann ich Ihnen helfen. Aber hierbei nicht.«

»Wir brauchen Rena«, sagte Bietigheim. »Die kann so was. Also muss sie kommen. Bitte umgehend, Pit. Hatte ich Sie nicht längst darum gebeten, sie zu uns zu holen?«

»Ich bin Taxifahrer, keine Sekretärin.«

Plötzlich hörten sie ein Klingeln, nicht von der Haustür, sondern von einem Fahrrad. Die Pressemeute ließ auf der Stelle vom Haus ab.

»Was ist denn da los?«, fragte Pit. »Wer ist gerade vorbeigefahren? Die Königin von England? Lady Chatterley auf einem Fahrrad? E.T.?«

»Ich bin beeindruckt, dass Sie Lady Chatterley kennen.«

»Mag sein, dass ich mich nicht mit Codeknacken auskenne, mit nackigen Weibern aber schon. Jetzt sagen Sie schon! Was steckt hinter dem Radfahrer? Sie können's aber auch spannend machen.«

Bietigheim kostete den Augenblick des Triumphes und der Ruhe aus – nachdem er den Ghettoblaster ausgeschaltet hatte. Der Professor liebte es, wenn ein Plan funktionierte.

»Ich habe eben einen Mann angerufen, der momentan überhaupt keine Zeit hat – nämlich den örtlichen Rechtsmediziner. Der prüft gerade, ob tatsächlich das Gift des Fugu-Kugelfischs den Tod von Jonathan Cleesewood herbeigeführt hat. Sein Name: Dr. John H. Cumberland. Sein Hobby: Amateurtheater. Als ich ihm von unserer Notsituation berichtet und ihn gebeten habe, sich als meine Wenigkeit zu verkleiden und an meinem Haus vorbeizufahren, war er sofort Feuer und Flamme. Dabei spielt er sonst fast nur Geisteskranke.«

Pit hatte große Mühe, nicht gleich loszuprusten. Er trat sich vorsichtshalber auf den Fuß.

Wieder war das Klingeln zu hören, diesmal kam es aus Richtung des Gartens. Egal, welche Medienvertreter dort noch verharrt hatten, nun wurden sie vom Rattenfänger von Cambridge fortgelockt.

Diesmal rief er auch etwas: »Hambuuuuuuurg forever!«

Der Mann war gut. Richtig, richtig gut.

Umgehend ließ sich der Professor von Pit zum St John's College fahren. Master W. W. Stuart musste sofort eine Pressemitteilung herausgeben, um den Wahnsinn im Vorgarten für alle Zeit zu unterbinden. Bietigheim genoss es, dass während der Fahrt niemand an die Türen klopfte und keine dröhnende Musik lief. Nur das Flattern von Bennos Zunge, die dieser aus dem offenen Fenster hängen ließ, war zu hören. Himmlisch.

Pit ließ die beiden direkt vor der Pförtnerloge in der St John's Street aussteigen – wobei Benno offenbar lieber noch ein paar Runden gedreht hätte. Vielleicht flog ihm irgendwann ja doch ein gebratenes Hühnchen ins Maul? Man konnte nie wissen.

Am liebsten wäre Bietigheim direkt ins Büro des Masters gestürmt, doch die Höflichkeit gebot, sich von der Sekretärin anmelden zu lassen. Sie klopfte an, verschwand kurz im

Zimmer und teilte dem Professor dann mit, dass er eintreten dürfe.

Bietigheim reichte W. W. Stuart die Hand zum Gruße, die dieser mit weichem Handgriff schüttelte. Noch bevor der Master etwas sagen konnte, legte der Professor bereits los.

»Sie werden schon von den Geschehnissen um Steven Spurrier, alias Michael Broadbent, und von meiner Involvierung gehört haben. Ich habe eine Presseerklärung vorbereitet, die wir schnellstmöglich an die Medien weitergeben sollten. Ich darf sie Ihnen kurz vorlesen: *Herr Professor Bietigheim hat gestern spätabends zufällig einen Hinweis entdeckt, der Steven Spurrier mit den Morden in Zusammenhang bringt, und den Studenten darauf angesprochen. Der Hinweis sollte noch am Morgen der Polizei mitgeteilt werden, doch zu diesem Zeitpunkt hatte Spurrier seinem Leben bereits ein Ende gesetzt. Der Professor ist tief erschüttert und steht für Interviews nicht zur Verfügung, auch weil der Universitätsbetrieb aufrechterhalten werden muss.* Das sollte uns aus dem Kreuzfeuer nehmen.«

»Mhm …« Der Master wies auf den Stuhl vor seinem Schreibtisch und ließ sich selbst in den Chefsessel fallen. Sein Gesicht wirkte grauer als sonst, seine Züge steinern. »Sind Sie sich da wirklich sicher? Sie sind eben so rasch hereingestürmt, dass ich Ihnen nicht mitteilen konnte, dass ich heute bereits ein Gespräch in dieser Angelegenheit hatte. Sie kennen Professor Töler ja schon.« Er blickte in die Ecke hinter Bietigheim. Dort stand die fleischgewordene Unfähigkeit, der Mann mit Minzsoße statt Hirnmasse im Kopf. Und dieser wandte sich nun direkt an Stuart.

»Es verhält sich genau so, wie ich es Ihnen gesagt habe: Bietigheim ist nur auf seinen eigenen Kopf bedacht, der Ruf der Universität und der Ihres Colleges sind ihm völlig egal. Die Hamburger Kollegen waren froh, dass sie einen Mann, der mehr an Kriminalfällen als an der Wissenschaft interessiert ist, für einige Zeit hier abladen konnten.«

»Also, das ist ja eine bodenlose Frech…«

Töler fiel ihm ins Wort. »Es gibt Gerüchte, ich betone ausdrücklich: es sind Gerüchte, doch diese besagen, dass Bietigheims berühmte wissenschaftliche Arbeiten – darunter ›Über die Genese der Bratwurst‹, ›Die Verarbeitung von Schweinefüßen im interkulturellen Vergleich‹ und natürlich ›Pasta und Politik – Wie Hartweizengries das italienische Parlament veränderte‹ – gar nicht von ihm, sondern von seinen wissenschaftlichen Mitarbeitern geschrieben wurden. Kein Wunder, dass er gern Personal einstellt, was sich ja auch hier in Cambridge zeigt. Obwohl er erst wenige Tage im Amt ist, hat er bereits jemanden angeworben: Colin Inniskeen. Einen ehemaligen Kulinaristen, der nun, ich traue mich kaum, es auszusprechen, als Fahrradmechaniker arbeitet. Solch einen unqualifizierten Mann lässt er auf die Studenten der großartigsten Universität des Landes, wenn nicht der Welt, los!«

»Colin Inniskeen ist ein herausragen…« Doch wieder kam Bietigheim nicht zu Wort.

»Wenn man nur darauf bedacht ist, seine ehrenvolle Arbeit auf andere abzuschieben, passiert natürlich so etwas wie mit Michael Broadbent. Man stößt zwar auf den entscheidenden Hinweis, hat aber keinen persönlichen Zugang zu seinem Studenten etabliert, weshalb es einem auch nicht gelingt, ihn vom Selbstmord abzubringen. Dieser Tote, und ich denke, da sind wir uns alle einig, geht auch auf Bietigheims Konto. Hätte er seine Aufgabe ernst genommen, würde der junge Broadbent heute noch leben.«

»Sie Verleumder! Wie können Sie es wagen, so etwas…«

Diesmal war es der Master, der ihn unterbrach. »Professor Bietigheim, es ist stets wichtig, auch andere Sichtweisen zu hören. Nicht nur in der Wissenschaft. Und ich bin Herrn Professor Töler äußerst dankbar, dass er zu mir gekommen ist, um darzulegen, wie ein Großteil der Universität Ihre Rolle einschätzt. Ich muss Sie darüber informieren, dass ein Amtsenthebungsverfahren gegen Sie angestrengt wird. Wir, ich ganz besonders, hatten gehofft, dass endlich Gras über diese unheilvolle Mordserie wächst, doch Sie haben alles wieder aufgewühlt, was nun zu einem weiteren Toten geführt hat. Ich bin persönlich enttäuscht von Ihnen und möchte Sie bitten, umgehend mein Büro zu verlassen. Die von Ihnen verfasste Mitteilung an die Medien werde ich herausgeben, auch weil es im Interesse unseres Colleges ist. Das ist alles. Meine Herren.«

Und damit ging er zur Tür und öffnete diese weit.

Bietigheim beschloss wiederzukommen, wenn sich der erste Sturm gelegt hatte, und alles zu erklären. Stuart würde es verstehen, er war schließlich ein kluger und besonnener Mann, der sich nicht von haltlosen Vorwürfen eines Quartalsirren wie Töler beeindrucken ließ – noch dazu, wo dieser dem Trinity College angehörte. Diesem großmannssüchtigen Verein! Es hieß, Trinity sei so reich, dass man es von Cambridge bis Oxford schaffte, indem man ausschließlich über Trinity-Land lief.

Schnellen Schrittes hatte Bietigheim den Trakt mit den Universitätsbüros verlassen, als er plötzlich Tölers Stimme genau neben sich hörte.

»Sie werden sehen: Mehr wird nicht nötig sein, um den fabelhaften Professor Bietigheim zu stürzen. Ich musste nur den ersten Dominostein umwerfen, indem ich eine Idee in die Welt setzte. Die Idee, dass Sie Teilschuldiger eines Selbstmordes sind. Ideen sind schwer zu töten, gerade in Zeiten des Internets. Sie verbreiten sich und werden nie mehr vergessen. Sie können immerhin sagen, dass Sie dabei waren, als der erste Stein fiel, der dazu führte, dass Ihre Reputation zerstört wurde und Sie Ihre Anstellung in Cambridge schmachvoll verloren. Ich wünsche einen schönen Tag – viele werden Sie davon sicher nicht mehr haben – zumindest nicht in Cambridge.«

Töler rannte davon, wohl wissend, dass ihn ansonsten ein

Tritt in den Hintern erwartet hätte. Es wäre der erste Tritt in den Allerwertesten gewesen, den Bietigheim jemals ausgeteilt hatte.

»Nitrophenolthiophosphorsäureester«, sagte er zu Benno, besann sich dann aber auf das korrekte Kommando: »Fass!« Woraufhin dieser sich auf den Rücken warf und alle Viere von sich streckte.

Töler war nicht mehr zu sehen.

Pit hatte sich mittlerweile an seine Rolle als Assistent gewöhnt. Er war der Watson für die rudimentären Recherchen. Wenn es um Fleisch, Penner oder alte Männer ging, das hatte er bei den französischen Käsemorden gelernt, übergab der Professor nur allzu gern Aufgaben an ihn.

Doch das störte Pit überhaupt nicht.

Für ihn war das Ganze nichts anderes als ein Abenteuerurlaub. Selbst Bietigheims Launen gehörten zum All-inclusive-Paket. Wo sonst begegnete man einem solchen Exemplar in freier Wildbahn? Und so nah? Manche Menschen hielten Pit für einen Sonderling, einen Außenseiter – aber gegenüber Professor Dr. Dr. Adalbert Bietigheim kam er sich unglaublich normal vor. Das war zur Abwechslung sehr erholsam.

Nun also wieder ein Auftrag in Sachen Fleisch. Und zum ersten Mal ging es um Fleisch, das er noch nie gegessen hatte.

Pit hatte sich dafür ein Punting-Boot gemietet. Wie er schmunzelnd feststellte, konnten gegen Aufpreis auch die Schaluppen gemietet werden, in denen die Professoren gefunden worden waren. Humor englischer Provenienz. Schwärzer ging es nicht mehr.

Bei der Fahrt mit Kokushi hatte er gelernt, dass man auf dem hinteren, flachen Ende des Boots stand, doch Pit entschied, sich diesmal lieber hinzusetzen. Das machte das Abstoßen des Stocks am Flussgrund zwar viel anstrengender, aber man fiel nicht so leicht ins Wasser. Und cool sah es auch noch aus.

Nach kurzer Zeit näherte er sich der fraglichen Stelle. Der Professor hatte ihre Lage exakt beschrieben. Auf Wasserhöhe befand sich in der gemauerten Gebäuderückwand ein halbrundes Loch von etwa einem Meter Höhe.

Pit näherte sich mit dem Boot, holte die Taschenlampe aus seiner Jacke und leuchtete hinein. Es war alles genau so, wie der Professor es ihm erklärt hatte. Das würde ihn freuen. Dies war das Schwanenloch des St John's College. Und die alte Falle war voll einsatzbereit.

Er schoss ein paar Fotos mit seinem Handy und blickte dann auf die Uhr. Er musste sich beeilen, sonst würde im Auntie's zu viel Betrieb sein. Sein zweiter Auftrag lautete nämlich: das Vertrauen von Diana gewinnen. Dieses undankbaren Miststücks. Lieber wäre er noch länger auf dem Granta herumgestochert. Selbst wenn Piranhas im Wasser gelebt hätten. Und Krokodile. Sowie ein übel gelaunter Weißer Hai. Eine Viertelstunde später betrat er Auntie's Tea House. Es war nicht viel los, die wenigen Gäste saßen im Freien. Diana stand hinter der Kasse und rechnete gerade einen Tisch ab. Als er eintrat, blickte sie kurz auf. »Was willst du hier? Du hast doch gar keinen Dienst!«

Wie konnte eine Frau, die er so mochte, sich nur so abschätzig verhalten? »Quatschen.«

»Dafür hab ich keine Zeit, du siehst ja, was los ist.«

»So gut wie nix ist los. Deshalb quatschen wir zwei jetzt miteinander. Ich bin's nämlich leid.«

Sie kniff die Augen zusammen. »Du willst doch nicht etwa kündigen?«

Pit verschränkte die Arme vor seinem mächtigen Brustkorb – das half immer, wenn er Straßengangs beeindrucken wollte. »Können. Wir. Endlich. Quatschen?«

Diana schloss die Kasse ab. »Okay, komm mit. Linda, übernimm du bitte mal kurz für mich.« Sie ging in den hinteren, zurzeit völlig leeren Bereich des Tea House und setzte sich an einen Tisch, der von vorne nicht einsehbar war. »Ich hol uns was, du hast die Spezialität unseres Hauses ja noch gar nicht probiert.«

Sie verschwand kurz in der Küche und kam mit zwei kompletten Cream Teas zurück. »Zieh ich von deinem Lohn ab.« Sie lächelte.

Wahrscheinlich meinte sie es trotzdem ernst.

Pit schnaufte noch mal durch, goss sich den Tee ein, gab Zucker dazu und die feste Sahne.

»Bist du wahnsinnig?« Diana schlug die Hände zusammen. »Man haut doch nicht die Clotted Cream in den Tee! Dafür würde man dich an einem College aber ganz schön zur Sau machen.«

»Es heißt doch Cream Tea!«

»Ja, aber nicht deshalb. Man isst Scones mit Clotted Cream und Marmelade und trinkt dazu Tee. Hoffentlich hat das keiner gesehen, du machst Auntie's Tea House sonst zur Schande von ganz Cambridge.«

»Kannst du auch mal irgendwas Nettes zu mir sagen? Ich dachte immer, Briten seien höflich, aber du behandelst mich wie Scheiße.« Pit merkte gar nicht, wie laut er wurde. »Ich hab da echt keinen Bock mehr drauf. Entweder das ändert sich auf der Stelle, oder ich hau ab. Und du siehst mich nie wieder.«

Auch wenn der Professor dann verdammt sauer auf ihn wäre. Aber wenn das hier zur Quälerei wurde, war Schluss.

Zuerst sagte Diana nichts. Dann verzog sich ihr Gesicht. Weinte sie etwa? Nein, sie lachte. »Weißt du was? Ich glaub, ich mag dich. Sonst nehm ich Leute nie so hart ran.«

Pit konnte es nicht fassen. »Na, da bin ich ja unglaublich beruhigt.«

»Kannst du auch sein! Am Anfang hast du mir ein bisschen Angst gemacht. Ich mein, schau dich mal an! Du siehst aus wie ein Kühlschrank in Leder.« Sie nahm einen

Schluck Tee, damit Pit ihr breites Grinsen nicht sah. »Da war ich dann halt komisch drauf. Dazu kommt, dass die blöde Pia mich zurzeit total aufregt. Aber über die möchte ich gar nicht reden. Du warst irgendwie der Blitzableiter. Ich dachte, du könntest was aushalten. – Ja, genau, erst die Clotted Cream auf den Scone, dann einen Klecks Marmelade. Du schaffst das, ich glaub an dich!«

Sie lächelte wieder, doch mit einem Mal wurde sie ganz ernst und sah fast aus, als würde sie sich für dieses Lächeln schämen, als wäre es nicht angebracht.

Pit lehnte sich vor und senkte die Stimme. »Ich hab zwar keine große Ahnung von Psychologie oder so was, ich bin auch nicht der einfühlsame Typ, aber ich glaub, du hast Sorgen.«

»Na, wenn sogar du das erkennst, muss es schon auf meiner Stirn tätowiert sein.« Sie brach Ecken aus ihrem Scone und zerbröselte sie langsam. »Ja, es stimmt, du hast recht.« Sie blickte ihn lange an. »Komm mit, ich zeig's dir. Und weißt du, warum? Weil ich von deinem Auftritt bei der Polizei gehört habe. Das warst du doch, oder? Klar warst du das. Steckst mit diesem Professor unter einer Decke, der im Abschiedsbrief erwähnt wird. Also kennst du dich gut mit Verbrechen aus. Deswegen schaust du dir das jetzt mit mir an.«

»Wo geht's denn hin?«

»Wirst du schon sehen.«

»Sollen wir meinen Alfons nehmen?«

Diana blickte ihn verständnislos an.

»Mein Auto. Es heißt Alfons. Der Viertelvorzwölfte.«

Sie schüttelte den Kopf, griff sich ihre Jacke und trat schnell aus dem Laden, an Great St Mary's vorbei – um dann vor dem Teegeschäft ihres Vaters stehen zu bleiben.

Ihre Hände zitterten, als sie aufschloss. Sie ging in den Raum mit dem Tresor, Pit folgte ihr.

Der Tresor stand offen. Er war aufgebrochen, das Metall verzogen. Und innen: gähnende Leere.

»So hab ich ihn heute Morgen vorgefunden. Die Polizei war schon hier.« Diana holte einen kleinen durchsichtigen Plastikbeutel aus ihrer Jackentasche, in dem sich ein paar braune Krümel befanden. »Das hab ich vor dem Tresor gefunden. Riecht wie Tee, genauer kann ich es aber auch nicht sagen. Nimm sie ruhig mit zu deinem Professor. Vielleicht kann er was damit anfangen. Die Polizei hat sich nicht dafür interessiert. Sie meinten, es sei wenig überraschend, in einem Teeladen Tee auf dem Boden zu finden. Das ist aber kein normaler Tee.«

Erst jetzt kam Pit dazu, die Frage zu stellen, die ihm auf den Lippen brannte. »Wieso ist der Laden eigentlich nicht geöffnet?«

Diana zog einen Stuhl heran und setzte sich, stand dann wieder auf und holte Pit auch einen. Erst als beide saßen, antwortete sie, ihre Hände umklammerten dabei die Armlehnen, als bräuchte sie Halt.

»Mein Vater ist verschwunden. Ich könnte sagen, das ist nicht seine Art, aber es wär gelogen. Er verschwindet manchmal für einige Tage, vor zwei Jahren sogar für Wochen. Aber er sagt mir vorher immer Bescheid. Diesmal: nichts. Einfach weg. Keine Mitteilung, wann er wiederkommt, kein Hinweis auf wichtige Bestellungen oder eintreffende Lieferungen.«

»Klingt nach Flucht.«

»Aber warum? Vor wem? Es könnte auch Entführung sein. Doch wer sollte ihn entführen? Wenn man Geld erpressen will, ist er der Falsche. Wir sind zwar nicht arm, aber reich auch nicht. Außerdem hätte sich dann sicher längst jemand bei mir wegen des Lösegelds gemeldet.«

»Was meint deine Mutter dazu?«

»Sie lebt im Norden, die beiden sind schon seit sechzehn Jahren getrennt.«

»Hast du seine besten Freunde gefragt?«

»Die Freunde siehst du hier.« Diana zeigte auf sich. »Er

hat für den Tee und seine Kunden gelebt. Viele kamen aus London, und einige sogar vom Festland.« Sie atmete noch mal tief durch, ihre Stimme begann zu zittern. »Ich habe Angst, dass er ermordet wurde. Und dass der Anruf kommt, sie hätten ihn gefunden.«

Pit stand auf und nahm sie in den Arm. Ungelenk, vielleicht etwas zu brachial, aber besser konnte er es nicht. Er tätschelte ihren Kopf wie den eines braven Hundes, aber Diana schien es trotzdem gutzutun.

Auf einmal war zu hören, wie die Ladentür geöffnet wurde.

Wenig später traf Beatrice Pond ein.

Pit sah sie zuerst. »Wer? Wie? Beatrice Pond?«

»Sie ist unsere Putzfrau«, erklärte Diana. »Hatte ich das nicht gesagt? Du hattest doch nach ihr gefragt wegen des weißen Tees. Sie ist die gute Seele hier. Ich wüsste nicht, was ich ohne sie anfangen sollte.«

Beatrice Pond lächelte vergnügt.

Doch Pit war irritiert. Warum sagte Mrs Pond nichts dazu, dass kein Licht im Geschäft brannte? Und dass Diana verheulte Augen hatte?

KAPITEL 7

Masala Chai

Professor Bietigheim saß nach seiner Vorlesung im Büro im Institut für Kulinaristik und tat, als sei alles in Ordnung. Er stürzte sich in Routinearbeit, überarbeitete Handouts, sortierte die eingehende Korrespondenz und sah Aufsätze seiner Studenten durch. Aufgaben, die er wegen der Mordermittlungen vor sich hergeschoben hatte.

Vor ihm stand eine dampfende Tasse Masala Chai, die immer wieder aufgefüllt wurde. Seit Asha Ghalib wusste, dass er nie etwas Schlechtes über seine beiden Vorgänger gesagt hatte, behandelte sie ihn mit ausgesuchter Höflichkeit – und half sogar bei den Ermittlungen. Bietigheim hatte sie gefragt, ob der Earl, wie im Abschiedsbrief stand, Michael tatsächlich beschuldigt hatte, Geld aus der Institutskasse entwendet zu haben, und dies melden wollte. Woraufhin sie entschieden den Kopf geschüttelt und ihm versichert hatte, dass der Earl und Michael stets sehr gut miteinander ausgekommen waren – im Gegensatz zu Jonathan Cleesewood und Michael, deren Verhältnis stets distanziert gewesen sei.

Noch eine Lüge also, die Michael in seinen letzten Zeilen versteckt hatte.

Bietigheim senkte die Nase Richtung Chai, der verlockend duftete und Erinnerungen an das Weihnachtsfest aufkommen ließ, denn Aromen von Kardamom, Zimt und Nelken entströmten der Tasse, deren Inhalt so hellbraun und schlammig wie das Wasser des Ganges aussah. Bietigheim schätzte solch herrlich süßen Chai-Tee sehr. Erst am

Morgen hatte er den Studenten erklärt, dass »Chai« nichts anderes als Tee und »Masala« auf Deutsch Gewürze bedeutete – und davon gehörten viele in die heiße Flüssigkeit. Die Basis eines Chai Masala war Schwarztee, dazu kamen Zucker oder Honig, Milch und eben Gewürze – gern auch Ingwer, Pfeffer, Muskat oder Lorbeerblätter. Jede indische Familie hütete ihr eigenes Rezept. Meist wurden zuerst die Gewürze mit Wasser aufgekocht, um die Aromen zu lösen, bevor Tee und Milch dazukamen.

Gerade hatte Bietigheim die Tasse angesetzt und einen Schluck genossen, als das Telefon ihn aus seinen Träumen von Indien riss. Er setzte sie langsam ab und fuhr sich mit der Zungenspitze über die Lippen, bevor er das Gespräch annahm. Jemand hatte die direkte Durchwahlnummer genutzt.

»Institut für Kulinaristik der University of Cambridge, Professor Dr. Dr. Bietigheim am Apparat.«

»Hier ist Cumberland, die Obduktion ist durch. Kommen Sie zu mir, dann haben Sie das Ergebnis als Erster. Aber nehmen Sie den Hintereingang. Muss ja keiner wissen, dass Sie mich besuchen.«

»Bin bereits auf dem Weg!« Doch das stimmte nicht. Den Chai Masala genoss Bietigheim noch in aller Ruhe zu Ende – denn alles andere wäre ein Affront gegenüber Asha Ghalib gewesen. Und mit seiner Sekretärin sollte man sich niemals anlegen. Besonders nicht, wenn sie solch fabelhaften Tee zubereiten konnte.

Er hatte gerade seinen Mantel übergezogen und Benno mithilfe eines kurzen Pfeifkonzerts aus Bachs Wohltemperiertem Klavier geweckt, als es an der Tür klopfte.

»Herein!«

Mit leicht gesenktem Kopf trat Colin ein. »Herr Professor …«

»Leider mangelt es mir im Augenblick an Zeit. Könnten wir das Gespräch vielleicht verschieben?«

»Es wird nicht lang dauern. Und es ist wichtig.«

Bietigheim wies auf den Stuhl vor seinem Schreibtisch. »Setzen Sie sich bitte – aber machen Sie es sich nicht zu gemütlich.«

Colin nahm Platz. »Ich habe von den Vorwürfen Professor Tölers gehört. So etwas macht in Cambridge schnell die Runde. Und bevor ich wusste, wie mir geschah, stand der Master des St John's College bei mir im Laden und löcherte mich wegen meiner Qualifikation und woher wir zwei uns kennen. Dabei hat er als College-Master mit der Universität ja nur indirekt zu tun. Doch Stuart ist ein geübter Strippenzieher, der es hervorragend versteht, Unheil von seinem Haus abzuwenden.«

»Ich sehe an Ihrer Einberufung ins Institut nichts Verwerfliches.«

»Vielleicht wäre das in Hamburg so, aber in Cambridge steht das Personal unter besonderer, nein, extremer Beobachtung. Und ich bin nur ein altes, verbeultes Exemplar. Ich hatte damit gerechnet, dass Nachfragen kommen würden – aber nicht so ... unangenehm vorgetragene. Ich habe deshalb eine Vita erstellt, wie ich sie bei einer offiziellen Bewerbung hätte vorlegen müssen. Sie hat allerdings Löcher, tiefer als der Marianengraben.« Er legte sie auf den Tisch.

»Diese Krise stehen wir gemeinsam durch!« Bietigheim erhob sich wieder, denn die Leichenhalle wartete.

»Noch etwas«, sagte Colin. »Folgende Information könnte vielleicht gegen Sie verwendet werden, wobei ich nicht wüsste, wie. Ich habe Professor Shropsborough gekannt. Mehr sogar, wir waren Freunde, haben ein wissenschaftliches Team gebildet, gemeinsam Forschungsreisen unternommen – und sind im Streit auseinandergegangen. Er blieb hier, ich ging nach Adelaide in Südaustralien.«

»Das ist nicht ehrenrührig.«

»Wenn der Master Sie absägen will, wird er alles nutzen und hinter den Kulissen agieren, bloß keinen Skandal verursachen. Es wird still und heimlich geschehen und nach einer klugen Maßnahme statt einer übereilten Korrektur aussehen. Sie werden es erst merken, wenn es zu spät ist. Ich halte die Ohren offen, meine alten Verbindungen sind noch nicht vollends eingerostet. Aber wenn Stuart Sie wirklich loswerden will, gibt es kaum eine Möglichkeit, etwas dagegen zu unternehmen. Es tut mir sehr leid, dass Sie meinetwegen Probleme haben.«

Sorgen ließen sich zwar nicht wegradeln, trotzdem versuchte Bietigheim es. Außer Atem kommen, nur an das Treten und die sich drehenden Räder denken. Seine Mitschuld an Michaels Tod, die drohende Entmachtung und Tölers Triumph mussten aus dem Kopf. Er würde sich nicht kleinkriegen lassen!

Denn der Gesichtsverlust wäre nicht auf Cambridge beschränkt. Er würde auch nicht schnell vergessen werden. Elefanten mochten ein gutes Gedächtnis haben, doch es war ein Witz gegen das von Universitätsprofessoren.

Bietigheim trat schneller.

Vor dem Eingang des rechtsmedizinischen Instituts lungerten bereits einige Journalisten herum, unterhielten sich, rauchten oder machten ein Nickerchen. Der leichte Nieselregen war nicht mehr als eine freundliche Erinnerung, dass es in England jederzeit wie aus Kübeln gießen konnte. Die Schlafenden schien er jedenfalls nicht zu stören.

Damit ihn auch ja niemand erkannte, fuhr Bietigheim in gehörigem Abstand um das Gebäude herum und auf den Mitarbeiterparkplatz, dessen heruntergelassene Schranke für sein Gefährt kein Problem darstellte. Er kettete es an eine Laterne und schritt völlig unbehelligt durch den ungesicherten Hintereingang.

Der Weg zu Dr. Cumberland war hervorragend ausgeschildert. Ansonsten hätte ihn auch der singende Elvis Presley zu seinem Ziel geführt. Als Bietigheim eintrat, ließ

Dr. Cumberland – diesmal in einem roten Hawaiihemd mit großen Schwertfischen – gerade die Hüfte kreisen und streckte den rechten Zeigefinger in die Luft, als wäre der King of Rock 'n' Roll persönlich in ihn gefahren.

»So guter Laune, Herr Kollege?«, fragte der Professor.

»Aber immer, vor allem, wenn ein Job erledigt ist. Für das Ablenkungsmanöver vor Ihrem Haus habe ich übrigens noch was gut. Hab die ganze Zeit meinen Bauch einziehen müssen, damit ich Ihnen halbwegs ähnlich sehe. Jetzt muss ich ihn wieder in Form tanzen. Schön rund und beweglich.«

Bietigheim ging auf den Obduktionstisch in der Mitte des Raumes zu, auf dem Cleesewood lag, der am Morgen aus seinem Grab geholt worden war. »Er sieht schlecht aus.«

»Na ja, er ist tot. Und nicht erst seit heute. Das ist schlecht für den Teint. Frische Leichen sind deutlich attraktiver.«

»Sind nach solch einer Zeit denn überhaupt noch Rückstände von Giften im Körper zu finden?« Bietigheim nahm sich einen Holzspachtel und versuchte, den Mund der Leiche damit zu öffnen.

»Kommt ganz auf das Gift an. Einige zersetzen sich recht schnell. Bei anderen hat man Glück.«

Bietigheim kam beim Mund nicht weiter und beschloss deshalb, das Ohr genauer unter die Lupe zu nehmen. Er wusste zwar nicht, was er suchte, aber wann hatte man schon mal Gelegenheit, in einer Leiche herumzustochern?

»Was ist denn nun mit dem Fugu-Gift? Wurde er damit umgebracht oder nicht?«

»Lassen Sie mich für die Antwort ein bisschen ausholen, okay? Das Gift des Kugelfischs ist nichts, wonach man routinemäßig sucht. In meiner Laufbahn ist es mir noch nie begegnet, da muss man sich also erst reinlesen, Kollegen aus Japan kontaktieren. Alles gar nicht so einfach.« Er zwinkerte. »Aber macht irre Spaß.«

»Und?«

Cumberland stellte Elvis ein wenig leiser. »Tetrodotoxin ist ein marines Neurotoxin, ein Nervengift. Für einen erwachsenen Menschen genügen bei oraler Aufnahme schon ein halbes bis anderthalb Milligramm, um den Tod herbeizuführen. Der schnellste dokumentierte Todesfall durch Tetrodotoxin trat nach siebzehn Minuten ein. Es ist bis zu hundertmal tödlicher als das Gift der Schwarzen Witwe und sogar mehr als tausendmal tödlicher als Zyankali. Zudem ist es ein gut anwendbares Gift, denn Tetrodotoxin ist wasserlöslich und hitzestabil, geht also beim Kochen nicht kaputt.« In Cumberlands Augen lag ehrliche Anerkennung. »Witzigerweise ist der Kugelfisch geschmacklich nicht der Bringer, der Gaumenkitzel besteht aus einem leicht brennenden und prickelnden Gefühl im Mund und auf der Zunge, das schließlich in ein leichtes Taubheitsgefühl übergeht. Es ist ein Spiel mit dem Feuer, denn das sind bereits die ersten Anzeichen einer leichten Vergiftung.«

Bietigheim sah sich das Gesicht Cleesewoods an, dessen Augen geschlossen waren und dessen Wangen der Tod hatte einfallen lassen. »Ist es eine … unangenehme Todesart?«

Cumberland klopfte dem Professor auf den Rücken. »Davon können Sie ausgehen! Taubes Gefühl im Mund, Prickeln im Gesicht, Koordinationsstörungen, Muskelkrämpfe, Lähmungen der Skelettmuskulatur, Schwitzen, Erbrechen, Durchfall, Cyanose – der Kreislauf spielt verrückt, das Herz auch, und irgendwann wird die Atemmuskulatur gelähmt. Wodurch dann häufig der Tod eintritt. Dabei erlebt das Opfer seinen Tod zwar in paralysiertem Zustand, aber bei vollem Bewusstsein.«

Die Leiche war erstaunlich gut erhalten. Bietigheim konnte nicht anders, als dem Toten beruhigend über das Haar zu streichen. Auch wenn jedes Mitgefühl zu spät kam. Dann schaute er wieder zu Cumberland, der aussah, als wollte er weitere Details zum Thema Tetrodotoxin referieren. Und so gut Bietigheim dies auch verstehen konnte, es gab Wichtigeres.

»Sie machen es sehr spannend, dabei wissen Sie, dass mich eigentlich nur die Antwort auf eine einzige Frage interessiert: Ist Jonathan Cleesewood tatsächlich an Fugu-Gift gestorben? Denn dann war es der Mörder meiner Vorgänger, der auch Michael Broadbent auf dem Gewissen hat.«

Cumberland drehte sich tänzerisch um, ging hüftschwingend zu einem Glaskolben und präsentierte ihn Bietigheim. »Der Inhalt ist grün.«

»Und das bedeutet?«

»Dass der Test auf Tetrodotoxin eindeutig ausgefallen ist.«

»Eindeutig was?«

»Eindeutig positiv.«

Cambridge zog am radelnden Adalbert Bietigheim vorbei wie eine Kulisse. Im Geiste war der Professor ganz woanders. Eigentlich hielt er sich für einen guten Menschenkenner, doch immer wieder musste er feststellen, dass man einen Menschen nie völlig kannte, ja, nicht einmal sich selbst. In seinem Kopf hatte zu Beginn der Ermittlungen ein Bild des Mörders existiert, eines Mannes mit Stil, der seine Opfer in Tee bestattete – wenn auch nicht immer perfekt zubereitet. Doch je mehr er über die Todesfälle herausfand, desto fremder und unheimlicher wurde ihm der Täter, desto mehr bekam er Angst vor diesem Wesen, das sich so weit verabschiedet hatte vom Menschsein.

Die Sorge, selbst zum Mordopfer zu werden, hatte Bietigheim bisher erfolgreich verdrängt, doch Michael Broadbents erzwungener Abschiedsbrief brachte ihn mehr als jemals zuvor in den Fokus des Täters. Dieser würde sich fragen, wie viel Bietigheim wirklich wusste. Und ob es Spuren gab, die ihn zum wahren Täter führen würden.

Als der Professor am Institut für Kulinaristik ankam, schloss er sein Fahrrad an einer Mülltonne fest und kontrollierte das Schloss dreimal.

Dann nahm er so schnell die Treppenstufen in den ersten Stock, als wäre jemand hinter ihm her. Bevor er seinen Mantel ordentlich aufhängen konnte, kam Asha Ghalib auf ihn zu, ihr Gesicht vor Zorn so rot wie ihr Sari. Sie übergab ihm eine Telefonnotiz. Als er den Namen der Anruferin las, wusste Bietigheim, warum die Laune der Sekretärin unterhalb der Rasenkante angekommen war. Hildegard zu Trömmsen konnte zu anderen Frauen sehr herablassend sein. Ungefähr so wie eine Kaiserin zu einer Küchenschabe.

Die Telefonnotiz lautete: »Frau zu Trömmsen hat einen Saunatermin für Sie im Finnland Club ausgemacht. Er passt genau vor Ihre heutigen Seminare. Sie werden erwartet. Keine Widerrede. Sie sagt, Sie müssen zur Erholung dorthin. Beim Saunieren ist zudem über das Festmahl nachzudenken.«

In jedem Buchstaben, den Asha geschrieben hatte, war die Abscheu erkennbar, ihn zu Papier bringen zu müssen.

»Sie ist eigentlich eine sehr höfliche Dame«, versuchte Bietigheim die Wogen zu glätten.

Ashas Blick änderte sich kein bißchen, nur ihre Mundwinkel zuckten.

»Sie nennt einen wunderbaren Witz ihr Eigen, und die Teestunden bei ihr sind ein Erlebnis.«

Ashas Mundwinkel zuckten immer mehr. Es sah aus, als würde sie gleich bellen. Oder zubeißen.

»Allerdings kein Vergleich zu Ihrem wunderbaren Masala Chai!«

Das Zucken wurde weniger.

»Ich gehe dann mal saunieren. Falls Frau zu Trömmsen künftig anrufen sollte, wenn ich nicht da bin, dann tun Sie einfach so, als hätte sie sich verwählt.«

Dafür bekam er einen Schmatzer auf die Wange – ihre Haare dufteten köstlich nach Zimt.

Warum konnte Dankbarkeit nicht immer so herrlich nach Zimt riechen?

Natürlich hatte er keine Zeit für die Sauna. Und noch weniger Lust. Aber man tat, was Hildegard zu Trömmsen von einem erwartete. Man verspielte es sich nur einmal mit ihr, eine zweite Gelegenheit erhielt man nämlich nicht mehr.

Der Finnland Club war in der obersten Etage des neumodischen Cripps Building untergebracht, der architektonischen Erbsünde des St John's College. Es wunderte Bietigheim überhaupt nicht, dass der Saunawärter ihn mit Namen ansprach, ihm Bademantel sowie Handtuch reichte und keinerlei Bezahlung notwendig war. Hildegard zu Trömmsen überließ nichts dem Zufall.

Bietigheim wusste nicht viel über Saunen – das galt es selbstverständlich zu kaschieren. Als Universitätsprofessor musste man stets den Eindruck erwecken, alles zu wissen.

»Welche Aufgüsse bieten Sie heute an?«

Der Saunawärter antwortete mit einer weichen, warmen Stimme. »Auf besonderen Wunsch der Collegeleitung gibt es in allen unseren Saunen nur noch Aufgüsse mit grünem Tee. Der wichtigste Inhaltsstoff ist das anregende Koffein. Weiterer Bestandteil der Teeblätter ist Catechin, dem die meisten gesundheitsfördernden Wirkungen zugeschrieben werden. Der Duft wirkt stabilisierend sowie entspannend und riecht angenehm mild duftend. Im Sommer reichen wir erfrischenden kühlen Grüntee dazu.«

»Haben Sie mich jetzt genug belehrt?«

»Selbstverständlich wissen Sie als Professor für Kulinaristik und ausgewiesener Teeexperte dies alles. Aber ich bin froh um jede Gelegenheit, es erklären zu dürfen. Ansonsten besteht meine Hauptaufgabe darin, die Saunen sauber zu halten und Bademäntel über den Tresen zu reichen. Das füllt einen Menschen nicht aus.«

»Dafür sieht Ihre Haut aber sehr gut aus.«

»Danke, wie freundlich, dass Sie das sagen. Darf ich Ihnen unsere Lichtsauna empfehlen? Dort wären Sie nicht allein.«

»Und wenn ich allein sein will?«

»Ich glaube nicht, dass Sie das vorziehen würden. Vertrauen Sie mir.« Er zwinkerte.

Was war das hier? Ein College-Erotik-Club? Bietigheim wollte schon gehen, als der Saunawärter sich nochmals an ihn wandte. »Nirgendwo lässt sich besser reden als in der Sauna. Und wie man hört, haben Sie Nachholbedarf, was Master Stuart angeht…«

»Wie bitte?«

»Folgen Sie mir einfach zur Umkleide und danach in unsere Lichtsauna.«

Ob Hildegard zu Trömmsen auch bei der Auswahl der ominösen Lichtsauna ihre Finger im Spiel hatte? Dieses Weib zog so viele Strippen, so gekonnt und kräftig, dass sie den Kanal mühelos überwinden konnte.

Nachdem Bietigheim sich der Kleidung entledigt, sie ordentlich zusammengelegt und fachgerecht verstaut hatte, streifte er den Bademantel über und folgte dem porentief reinen Wärter, der die Lichtsauna als Erster betrat und für neue Feuchtigkeit im Raum sorgte. Bietigheim holte noch einmal tief Luft, dann hörte er von innen eine Stimme. Sie gehörte W. W. Stuart.

»Das ist doch jetzt schon der sechste Aufguss! Ich hoffe, es ist der letzte. Wie soll man sich denn da entspannen?«

»Ich genieße es immer, wenn es einen neuen Aufguss gibt.«

Die zweite Stimme kannte er auch. Sie gehörte einer Frau. Feinstes Oxford-Englisch mit einer ordentlichen Portion Arroganz. Landadel. Uralter. Nur Jahrhunderte der Inzucht konnten solch eine Stimme hervorbringen. Es war die Countess von Shropsborough.

Jetzt wurde es wirklich interessant.

Bietigheim betrat die Kabine, mit dem Hinterteil voran. Das Handtuch war sicher nicht dazu da, es sich vor Mund und Nase zu halten, doch er zweckentfremdete es einfach, dabei war das Atmen auch ohne Stoff vor dem Gesicht schon schwer genug. Er wollte inkognito saunen, nur ein stilles Mäuschen in der Ecke – das seine Ohren aufsperrte.

»Lass uns die Sache ein andermal weiter besprechen, wir sind nicht allein …« Stuart hatte die Stimme gesenkt.

Auch die Countess sprach nun leiser. »Du weißt, dass da mehr dahintersteckt und es sicher um viel Geld geht.«

»Ich bin kein dummer Junge.«

»Dann benimm dich auch nicht wie einer! Glaubst du ernsthaft, Kokushi würde sonst derart drängen? Ich fasse es nicht!«

Bietigheim hatte nicht gemerkt, wie er näher gerückt war. Die Countess schon.

»Geht Sie das irgendetwas an?«, fragte sie entrüstet.

»Nein.« Bietigheim ließ seine Stimme erkältet klingen, damit er nicht erkannt wurde. »Ich weiß nicht, wovon Sie reden. Es interessiert mich auch nicht. Bin nur hier zum Saunen. Höre auch sehr schlecht.« Die ersten Schweißtropfen rannen ihm über die Stirn, umschifften seine Brauen und liefen in die Augen, wo sie brannten. Wirklich erholsam …

W. W. Stuart stand auf. »Wer sind Sie überhaupt? Diese Sauna ist nur für Mitglieder des St John's College. Sie kommen mir irgendwie bekannt vor. Nehmen Sie doch mal das Handtuch vom Gesicht!«

Ihm musste schnell eine Idee kommen – und er musste schnell die Sauna verlassen. »Ich bin's, Professor Töler vom Trinity. Unsere Sauna ist zurzeit defekt, und ein Kollege meinte, ich dürfte gerne auch hier …«

»Welcher Kollege?«

Bietigheim brummelte in seinen Bart. »Professor Hrmmgb.«

»Wer? Bietigheim?«

»Nein, nicht Bietigheim! Und jetzt muss ich ganz schnell weg. Der Dampf greift meine Bronchien an, womöglich kollabiere ich gleich, und das wäre sehr unschön. Ich darf mich entschuldigen.«

Wo war die Tür? Eben war sie doch noch da gewesen! Da war der Ofen, da die heißen Kohlen. Und endlich, ja, da war die Tür und dahinter Frischluft.

Im Hinausgehen warf er noch einen Blick auf den Grünteeaufguss. Das Etikett verriet seine Herkunft aus Kevin Shields' Tea Shop.

Bietigheim konnte nicht anders, als daran zu riechen. Muffig. Hier wurde er also seine verdorbene Ware los. Ein feiner Geschäftsmann!

»Sind Sie immer noch nicht draußen?«, tönte es hinter ihm. Es war die lustige Witwe. »Oder muss ich Ihnen erst einen Tritt in den Hintern geben?«

Der Professor verzog sich.

Er hatte genug gehört.

Und Tölers Ruf ausreichend geschadet.

Adalbert Bietigheim hielt sich auf der Flucht nicht mit Kleinigkeiten wie Ankleiden auf – das war schließlich auch im Aufzug möglich. Allerdings nicht auf elegante Art und Weise, sondern nur voller panischer Angst, die Türen könnten sich öffnen und seinen nackten Professorenkörper unvorbereiteten Frauenaugen präsentieren. Es hätte für manche Damen zu viel sein können. Und weitere Schlagzeilen wollte Bietigheim sich ersparen. Als Exhibitionistenprofessor in die Geschichte Cambridges einzugehen musste wirklich nicht sein.

Zu seinem Glück blieb der Aufzug stecken, sodass er

genug Zeit zum Umziehen hatte. Und dann noch rund zwei Stunden, um sich über den feststeckenden Aufzug zu ärgern.

Als er endlich zu Hause eintraf, erwartete ihn eine Überraschung. Eine putzende Überraschung.

»Mrs Pond, was machen Sie da? Waren Sie nicht erst vor zwei Tagen hier? Sie werden doch nur für einmal pro Woche bezahlt.«

»Ja, aber zurzeit ist so viel Schmutz in der Luft, da reicht das einfach nicht. Und Sie haben ja auch einen Hund, der trägt schließlich Dreck hinein.«

»Benno von Saber ist ein sehr reinlicher Terrier! Er beherrscht es sogar, sich die Pfoten am Fußabtreter zu säubern.«

Zumindest theoretisch. Benno besaß alle dafür nötigen Muskeln – wäre jedoch niemals auf die Idee gekommen, sie dafür zu nutzen. Aber diese Information behielt der Professor lieber für sich.

»Sauber ist sauber! Oben bin ich schon durch.« Sie putzte weiter.

Der Professor ließ sie gewähren.

Und wurde gleich mit der nächsten Überraschung konfrontiert.

»Da ist ja der schnuckeligste Professor der ganzen Alster!«

Rena, seine wissenschaftliche Hilfskraft an der Universität Hamburg und eine Frau mit unerschütterlich guter Laune, fiel ihm um den Hals.

»Also, bitte! Können Sie mich nicht auch mal normal begrüßen?«

Sie machte einen Knicks. »Ich bin hocherfreut, wieder für Sie, Herr Professor Dr. Dr. Bietigheim, schuften zu dürfen, ohne jemals ein Wort des Dankes dafür zu erhalten.«

»Na also. Geht doch!« Er schaffte es, nicht dabei zu grinsen. »Sie wissen, warum Sie hier sind?«

»Weil Sie mich so doll vermisst haben? Weil ohne mich alles zusammenbricht? Weil Ihnen mein fröhliches Wesen fehlt?«

»Nein, nein und nein. Sondern deswegen.« Er ging zum Regal, zog das Buch des chinesischen Dichters Lu T'ung hervor, in dem der USB-Stick versteckt war, und reichte ihn ihr.

»Weiß ich doch«, sagte Rena. »Ich wollte Ihnen nur die Chance geben, mir ein Kompliment zu machen. Oder drei.«

»Nicht jede Chance muss genutzt werden. Der weise Mann beweist sich gerade im klugen Auslassen von Chancen. Machen Sie sich bitte direkt ans Werk.«

Rena zog ein Netbook aus ihrem Rucksack und schob nach einigen Vorbereitungen den USB-Stick ein. Dann flogen ihre Fingerspitzen über die Tastatur, ihre Pupillen zitterten vor Aufregung, und sie schien die Informationen aus allen Ecken des Bildschirms aufzusaugen. Schließlich kehrte Ruhe in Rena ein, und sie blickte auf.

»Der Stick ist passwortgeschützt, und zwar nicht auf die popelige Windows-Weise mit einem 112- oder 128-Bit-Schlüssel. Nein, hier wollte jemand wirklich auf Nummer sicher gehen. Wir können es mit der Brute-Force-Methode versuchen, aber die dauert halt sehr, sehr lange. Bei einem zehnstelligen Code gute zwei Tage.« Sie zog die Augenbrauen empor. »Deshalb lasse ich jetzt erst mal einen Wörterbuchangriff laufen. Ich sehe die Fragezeichen in Ihren Augen, Professor. Bei dieser Methode geht man davon aus, dass das gesuchte Passwort aus einer sinnvollen Zeichenkombination besteht – und lässt alle denkbaren durchlaufen. Ich kann noch nicht mal sagen, wie viele Zeichen es sind. Könnten zwanzig oder mehr sein. Vielleicht hat er es auch mit Diceware probiert.«

»Ja«, sagte Bietigheim, »das hatte ich auch schon vermutet.«

»Na, dann mache ich mir mal eine schöne heiße Milch mit Honig und lege los. Wenn mir jemand die Schultern massiert, geht's schneller ...«

Der Professor blickte sich hektisch um. »Wo ist denn jetzt ... also wo steckt denn Benno schon wieder? Ich suche ihn am besten mal, es ist höchste Zeit fürs Gassigehen.«

»Er liegt auf den Einkäufen in der Küche – seit ich, wie von Ihnen befohlen, um zwei mit ihm spazieren gegangen bin«, sagte Pit, der sich die ganze Zeit unbemerkt im Sessel herumgelümmelt hatte. Jetzt machte er sich auf den Weg, um Rena zu massieren. »Und das wissen Sie auch genau. Aber ich versteh schon, Sie wollen Ihre Pianistenfinger schonen, soll der Bursche mit den groben Pranken doch die Studentin durchwalken.«

»Nur die Schultern«, sagte Rena. »Der Rest bedarf keiner Walkung. Das Wort klingt auch komisch, als wäre ich ein Brotteig.«

»Wenn ich mit dir fertig bin, fühlst du dich auch so.«

Rena zog die Schultern hoch und verkrampfte noch mehr, doch als Pit nach einigen Minuten seine Hände wieder von ihr nahm, waren ihre Gesichtszüge völlig entspannt. »Jetzt fehlt nur noch die heiße Milch mit Honig, dann geht es dem Passwort an den Kragen! Wahlweise darf es auch ein Schwarztee mit viel Milch sein sowie ein paar Krümelchen braunem Zucker.«

»Krümelchen? Ach, Mist.« Pit tastete hektisch seine Hosentaschen ab und zog dann ein Tütchen hervor. »Total vergessen! Das sind die Krümel, die vor dem aufgebrochenen Tresor im Tea Shop gefunden wurden. Sie wissen schon: der Besitzer ist ohne Nachricht verschwunden und bis jetzt nicht wieder aufgetaucht.« Er reichte sie Bietigheim.

»Und die übergeben Sie mir erst jetzt? Manchmal frage ich mich, was in Ihrem Kopf vorgeht oder ob er nur als Speicher für Fleischstücke aller Art dient.«

»Wäre eigentlich gut, wenn ich einen weiteren Lagerraum hätte.« Pit klopfte an seine Rübe. »Zu welchem Labor sollen wir die Probe schicken? Ich kümmere mich dann gleich darum.«

Der Professor öffnete das Beutelchen, befeuchtete einen Finger, steckte ihn hinein, und beförderte einige Krümel in den Mund. Dann schmatzte er.

Pit und Rena beobachteten ihn fassungslos.

»Ein heller Pu-Erh-Tee, bei dem Teeblätter aus der chinesischen Region Menghai verwendet wurden. Vermutlich hergestellt von der weltberühmten Menghai Tea Factory Anfang der Achtzigerjahre. In diesem Fall wäre der Fladen nicht unter siebenhundertfünfzig Euro zu bekommen.« Bietigheim blickte so nonchalant, als wäre diese Leistung nicht im Mindesten bemerkenswert – und als würde er trotzdem rauschenden Applaus erwarten.

Doch das Publikum versagte.

»Mein lieber Pit, Sie fragen sich sicher, was Pu-Erh-Tee ist – weil Sie ihre Lektionen längst wieder vergessen haben.«

»Nee, eigentlich frage ich mich, wieviel Pu-Erh-Tee Sie gekaut haben müssen, um das so schnell herauszubekommen. Moment, Pu-Erh? Doch, da klingelt was.« Pit tätschelte seinen strammen Bauch. »Ist das nicht der Schlankmachertee?«

»Das ist unbewiesener Blödsinn!«, rief Bietigheim empört aus. »Töler hat diese Theorie in die Welt gesetzt. Das sagt ja wohl alles! Beim Pu-Erh-Tee handelt es sich um … nein, lassen Sie uns sehen, ob Rena sich noch an meine entsprechende Vorlesung erinnert.«

Rena blickte Bietigheim mit emporgezogener Augenbraue an, stand auf – und nahm eine professorale Haltung ein, ja, sie stand mit einem Mal so hüftsteif und über allem schwebend da, wie eigentlich nur Bietigheim selbst es vermochte.

Dann mopste sie ihm seine Lesebrille und schob sie sich auf die Nasenspitze. »Der Pu-Erh stammt von einer Unterart des Teestrauchs, die den Namen Qingmao trägt. Der Name leitet sich vom Herkunftsort dieser Pflanzen ab, der chinesischen Stadt Pu'er. Im Gegensatz zu normalem Tee hat Pu-Erh eine rötliche Farbe und einen erdigen Geschmack – beides aufgrund seiner besonderen Reifung. Eigentlich ist Pu-Erh ein grüner Tee, der jedoch gedämpft und in Formen gepresst wird, häufig in Fladen, aber auch in Kugeln oder Ziegeln. Darauf folgt die Trocknung, die früher mindestens fünf Jahre dauerte – bis in den Siebzigern ein Verfahren entwickelt wurde, das diesen Prozess auf wenige Monate abkürzte. Viele Pilze und Bakterien sind an dem Reifungsprozess eines traditionellen Pu-Erhs beteiligt, unter anderem Penicillium chrysogenum. Es ist der einzige Tee, der erst nach seinem offiziellen Haltbarkeitsdatum richtig gesund wird. Pu-Erh kann Jahrzehnte heranreifen und gewinnt währenddessen an Wert. Er ist eine echte Geldanlage!«

»Das ist ja«, Bietigheim geriet ins Stottern, »das ist ja fast wortwörtlich, also, das …«

»… ist Ihr Vortrag vom 15. Februar letzten Jahres. Den ich abtippen musste. Ich habe ein fotografisches Gedächtnis, leider nur manchmal, vor allem bei unwichtigen Sachen.« Sie strahlte. »Es ist so schön, Sie mal verdutzt zu sehen, Professor.«

»Was meinen Sie, Kokushi? Ist dem noch etwas hinzuzufügen?« Bietigheim blickte zu dem kargen Holzschemel, den der Teemeister als Sitzplatz bevorzugte. Doch jetzt saß Benno von Saber darauf und bellte zustimmend.

»Keine Ahnung, wo unser Untermieter steckt«, sagte Pit und überging geflissentlich, dass er selbst auch nur Untermieter war. »Seit dem Frühstück, bei dem er schwer zugeschlagen hat, hab ich ihn nicht mehr gesehen. Hat auch nicht gesagt, wo er hinwollte.«

»Sind seine Sachen noch da?« Bietigheim blickte sich um. »Na, schauen Sie schon in seinem Zimmer nach! Sie beide! Und du auch, Benno!«

Der Terrier begann sich ausgiebig die Pfoten zu lecken, während Rena und Pit die Treppe nach oben stürmten. Bietigheim befragte schnell die in der Küche staubwischende Beatrice Pond, welche jedoch nichts über Kokushis Verbleib wusste, bevor er die Stapel mit den Unterlagen seiner toten Vorgänger genau musterte. Waren sie weniger hoch als noch am Vortag? Hatte Kokushi etwas mitgehen lassen?

»Alles weg!«, brüllte Pit von oben. »Das wird langsam zu einer Tradition, dass die Bewohner des Hauses spurlos verschwinden.«

Dann erschien Rena am Ende der Treppe. »Aber es gibt auch eine gute Nachricht: Er hat sein Bett superordentlich gemacht!«

Pit und Rena kontaktierten in Bietigheims Auftrag die Port Wine Society, die sich in einem erbärmlichen Zustand befand. Eigentlich existierte sie nicht mehr, in der Universität wurden die Mitglieder wie Aussätzige behandelt und von den Medien belagert, Details ihrer Verbindung wurden ans Licht gezerrt und lächerlich gemacht. In der Öffentlichkeit entstand sogar der Eindruck, dass die Port Wine Society mit ihrem makabren Interesse an Mordfällen einen gewissen Anteil an Michaels Freitod hatte. Die den Mitgliedern von Bietigheim übertragene Aufgabe, die Verdächtigen zu durchleuchten, hatten sie nicht einmal ansatzweise durchführen können.

Bietigheim beschloss, sich mit den Mitgliedern der Port Wine Society zu unterhalten, und legte als Treffpunkt den Jesus Green Swimming Pool fest – wobei jeder darauf achten sollte, mögliche Verfolger abzuschütteln. Bis zur vereinbarten Uhrzeit wollte der Professor sich noch einmal alles in Ruhe durch den Kopf gehen lassen.

Dabei störten ihn nur die ständigen Anrufe, die Pit und Rena abwechselnd entgegennahmen. Sie stammten aus dem Büro von W. W. Stuart sowie von hochrangigen Mitgliedern des Colleges oder der Universität. Es braute sich ganz offenbar etwas zusammen, doch Bietigheim hatte kein Interesse daran, sich darum zu kümmern.

Stattdessen legte er irgendwann den Hörer neben das Telefon, krempelte die Ärmel hoch und betrat die Küche. Er würde jetzt kochen! Von einem guten Freund aus dem Ahrtal hatte er gelernt, dass dies einen schlagartig auf andere Gedanken brachte – selbst wenn man von Mord und Totschlag umgeben war. Rena sollte derweil weiter das Passwort knacken, und Pit in der Stadt nach Kokushi suchen. Damit der Professor in Ruhe kochen konnte, sollte Benno ihn auf der Suche begleiten.

Pit war froh, das Haus verlassen zu können. Seit dem Einbruch fühlte er sich nicht mehr sicher. Im Schlaf erstochen zu werden, war eine seiner schlimmsten Ängste, ebenso wie die Vorstellung, dass ein Flugzeug aufs Haus stürzen oder ein Riesenkrake sein Taxi verschlingen könnte. Wenn schon Paranoia, dann wenigstens auf Hollywood-Niveau!

Er fuhr mit Alfons in die Stadt, anstatt den ganzen Weg zu gehen. Das waren seine Füße nicht gewöhnt, die normalerweise nur den Druck von Bremse, Gaspedal und Kupplung auszuhalten hatten und kein hartes Straßenpflaster. Der Parkplatzradar funktionierte wieder bestens, und er fand einen freien Platz, auf dem seit Ewigkeiten niemand außer Jonathan Dayle und seinen Vorfahren gestanden hatte – bis Pit die einzige Chance seit über siebenundzwanzig Jahren nutzte, dort einen fahrbaren Untersatz abzustellen. Die Familie Dayle setzte gerade ihre Gefährte um.

Sie würde diesen Tag nie vergessen.

Es war schwer was los in Auntie's Tea House, was daran liegen mochte, dass der Regen geduldig in den Wolken hing, statt über der Stadt niederzugehen. Derweil tollten die Sonnenstrahlen wie junge Hunde durch Cambridges Straßen, Gassen, Plätze und Gärten, was die Einwohner und Touristen scharenweise dazu brachte, unter freiem Himmel zu essen und zu trinken.

Pit hatte diese Woche keinen Dienst mehr, denn einige Mitarbeiterinnen waren aus dem Urlaub zurückgekehrt, und ältere Rechte gingen vor. Diana war nicht zu sehen. Vermutlich stand sie in der Küche und steuerte von dort das Geschehen, weil ihr nicht danach war, vor aller Augen fröhlich wirken zu müssen, obwohl sich die Sorgen um ihren Vater wie in einem Lagerhaus stapelten.

Pit störte sich nicht daran, dass Hunde eigentlich draußen bleiben sollten. Es war Bietigheims Hund, also hatte er auch dessen Ansicht zu diesem übernommen: Benno war kein Hund, Benno war ein Benno. Und Bennos durften überall rein. Er klopfte nicht, sondern stieß die Tür zur Küche einfach auf. Diana stand allein im Raum, völlig in die Arbeit versunken.

»Wollte mal sehen, wie es dir geht. Gibt's was Neues?«

»Nein.« Diana schnitt gerade den Rand einiger Ei-und-Kresse-Sandwiches ab. »Nichts. Und jede Minute, die vergeht, macht es noch schlimmer.« Sie drückte ihm ein Lachs-Sandwich in die Hand. »Du hast sicher Hunger.«

»Bin ich so leicht zu durchschauen?«

»Du nicht, aber dein Bauch.« Sie rang sich ein Lächeln ab. Pit blieb für einen Moment das Herz stehen. An ihrem Lächeln würde er sich niemals sattsehen. Wie konnte eine Frau nur so lächeln? Immer wenn er sie lächeln sah, vergaß er alles um sich. Deshalb merkte er auch nicht, wie Benno ihm das Sandwich einfach aus der Hand stahl.

»Pit? Bist du noch da? Habt ihr schon was über die Krümel herausgefunden?«

»Was? Ach so, ja, die Krümel. Es ist Pu-Erh-Tee, und zwar offenbar ein sehr wertvoller.«

»Seid ihr euch da sicher? Wir haben zwar Pu-Erh im Sortiment, aber nur normale Ware. Für teurere Fladen gibt es hier keinen Markt, und den in London decken die dortigen Spezialisten ab.«

»Der Professor ist sich sicher. Und es gibt Dinge, bei denen er sich niemals irrt.«

»Mein Vater hat mir nie erzählt, dass er … na ja, das erklärt zumindest, warum er ihn im Tresor aufbewahrt hat.«

Pit nahm sich, ohne zu fragen, ein Lachs-Sandwich, die waren gut. Benno bellte kurz auf, um seinen Anteil einzufordern. Mit Erfolg. »Scheint, als hättet ihr eine ganz spezielle Vater-Tochter-Beziehung.«

Diana schnitt sich in den Finger. Schnell hielt sie ihn unter fließendes Wasser, tupfte ihn ab, klebte ein Pflaster darauf und zog einen Plastikhandschuh über. »Welche Vater-Tochter-Beziehung ist schon normal? Alle sind auf ihre Art speziell. Oder einzigartig. Mein Vater ist ein bisschen … schwierig. Unser Verhältnis ist eigentlich nicht das eines Vaters zu seiner Tochter. Da ist eine Verbundenheit, ja, aber keine Wärme. Aber woher auch? Er ist ohne Vater aufgewachsen und wusste nie, wie einer zu sein hat. Er war ein erwachsener Mann in unserem Haushalt, den ich Vater nannte. Erst als ich älter wurde, nahm er mich richtig wahr.«

Eine Serviererin rauschte herein und nahm die Bestellung für Tisch drei mit.

Diana sprach erst weiter, als sich die Tür wieder schloss. »Ein wenig autistisch kommt er mir immer vor, aber auch wie ein Künstler, der ganz in seiner eigenen Welt lebt. In den letzten Monaten ist er immer verschlossener geworden, immer weiter abgedriftet, ohne dass ich etwas dagegen tun konnte.« Sie atmete tief durch und lächelte. »Du solltest mal seine Teekreationen probieren, er spielt mit den Aromen wie ein Pianist auf den Tasten eines Flügels. Viele berühmte Teefirmen engagieren ihn, um neue Mischungen zu kreieren oder die Arbeit ihrer Mitarbeiter zu überprüfen. Aber wie Künstler nun mal sind, ist ihm das Geschäftliche immer fremd geblieben. Mit seinen Fähigkeiten müsste er längst steinreich sein, doch der Laden wirft kaum was ab, das Geld kommt über mein Tea House.«

Während sie vorher in raschem Tempo weitergearbeitet hatte, wurde sie auf einmal langsamer und begann die Mayonnaise immer wieder über dieselben Stellen zu streichen. »Weißt du, er ist in einer miesen Londoner Gegend aufgewachsen und hat sich zunächst mit Gaunereien über Wasser gehalten. Taschendiebstahl, später auch Einbrüche und Autoknacken. Aber dann wurde seine Nase entdeckt und er hat sich hochgearbeitet. Ich hab viel Respekt vor dem, was er geschafft hat, ich bin sogar stolz darauf. Allerdings würde ich mir wünschen, dass er auch mal anerkennt, was ich alles leiste. Aber das ist wohl zu viel verlangt, und langsam akzeptiere ich es. Oder rege mich zumindest nicht mehr ständig darüber auf.«

Sie lächelte wieder. Diesmal glänzten ihre Augen, die braune und grüne Pigmente aufwiesen und je nach Lichteinfall immer ein wenig anders aussahen – mal geheimnisvoll, mal fröhlich, dann plötzlich verlockend. Diese Augen wollte Pit unbedingt öfter sehen. Am besten morgens, mittags und abends – und dazwischen.

»Mit langsam meine ich«, fuhr sie fort, »dass ich es in zwanzig Jahren vielleicht halbwegs akzeptieren kann.« Sie wurde wieder ernst. »Die meiste Zeit bin ich glücklich, so einen außergewöhnlichen Vater zu haben. Denn wer kann das schon von sich sagen? Andere Väter sind vielleicht liebevoller, aber auch normaler, langweiliger.« Diana fuhr sich mit den Fingern über die feucht werdenden Augen. »Okay, wenn ich ehrlich bin, dürfte er ruhig weniger verrückt und dafür liebevoller sein. Aber Männer kann man ja bekanntlich ändern.«

Pit setzte ein skeptisches Gesicht auf.

»Das sollte ein Witz sein!«, rief sie lachend.

»Dann bin ich beruhigt. Sonst hätte ich es dir schonend beibringen müssen. Soll ich dir etwas helfen?«

»Nein, danke. Deine Hände sind zu groß. Wenn wir mal wieder ein Schwein schlachten müssen, wende ich mich vertrauensvoll an dich. Und nimm dir keine Sandwiches mehr, sonst komm ich mit den Bestellungen nicht nach. Du kannst dir aber gern etwas Lachs aus dem Kühlschrank nehmen.«

»Wenn du mich so nett bittest.« Er nahm ein großes Stück und ließ unbemerkt etwas für den um ihn herumscharwenzelnden Benno fallen. »Was ich dich noch fragen wollte: Gab es eigentlich Hinweise in seinem Haus oder seiner Wohnung? Hat dein Vater irgendwelche Sachen gepackt, oder stehen noch halb volle Teller auf dem Esstisch?«

Diana legte das Messer beiseite. »Ich weiß es nicht.«

»Was meinst du damit?«

»Ich war noch nicht da.«

»Wieso? Das ist doch das Erste, was man in so einem Fall macht.«

Die Tür öffnete sich, eine andere Serviererin kam herein und griff sich den bereitstehenden Sandwich-Teller. Pit hätte sie am liebsten hochkant hinausgeworfen.

»Mein Vater würde das nicht wollen. Er ist da sehr eigen. Niemand darf in sein Haus.«

»Und wenn ihm etwas passiert ist? Wenn er gestolpert ist oder einen Herzinfarkt hatte? Du musst doch einen Schlüssel haben, für alle Fälle?«

Wieder ging die Tür auf, diesmal ging es um die Bestellung für Tisch sieben, außerdem wurden vier neue Bestellzettel auf einen großen Nagel gespießt.

»Nein, ich hab keinen Schlüssel. Aber ich weiß, wo er einen versteckt hat.« Diana zögerte kurz, dann zog sie die Schürze aus. »Kommst du mit? Irgendwie ist es mir lieb, wenn jemand dabei ist – aber es sollte niemand vom festen Personal sein.«

»Die kannst du nicht so leicht feuern wie mich.«

»Genau.«

Und wieder war da dieses Lächeln. Doch diesmal lag auch Angst darin.

Kevin Shields' Haus lag etwas außerhalb. Ein schlichter Bau aus den Siebzigern, umgeben von einem großen Garten und mit Efeu überwuchert. Nur Fenster und Türen waren noch frei, schienen jedoch in ernstlicher Gefahr, in Bälde verschlungen zu werden.

Der Schlüssel war im Koikarpfenteich versteckt, unter einem gusseisernen Buddha, den Kevin darin versenkt hatte.

»Er hat den Schlüssel mal aus dem Versteck geholt, als ich ihn nach einer feuchtfröhlichen Party heimgebracht habe. Er weiß allerdings nicht, dass ich ihn dabei beobachtet habe.«

Den noch nassen Schlüssel steckte Diana ins Schloss. Drinnen erwartete sie ein penibel aufgeräumtes Haus, das nach Essigreiniger duftete oder eher stank. Pit band Benno fest. Die Gefahr war einfach zu groß, dass er Unsinn anstellte.

Der Foxterrier begann sofort, an der Leine zu zerren.

Diana und Pit gingen gemeinsam durchs Haus, vorsichtig, ohne etwas zu berühren, als könne es wie dünnstes Glas bei der leichtesten Erschütterung zusammenstürzen. Das Gebäude wirkte völlig unbewohnt, wie ein Musterhaus. Der Kühlschrank war leer und ausgeschaltet, die weißen Ledersofas wiesen keine Sitzdellen auf, die Fernbedienung des Fernsehers lag parallel zur Tischkante.

»Ist er oft hier?«

»Ich weiß es nicht. Er verbringt viel Zeit im Laden oder auf Reisen. Kevin hat auch immer wieder Freundinnen, bei denen er dann einzieht.«

Sie stiegen die Treppen hoch, die erste Tür führte ins Schlafzimmer. Das Bett war tadellos gemacht, im Kleiderschrank schien nichts zu fehlen.

Plötzlich erklang ein lautes Bellen, und zwar nicht aus dem Erdgeschoss. Benno musste sich losgerissen haben, und tatsächlich, er sprang vor der Badezimmertür auf und ab, immer wieder.

Pit öffnete sie.

Das Badezimmer war riesig, große Panoramafenster ließen das Tageslicht herein. Weißer Marmor bedeckte die Wände, schwarzer den Boden. Alle Armaturen des Badezimmers waren vergoldet. Dianas Vater lag nackt in der großen, frei stehenden Wanne, vollends unter Wasser, die Augen weit geöffnet. Das Wasser war strahlend moosgrün, Teeblätter trieben darin. Vom linken bis zum rechten Rand reichte ein Kirschholztablett, auf dem eine Teekanne mitsamt Schale stand. Um den Beckenrand standen Teelichte, die längst heruntergebrannt waren.

Pit blieb in der Tür stehen und versperrte den Weg. »Du solltest das lieber nicht sehen, Diana.«

Doch sie drängte sich an ihm vorbei, ging zur Wanne, ganz nah, senkte ihr Gesicht bis an die Wasseroberfläche. Dann packte sie ihren Vater unter den Schultern, zog ihn empor, strich die Haarsträhnen aus seiner Stirn und schloss ihm die Augenlider. Seine Haut war bereits aufgequollen, doch ansonsten sah es aus, als säße er friedlich in der Wanne und schliefe.

»Ich hatte mir so etwas schon gedacht. Es sah ihm so gar nicht ähnlich, einfach zu verschwinden.«

»Wie … wie geht es dir?«, fragte Pit und verfluchte sich im selben Moment für so viel Dummheit. Wie sollte es ihr schon gehen?

»Ich kann es nicht glauben. Es ist so unwirklich. Ich fühle gerade überhaupt nichts. Kannst du das verstehen? Als würde ich einen Film gucken, in dem eine Frau ihren toten Vater in der Wanne entdeckt. Aber die Figuren kenne ich nicht, und sie sind mir auch völlig gleichgültig.«

Pit holte sein Handy hervor, um die Polizei zu rufen, doch als Diana es sah, schüttelte sie den Kopf. »Noch nicht, lass mir erst etwas Zeit mit ihm. Wenn die Polizei und der Leichenbestatter kommen, dann ist es vorbei mit der Ruhe. Lass mich Abschied nehmen.«

Pit steckte das Handy wieder ein.

Dann sah er sich um. Nichts im Badezimmer deutete auf irgendeine Art von Gewalteinwirkung. Auf dem dunklen Marmorboden waren keinerlei Spuren von Straßenschuhen zu sehen, die eine mögliche zweite Person hinterlassen haben könnte, nichts war umgeworfen, nichts lag auf dem Boden. Das einzig Ungewöhnliche war eine Großpackung grüner Tee, ein Sack, der Pit bis zur Hüfte reichte. Früher, so hatte ihm der Professor berichtet, war Tee in Holzkisten transportiert worden, doch durch Undichtigkeiten oder Schimmel konnte er einen muffigen Geruch und Geschmack erhalten. Die heute gebräuchlichen dickwandigen und lichtundurchlässigen Plastiksäcke waren zwar weniger ansehnlich, dafür weitaus praktischer.

»Ist das Schimmel?« Pit ging näher heran. Der Tee war oben weiß gesprenkelt, wie mit Puder. Er griff in den Sack und tauchte mit beiden Händen hinein. Nach kurzer Zeit fand er, was er vermutet hatte, und zog es heraus. Ein Päckchen mit weißem Pulver, an einer Stelle eingerissen, weswegen der Inhalt ausgetreten war. Pit wühlte tiefer im Teesack und beförderte drei weitere Päckchen hervor.

Diana schwieg. Doch sie wurde noch blasser. Sie setzte sich auf den Wannenrand und stützte sich an der kalten Wand ab.

»Es ist weiß, das heißt, es wurde in der Sonne getrocknet und nicht unter starken Lampen, was den Stoff eher gelb werden lässt«, erklärte Pit. »Über die Qualität und Reinheit sagt das aber nix aus.« Er schnupperte daran. »Das meiste

Koks ist gestreckt, dann gibt es Rückstände der Lösungsmittel, aber dieses Zeug hier riecht ein bisschen nach Tee, klar, aber vor allem wie ein frisch getünchter Keller. Wie bester Stoff also.«

Pit nahm eine kleine Menge und zerrieb sie zwischen den Fingerspitzen. Die Kristalle schmolzen durch seine Körperwärme, und es fühlte sich ölig an.

»Ja, das ist gutes Kokain, extrem rein.«

Er ging in die Küche und kam mit einem Stück Aluminiumfolie zurück, auf welches er das Kokain gab, um es dann mit seinem Feuerzeug zu erhitzen. Es schmolz und verdampfte, doch es brannte nicht. Zurück blieb ein kleiner Fleck mit der Konsistenz eines trockenen Lacktupfers. Pit wischte mit dem Finger darüber. Nichts blieb haften.

»Hochwertigst. Will gar nicht wissen, was das auf der Straße wert ist. Wir müssen es entsorgen und den ganzen Sack Tee gleich dazu. Daran, dass sie im Körper deines Vaters Koksreste finden, können wir nichts ändern. Aber wir können dafür sorgen, dass keiner denkt, er hätte das Zeug geschmuggelt.«

»Das hätte er nie, und er hat auch nie Drogen genommen …«

»Es tut mir leid, aber so wie es aussieht, wollte er sich das Koks extern verabreichen, nämlich über das Badewasser, was übrigens gar nichts bringt. Außerdem hat er vermutlich Tee getrunken, in dem hochdosiertes Koks war. Vielleicht ist er an einer Überdosis gestorben.«

Diana flossen die Tränen über die Wangen, aber kein Schluchzer drang aus ihrer Kehle. Das schnürte Pit den Hals zu. Er stellte sich neben sie und legte seine schweren Arme um Diana.

Dann erst begann sie laut zu heulen.

KAPITEL 8

Steintee

Bietigheim hatte erst kurz vor seiner Abfahrt von Kevin Shields' Tod erfahren. Aufgefunden im Tee – genau wie die beiden toten Professoren. Aber eben nicht wie diese in White Darjeeling, sondern in Grüntee. Und nicht in einem Punting-Boot, sondern in der heimischen Badewanne. Was wollte der Täter damit sagen? Und dann das Koks. Hatten etwa auch seine Vorgänger eine Verbindung zu der Droge?

Er stand nun schon einige Minuten am Cam und beobachtete aufmerksam das Loch im Gebäude auf der anderen Seite des Ufers. Am unteren Ende schwappte träge das Flusswasser hinein, ansonsten war es schwarz. Es war das Loch, dessen Existenz Pit ihm bescheinigt hatte, das Loch, das er, wie der Master des St John's College ihm nun mitgeteilt hatte, niemals nutzen durfte.

Das Schwanenloch.

Dessen einziger Zweck war, die biestigen Vögel einzufangen, um sie dann zubereiten und verzehren zu können.

Der Professor hatte die Geschichte dieses unscheinbaren Lochs genau studiert. Alle unmarkierten Schwäne Englands gehörten per Gesetz dem Königshaus, und markierte Schwäne entweder der Hochehrwürdigen Gesellschaft der Färber oder der Hochehrwürdigen Gesellschaft der Winzer. Wer also einen unmarkierten Schwan fing – und das war der Großteil dieser Vögel, stahl ihn dem Königshaus. Dafür bekam man nicht nur Ärger mit dem Königlichen Schwanenmeister.

Es sei denn, man gehörte dem St John's College in Cambridge an. Dieses hatte die offizielle Erlaubnis, die garstigen Viecher zu fangen, um sie beim alljährlichen Festessen am 25. Juni zu verspeisen. Allerdings wurde heute nur noch ein ausgestopfter Schwan hereingetragen, und auf den Tellern landete profaner Truthahn, welcher den Schwan aus den Küchen des Königreichs verdrängt hatte. Der Hauptgrund mochte sein, dass Schwanenfleisch zäh war, zumeist wie Schlick schmeckte, nämlich moderig und muffig und dazu noch fischig. Kein Wunder, wenn man berücksichtigte, was Schwäne so aßen. Anderes Geflügel bekam Mais gefüttert – das schmeckte man auf dem Teller auch. In der Fachliteratur hatte Bietigheim erfahren, dass junge Schwäne, die ordentlich gefüttert wurden, hingegen köstlich sein sollten. Nur zu gerne hätte er dieses Fleisch einmal probiert.

Natürlich war alles auch eine Frage der korrekten Zubereitung. Bietigheim hatte ein Rezept für gebratenen Schwan herausgesucht, das aus dem 14. Jahrhundert stammte. Und das »Royal Tudor Kitchens Cookbook« enthielt ein wunderbares Rezept für Roast Lemon Salad with Swan. Auch Schwanterrine mit abgehangenem Brust- und Beinfleisch sollte delikat sein – und vom Geschmack her an Fasan erinnern. In Carl Orffs »Carmina Burana« gab es sogar ein eigenes Lied über einen am Spieß gebratenen Schwan: »Cignus ustus cantat«.

Jetzt paddelte eines der Tiere neugierig auf das Loch zu, streckte sogar den Kopf herein – doch keine Hand zog ihn herein, um ihn in einen Käfig zu sperren.

Enttäuschend.

Dabei wäre ein Schwan genau das, was er für das Festessen von Hildegard zu Trömmsen brauchte. Da würden die Gäste Augen machen. Und Hildegard zu Trömmsen erst! Auf ewig würde sie ihm dankbar sein.

Aber ohne Erlaubnis des Masters machte er sich strafbar. Und es würde auf jeden Fall herauskommen, denn ein von ihm, von Professor Dr. Dr. Adalbert Bietigheim, zubereitetes Schwanenmahl würde für Furore sorgen. Er hatte eben versucht, Hildegard zu Trömmsen die traurige Nachricht am Telefon schonend beizubringen.

Sie war sehr ausfallend geworden. Und das wollte bei Hildegard zu Trömmsen schon etwas heißen.

Bietigheim stieg wieder auf sein schwarzes Hollandrad und fuhr zum Fahrradparkplatz an der Park Street, wo er es geschützt abstellen konnte. Es war nicht weit von hier bis zum Jesus Green Outdoor Swimming Pool. Dieser maß nur vierzehn Meter in der Breite, aber einundneunzig Meter in der Länge – damit es sich anfühlte, als würde man im nur wenige Meter entfernten Cam schwimmen. Der Outdoor Pool war einer der größten seiner Art in Europa. Da er nicht geheizt wurde, stürzten sich von Mai bis September nur Kälteunempfindliche ins Nass. Je kühler der Tag, desto leerer der Pool.

Der Regen benahm sich heute wie ein Klingelmäuschen, er kam kurz und heftig, doch wenn man hochschaute, war keine Wolke zu sehen. Das reichte, um die Schönwetterschwimmer fernzuhalten. Noch etwas prädestinierte den Pool für ein konspiratives Treffen mit der Port Wine Society: Ihn umgaben blickdicht Bäume und Wände, sodass Gaffer von außerhalb keine Chance hatten.

Nachdem Bietigheim sich in seinen einteiligen, blauweiß karierten Badeanzug geworfen hatte, trat er an den Beckenrand. Die eine Hälfte des Pools war abgesperrt für Bahnenschwimmer, hier tummelten sich erschreckend athletische Triathleten. Vier Familien hielten sich im flachen Bereich des Pools auf, die Mitglieder der Port Wine Society trieben nah beieinander in der Mitte des Beckens.

Bietigheim stieg ins Wasser, holte tief Luft und tauchte unter. In der Jugend war er norddeutscher Meister im Langstreckentauchen gewesen. Man hatte ihn deshalb den Königspinguin genannt. In kraftvollen, weit ausholenden, perfekt ausgeführten Zügen näherte er sich seinem Ziel – wo er langsam und kaum hörbar aus dem Wasser emportauchte.

»Meine Herren, meine Damen. Ich darf davon ausgehen, dass Ihnen niemand gefolgt ist?«

Die Studenten nickten – und blickten sich trotzdem unsicher um.

»Sind wir uns einig, dass Michael Broadbent keinen Selbstmord begangen hat?«

Joel Payne meldete sich zu Wort. »Absolut. Er hat nicht die Sherlock-Holmes-Tinte genutzt, die bei allen wichtigen Schriften für uns verpflichtend ist. Gerade im Angesicht des Todes hätte Michael diese Grundregel geachtet. Damit hat er uns einen Hinweis gesandt.«

Bietigheim merkte, wie ihm kalt wurde, weil er sich nicht mehr bewegte. Deswegen begann er die Society zu umrunden wie ein hungriger Hai.

»Sie haben hinsichtlich des genauen Ablaufs in der Tatnacht ermittelt?«

Diesmal antwortete Jancis Robinson, deren Augen stark gerötet waren. »Der Turm wurde an diesem Tag um neun Uhr abends abgeschlossen. Das hat der Küster übernommen, nachdem die Putzfrauen fertig waren. Niemand hat Michael an dem Abend gesehen.«

Bietigheim schwamm näher zu ihr. »Wer besitzt alles einen Schlüssel zum Turm?«

Alle Mitglieder der Port Wine Society zuckten mit den Schultern. Da der Professor immer noch Jancis Robinson anschaute, fühlte diese sich bemüßigt zu antworten.

»Ein Schlüssel allein reicht nicht aus. Man braucht einen zum Haupt- oder Nebenportal, dann einen, um die Tür zum Glockenturm aufzuschließen. Es gibt eine Alarmanlage, die jedoch am Nebeneingang ausgeschaltet werden kann. Es ist ein sehr, sehr altes Modell. Man hat wohl auch nie den Code geändert, zumindest hört man das aus Polizeikreisen. Demnächst soll was Hochmodernes installiert werden und dazu noch Überwachungskameras.«

»Für Michael Broadbent kommt das leider zu spät. Warum ändert sich immer erst etwas, wenn das Kind bereits ins Wasser …« Bietigheim begriff gerade noch rechtzeitig, dass dieser Vergleich extrem unpassend gewesen wäre. »Ich komme zum Grund unseres Treffens. Ich brauche weiterhin Ihre Hilfe – und Sie meine. Denn die einzige Möglichkeit, den Ruf Ihrer Society reinzuwaschen, ist, den wahren Täter zu finden und zu beweisen, dass Michael keinen Selbstmord begangen hat, sondern umgebracht wurde. Sind wir uns da einig? Ja, das sind wir. Ich werde Ihnen nun mehrere Aufgaben zuteilen. Zum einen müssen wir Meister Kokushi finden.«

Robert Parker konnte nicht anders als grinsen. »Schon wieder?«

»Er ist verschwunden.«

»Vielleicht trifft er sich mit Diana, der Tochter von Kevin Shields, dem verstorbenen Teehändler.«

»Warum sollte er?« Im Rückenkraul schwamm Bietigheim zu Parker hinüber. Man musste der Jugend demonstrieren, dass es mehr als simples Brustschwimmen gab.

»Im Radio haben sie gesagt, dass Diana alles erbt, anscheinend ein ziemliches Vermögen.«

»Und was hat das mit Kokushi zu tun?«

»Diana hat auch am Institut für Kulinaristik studiert. Sie war wissenschaftliche Hilfskraft, bevor Michael diese Stelle bekam, und sie arbeitete sehr eng mit beiden Professoren zusammen. Ihr stand eine echte Universitätskarriere bevor, doch dann übernahm sie den Tea Shop. Das hat damals keiner verstanden, vor allem, da sie mit ihrem Vater nicht so dicke war. Wenn der Teemeister einen Ansprechpartner zum Thema Grüntee oder Matcha-Tee sucht, ist Diana nach Ihnen die beste Wahl. Auch was mögliche Geschäfte angeht, schließlich hat Kevin auch Tees geführt, die von

Kokushi stammen. Nur für besondere Kunden, versteht sich. Michael war einer davon, er hat immer stolz von seinen Neuerwerbungen geschwärmt.«

»Warum erzählt mir so etwas denn niemand? Was meinen Sie, wofür Sie diese schwabbelige Masse in Ihrem Schädel haben? Also, beschatten Sie diese Diana!«

Und dann gab er ihnen weitere Aufgaben, zum Beispiel herauszufinden, wo der Pu-Erh-Tee aus dem Tresor abgeblieben war.

Und wie das Kokain in den grünen Tee gekommen war.

Frisch geduscht radelte Bietigheim zurück nach Hause. Dort griff er sich Benno von Saber und setzte ihn ins Fahrradkörbchen am Lenker, um sofort wieder loszubrausen. Colin hatte zum Tee eingeladen, um über die gemeinsame Zeit mit dem Earl zu sprechen. Eigentlich gab es jetzt Wichtigeres zu tun, nämlich all die Spuren und Indizien, die sich in seinem Kopf wie Essenszutaten angesammelt hatten, in korrekten Mengen zusammenzufügen, um den Kuchen der Erkenntnis daraus zu backen. Oder die Suppe der Weisheit zu kochen. Oder den Auflauf der Wahrheit zuzubereiten.

Colins Wohnung lag direkt über dem Fahrradladen. Der Professor kam sich darin vor wie in einem Antiquitätengeschäft, wo seit Jahrzehnten niemand etwas gekauft hat. Überall stand etwas herum, häufig von einer dicken Staubschicht bedeckt. Zum Beispiel die vier alten Wählscheibentelefone auf der Anrichte, die acht in der Diele nebeneinander aufgehängten Kuckucksuhren oder die unzähligen Werbeschilder aus Blech. Unter der Dielendecke war eine Leine gespannt, auf der an Kleiderhaken Kostüme hingen. Nichts sah aus, als gehörte es Colin.

Benno verschwand und wurde nicht mehr gesehen. Einst waren Foxterrier für die Fuchsjagd gezüchtet worden – um die Beute bis in ihren Bau zu verfolgen. Dieses Erbe steckte tief in Benno, der es liebte, unter Sofas zu verschwinden, hinter Schränke zu kriechen oder es sich in Kartons bequem zu machen. Colins Wohnung kam ihm da sehr entgegen. Außer einem Fuchsbau gab es nichts Besseres. Ab und zu erklang glückliches Bellen – aus immer wieder neuen Ecken.

In einem Zimmer stand ein altes Bett, das mit einer braunen Tagesdecke versehen war. Ausgefallene Hüte lagen darauf. Damenhüte. Trug Colin privat etwa …

Er musste Bietigheims Blick bemerkt haben.

»Ich bin erst seit Kurzem zurück in Cambridge. Meine Mutter ist verstorben, sie hat das Geschäft geleitet, seit mein Vater nicht mehr ist. Eine sehr gute Fahrradmechanikerin. Und immer fair zu den Kunden. Aber sie konnte sich nie von irgendwas trennen, deswegen war sie auch schlecht im Räderverkaufen – und darin, die Wohnung überschaubar zu halten.« Colin breitete die Arme aus und wies auf das Chaos. »Ich habe es noch nicht geschafft, irgendetwas zu ändern. Wenn ich hier umräume, dann erst nehme ich richtig Abschied von meiner Mutter. Noch kann ich mir einreden, sie träte jeden Augenblick mit ölverschmiertem Blaumann durch die Wohnungstür. Was sie natürlich nicht machen wird.«

»Mein Beileid zu Ihrem Verlust. Wie ist sie denn gestorben?«

»Ihr Herz hat nicht mehr mitgemacht, es ist nach vielen Jahren der Arbeit einfach stehen geblieben. Es muss im Schlaf passiert sein. Sie wurde erst einige Tage später gefunden, als die Stammkunden sich wunderten, dass der Laden zublieb. Lassen Sie uns in die Küche gehen, dann setze ich uns einen Tee auf. Einen Malty Gold Sree Sibbari, wenn Sie mögen?«

»Gern. Und etwas Wasser für Benno – falls wir ihn jemals wiedersehen.«

In diesem Moment ertönte ein Bellen aus der Ecke des

Wohnzimmers, wo vier alte Schwarz-Weiß-Röhrenfernseher übereinandergestapelt waren.

In der Küche hingen jede Menge Topflappen von der Decke, und gusseiserne Pfannen und Kochtöpfe bedeckten die Wände. Am einzigen freien Platz hing ein Stück Pappe mit der handschriftlichen Notiz: »Hier bitte einen Rembrandt!«

Nur die kostbare Teekanne, die Teeschalen aus dünnem Porzellan und die unzähligen mit Tee gefüllten Dosen schienen nicht in die rustikal gehaltene Küche zu gehören.

»Machen Sie es sich doch bequem, bis der Tee fertig ist.« Colin zog einen Stuhl für den Professor vor und setzte dann einen Topf mit Wasser auf. »Als meine Mutter starb, hatte ich gerade keine Anstellung. Also bin ich zurück und habe das Geschäft weitergeführt. Sie hatte mich lange vor ihrem Tod schon darum gebeten, und ich wollte ihr diesen letzten Gefallen tun. Jetzt zeigt sich, was für eine kluge Frau meine Mutter war, denn ich habe meine Wahl nicht bereut. So sehr ich das Leben für die Wissenschaft schätze, so wunderbar ist es, mit den Händen zu arbeiten und zu sehen, was man am Tag geschafft hat.«

Nun, dachte Bietigheim, manchmal sah er am Ende eines Tages auch, wie sehr er die Studenten geschafft hatte. Und das konnte einem tiefe Zufriedenheit verleihen.

Colin setzte sich zu Bietigheim, der ihn auf den neuesten Stand der Ermittlungen brachte. Die Informationen purzelten aus ihm raus wie Teeblätter aus einer schief gehaltenen Dose. »Haben Sie vielleicht eine Idee, wie dieses grässliche Rauschmittel in den ... wunderbaren Grüntee gelangt sein könnte?« Bietigheim mochte es kaum aussprechen. Kostbaren grünen Tee mit Drogen in Kontakt zu bringen!

Colin lächelte, auf eine stilvolle, bescheidene Art und Weise. »Ich weiß, dass Sie sich mit diesem Aspekt des Teehandels nie beschäftigt haben. Aber wegen seines starken Dufts ist Tee ideal, um darin Drogen aller Art zu schmuggeln. Ich würde ja gerne behaupten, dass ich Kevin so etwas nicht zutraue, doch das wäre gelogen. Er hat auf mich nie wie ein Teehändler gewirkt, sondern wie ein Händler, der eher zufällig beim Tee gelandet war und dem es mehr um den Handel als um den Tee ging, wenn Sie verstehen, was ich meine.«

»Wenn er wusste, dass Kokain im Tee war, dann war es Selbstmord. Doch warum hat er sich die Überdosis dann nicht mit reinem Kokain verabreicht?«

»Kevin war ein ungewöhnlicher, eigenbrödlerischer Mensch. Wer kann schon sagen, warum es ihm passend erschien.«

»Und warum hat er sich überhaupt das Leben genommen?«

Colin füllte das heiße Wasser in die Teekanne, stellte sie zusammen mit den Teeschalen auf ein Kirschholztablett und ging ins Wohnzimmer, wo er einige Bücher von der Couch räumte und sie ordentlich vor der Heizung stapelte. »Vielleicht weil er der wahre Mörder war und es nicht mehr ertragen hat, so viele Menschen auf dem Gewissen zu haben? Was bedeuten würde, dass die Morde mit dem Kokain in Verbindung standen und Kevin damit gehandelt hat. Und Sie recht haben und es tatsächlich nicht Michael Broadbent war – trotz seines Abschiedsbriefs.«

»Welchen Grund sollte Michael für die Morde gehabt haben? Keinen.«

»Keinen, von dem Sie wissen.«

»Nein, Michael war es nicht. Aber zurück zu Kevin: Warum sollte er sich gerade jetzt schuldig fühlen?«

»Vielleicht hat er die Berichterstattung über Michael Broadbents Tod verfolgt? Diesmal war es anders, diesmal hat er einen jungen Menschen aus dem Leben gerissen. Dann die trauernden Eltern zu sehen, die Kommilitonen und die fassungslosen Nachbarn. Das hat Kevin vielleicht mehr getroffen, als er erwartet hatte.«

»War er dafür der Typ?«

Colin zog eine Pfeife aus der Hosentasche und zündete sie kunstvoll an. Sie stand ihm gut zu Gesicht, und der Rauch ließ den Raum weniger chaotisch als vielmehr exzentrisch wirken. »Nein, war er nicht. Vielleicht wusste er, dass man ihm auf die Spur gekommen war.«

»Wer? Die Polizei? Für die ist der Fall seit Michaels angeblichem Selbstmord abgeschlossen. Und ich bin ihm sicher nicht auf die Spur gekommen.«

»Vielleicht hat sein Tod auch nichts mit den anderen Fällen zu tun. Und er hat sich das Leben genommen, weil seine … Geschäftspartner in Sachen Kokain mit ihm unzufrieden waren und ihn deshalb umbringen wollten. Dann wäre er ihnen einfach zuvorgekommen. Die Polizei wird diese Spur verfolgen … nein, wird sie nicht, denn Ihr Kompagnon hat den Sack ja entsorgt. Vielleicht wäre es klüger gewesen, ihn dort zu lassen.«

»Natürlich wäre es das. Aber Pit hat seinen Kopf nur, damit es ihm nicht in den Hals regnet.«

»Sie sind zu hart mit ihm. Er ist ein guter Kerl.« Der Tee war fertig gezogen. Colin schenkte ein. Der Tee war perfekt, doch Bietigheim fand es unnötig, das zu erwähnen. Das wusste Colin selbst.

»Eine andere Frage, die mich nicht loslässt, ist die, in welcher Beziehung die Witwe des Earls, die Countess von Shropsborough, zu den Morden steht. Was könnte das Gespräch mit Stuart in der Sauna bedeuten? Wissen Sie vielleicht etwas über die Countess, aus Ihrer gemeinsamen Zeit mit ihrem Mann?«

So lange wie jetzt hatte Colin noch nie an seiner Pfeife gezogen. Er antwortete mit einem kaum sichtbaren Nicken.

Bietigheim rutschte auf die Sofakante vor. »Sie wissen nicht nur *etwas* über sie, sondern viel, oder? Meine Frage hat Ihre Halsschlagader zum Pulsieren gebracht. Wenn Sie mit Ihnen verwandt wäre, hätte ich davon Kenntnis.

Sie standen sich also auf andere Weise nahe. Eine Freundschaft würde Ihr Herz nicht dermaßen pumpen lassen, Sie hatten also eine Liebesbeziehung. So ist es doch, nicht wahr?«

Colin nickte wieder unmerklich. Und schwieg weiterhin.

»Da Sie erst seit Kurzem wieder in Cambridge sind, muss die Liebesziehung in der Zeit davor liegen«, fuhr Bietigheim fort. »Der Earl lebte mit seiner Frau bereits seit über sechs Jahren in Newcastle – Sie jedoch nicht einmal in der Nähe. Also muss es vor dieser Zeit gewesen sein, vielleicht, nein wahrscheinlich sogar, bevor sie den Earl traf. Ich höre keine Widerworte?«

»Nein«, sagte Colin. »Sie war meine Frau. Nicht vor dem Gesetz und auch nicht vor Gott. Aber sie war meine Frau.«

»Der Earl spannte sie Ihnen aus?«

»Es gehören immer zwei dazu, ich mache Tim keinen Vorwurf. Ich habe die Liebe für gegeben hingenommen, doch bei einer Frau wie Elisabeth sollte man das nie. Tim passte viel besser zu ihr. Am Anfang habe ich das natürlich nicht gesehen, nicht sehen wollen, aber mit etwas Abstand ... Sie kennen oder besser gesagt: kannten beide – sicherlich geben Sie mir recht.«

Bietigheim musste keine Sekunde nachdenken. »Zweifellos.«

»Es war kurz nachdem wir von unserer gemeinsamen Forschungsreise nach Wuyishan zurückgekehrt waren. Natürlich waren wir wegen der Steintees hingefahren. Die Gegend ist wirklich großartig, waren Sie schon einmal da?« Bietigheim schüttelte unangenehm berührt den Kopf. »Sie sollten es nachholen. Es ist erhebend. Sechsunddreißig Hauptgipfel und neunundneunzig Felsklippen bilden die Landschaft, das weiß ich noch genau. Einige sehen aus wie Skulpturen, es gibt zum Beispiel einen ›Sitzenden Adler‹, eine ›Jadeprinzessin‹ und sogar eine ›Tigerkrallenwand‹.« Fast kam es dem Professor vor, als bildeten die

Rauchschwaden aus Colins Pfeife die faszinierende Landschaft nach. »Der Jiuqu Xi, also der Fluss der neun Biegungen, mäandert durch diese Landschaft. Wir reisten auf Bambusflößen, wobei der Fluss manchmal so tief ist, dass die Flößer den Grund mit ihren Stäben nicht mehr erreichen konnten. Abenteuerlich, wirklich abenteuerlich. Aber es ist jede Mühe wert, denn der Tee ist phantastisch. Der ungemein mineralische Boden ist dafür verantwortlich – wobei der Tee je nach Schlucht ein wenig anders schmeckt. Früher wurden die Steintees ausschließlich für den Kaiserhof produziert, was sich erst änderte, als China zur Republik wurde – allerdings wurden sie dann zu einem unglaublich teuren Vergnügen. Aber das wissen Sie selbstverständlich alles.«

Bietigheim lehnte sich vor und war froh, dass Benno in diesem Moment an seine Seite tapste – wenn auch nur, um sich auf dem Rücken zu wälzen, anstatt wie es angebracht wäre, gefährlich zu blicken. Denn der Professor war wütend. Er hatte ein Glänzen in Colins Augen gesehen, als er von den Steintees erzählte.

Das konnte nur eines bedeuten.

»Sie wollten nicht irgendeinen Steintee, nicht wahr? Ihnen ging es um den Da Hong Pao, das Große Rote Gewand – und zwar von den ursprünglichen Sträuchern!« Colins starrer Blick war vielsagend. »Schauen wir, ob ich mich an die Details erinnere – woran ich allerdings nicht den geringsten Zweifel hege. Die Mutter eines Kaisers der Ming-Dynastie wurde durch Tee von einer schweren Krankheit geheilt. Daraufhin ließ der Kaiser die vier Sträucher, von denen der Tee stammte, von großen, roten Roben schützen. Drei dieser Büsche gibt es heute noch. In manchen Jahren wird weniger als ein Kilogramm von ihnen geerntet – und der Großteil davon verbleibt bei der chinesischen Regierung. Falls der Tee überhaupt einmal aus dem Land gelangt, wären dreißigtausend Dollar pro Kilogramm ein echtes Schnäppchen. Wobei es sich dabei nicht einmal um den echten Tee handelt, also von den drei letzten Büschen. Man hat Stücke der Pflanzen abgeschnitten und zu genetisch identischen vermehrt. Doch dasselbe ist dies nicht, denn der Boden ist anders, das Kleinklima und natürlich das Alter der Pflanzen. Es ging Ihnen beiden darum, Blätter der Original-Sträucher zu pflücken und sie dann zu Tee zu verarbeiten. Ein Frevel!«

Colin schaute zu Boden, die Pfeife hing in seinem Mund, doch er zog nicht mehr daran. »In der Tat«, sagte er schließlich. »Wir waren jung und dumm, wollten Eindruck schinden, fühlten uns wie Indiana Jones. Tim schrieb eine Arbeit darüber, die später der Grundstein seiner Karriere wurde. Er berief sich auf chinesische Quellen, die es nicht gab, um zu vertuschen, dass er sein Wissen über den Da Hong Pao aus erster Hand hatte.«

»Warum habe ich von dieser Arbeit nie etwas gehört?«

»Sie erschien nur im Rahmen einer kleinen wissenschaftlichen Zeitschrift, die sich mit Pflanzen befasste und kurz danach eingestellt wurde. Kulinaristik gab es damals als Wissenschaft ja noch gar nicht. Tim achtete sehr darauf, dass die Arbeit nicht mehr auftauchte, aus Sorge, der Diebstahl käme noch heraus. Er hatte Angst, seine Stellung zu verlieren, aber noch mehr Angst vor den Kommunisten.«

Bietigheim brannte trotz der Wut eine ganz besondere Frage auf den Nägeln. »Wie schmeckte der Tee?«

Colin stand auf und ging zu einer Truhe. Er hob den schweren Deckel und beförderte ein durchsichtiges Einmachglas heraus, in dem einige schwarze, verschrumpelte Teeblätter lagen. Der Steintee war ein extrem seltener Oolong und sah aufgrund seiner starken Oxidation fast wie Schwarztee aus. Colin reichte Bietigheim das Glas. Dieser öffnete es und schnupperte an den Teeblättern.

»Es sind die letzten«, sagte Colin. »Alle anderen haben wir für Analysen benötigt – und um Tee damit aufzusetzen.«

Der Professor schüttete den gesamten Inhalt auf seine Hand und schnupperte weiter. Selbst jetzt, nach so langer Zeit, war seine starke Fruchtigkeit und Süße noch spürbar, köstliche Noten von Beeren, Kakao und Honig entströmten ihm.

»Er wird traditionellerweise in kleinen Kännchen mit einer Füllmenge von zweihundert bis dreihundert Milliliter zubereitet. Die ideale Menge ist ein gehäufter Teelöffel, den man zehn bis zwanzig Sekunden ziehen lässt. Er kann sieben bis acht Mal aufgegossen werden. Irgendwann werde ich auch diese letzten Blätter genießen. Ich warte nur noch auf den richtigen Moment. Als Tim starb, habe ich darüber nachgedacht, sie ihm zu Ehren aufzubrauchen. Aber solch einen Tee sollte man nicht zu einem traurigen Anlass trinken, sondern zu einem fröhlichen, oder?«

In diesem Moment drehte sich Benno wieder vom Rücken auf die Beine, sprang mit einem entschlossenen Satz zu Bietigheims Hand – und verschlang die letzten Blätter Da Hong Pao im gesamten Vereinigten Königreich.

Nach kurzem Kauen spuckte er sie wieder aus.

Mit einem zufriedenen Gesichtsausdruck.

Erst im Nachhinein erfuhr der Professor, was in der Zwischenzeit passiert war: Rena hatte ein spezielles Dekodierprogramm gestartet, das nun einige Zeit vor sich hin laufen würde. Dann war sie ins Institut gefahren, denn Pit hatte ihr verraten, dass im dortigen Archiv noch keine detaillierte Spurensuche stattgefunden hatte. Rena liebte es, Dinge zu ordnen und zu katalogisieren. Früher hatte sie in einem Supermarkt gejobbt und sich immer als Einzige für die Inventur gemeldet. Viel mehr noch liebte sie Archive. Das des Instituts für Kulinaristik an der University of Cambridge enthielt nicht nur Gedrucktes in Form von Büchern, Magazinen, Handouts, Karten oder Mikrofiches, nein, es beinhaltete auch einen riesigen begehbaren Gefrierschrank mit Lebensmittelproben, Samen und sogar komplett eingefrorenen Menüs, sodass auch die Art der Anrichtung einer Speise auf dem Teller für die Nachwelt gesichert war.

Rena hatte sich wie im Paradies gefühlt.

Da sie wusste, dass die Unterlagen der beiden toten Professoren in Bietigheims Haus lagerten, hatte sie sich auf die Lebensmittelproben gestürzt, war Regal für Regal durchgegangen und hatte sich alles angeschaut, übersah selbst die in den hintersten Reihen verdeckt von anderen Proben stehenden Artefakte nicht. Dabei hatte sie nicht nur die Beschriftung geprüft, sondern auch die Inhalte.

Und dann war sie fündig geworden.

Als der Professor sein Büro betrat, saß Rena auf seinem Stuhl und gönnte sich eine heiße Milch mit Honig samt Cookies – wohl wissend, dass der Professor es lieber gesehen hätte, wenn Tee in ihrer Tasse gedampft hätte.

»Das ist mein Stuhl«, sagte er statt einer Begrüßung. »Stehen Sie bitte auf.«

»Den Platz habe ich mir aber verdient.«

»Womit? Dreistigkeit? Damit kommt man nicht weit, das lassen Sie sich gesagt sein!« Dass er seine Hilfskraft immer noch erziehen musste! Dabei wäre das die Aufgabe ihrer Eltern gewesen, doch die hatten offensichtlich völlig versagt.

Benno war aufgrund des Teeknabberns derart aufgedreht, dass er zum ersten Mal seit Jahren wieder seinen Schwanz jagte, was ihm gleichermaßen Freude und Verdruss zu bereiten schien. Als er endlich dieses freche Ding zwischen den Zähnen hatte, machte ihn das auch nicht glücklich.

Ganz im Gegenteil.

»Sollten Sie nicht in meinem Haus sein und das Passwort, wie sagt man, brechen?«

»Knacken! Bin ich ja auch. In Form eines Computerprogramms. Quasi virtuell. Es gibt mich jetzt also zweimal.«

»Und Ihr anderes Ich hat sicherlich weitaus bessere Manieren.«

»Aber es hätte niemals das hier gefunden.« Sie hob einen mit einem Baumwolltuch bedeckten Keramiktopf empor, den sie hinter dem Tisch versteckt hatte – und der immer noch vor Kälte dampfte. »Der komplette Fladen des Pu-Erh-Tees, der in Kevins Tresor lag.«

»Wie bitte?«

»Genau wie Sie errochen haben: Teeblätter aus der Region Menghai, von der dort ansässigen Menghai Tea Factory, aus dem Jahr 1980. Eigentlich sollten sich im Archiv zwei davon befinden, doch einer ist offenbar verschwunden, sein Verbleib ist nirgendwo dokumentiert. Vermutlich gestohlen.«

Bietigheim trat näher. »Es muss nicht derselbe Fladen sein, es kann sich um einen aus derselben Produktion handeln – auch wenn das ein großer Zufall wäre.« Er sah sich die Beschriftung an. »Er lagert jedoch schon seit drei Jahren im Archiv. Und…« Er musste es nicht aussprechen. Rena hatte sie ja längst gelesen, diese vier Worte.

Projekt: Die sechste Schale.

»Bestimmt haben Sie ihn noch nicht gekostet!«, sagte Bietigheim vorwurfsvoll. »Dabei müssen Sie immer daran denken, dass sich über die wahre Qualität eines Tees erst etwas aussagen lässt, wenn er korrekt zubereitet ist.«

Ein breites Lächeln erschien auf Renas Gesicht, und sie hob eine Teeschale, eine Kanne und einen Wasserkocher vom Fußboden, um dann den Pu-Erh-Tee unter den kritischen Augen Bietigheims nahezu fehlerlos zuzubereiten.

Der Professor hätte es ihr nie so direkt gesagt, doch er wünschte jedem Menschen eine Rena, die – egal wie trüb der Himmel oder das Leben war – Optimismus ausstrahlte. Sie war ein Gute-Laune-Radiator. Lange ertrug man es nicht, doch es war gut, sich immer wieder wärmen zu können. Und Bietigheim brauchte diese Wärme dringend.

Nach seinem Ermittlungserfolg bei den französischen

Käsereimorden war er davon ausgegangen, den vorliegenden Fall schnell lösen zu können, da er ja in Übung war. Doch mittlerweile gab es nicht nur zwei, sondern vier ungeklärte Todesfälle, dazu einen verschwundenen Teemeister und etliche Verdächtige. Allerdings spürte Bietigheim, dass die Aufklärung kurz bevorstand. Doch wie bei der Zubereitung eines edlen Tees ließ sich auch hier keine schnelle Lösung erzwingen, sonst wäre alles verdorben.

Rena reichte ihm die gefüllte Tasse.

»Sie wissen natürlich, dass Teeprobierzimmer viel Tageslicht haben müssen, möglichst Nordlicht, damit die farblichen Unterschiede der Aufgüsse korrekt beurteilt werden können. Ausnahmsweise muss es heute einmal anders gehen.«

Er spreizte den kleinen Finger ab und schlürfte ein wenig von dem rotbraunen Getränk, ließ es wie eine kleine Welle über die Zunge schwappen und die Innenseiten der Wangen erkunden, bevor es den Schlund hinuntergleiten durfte. Die Aromen tanzten noch eine ganze Weile auf seinem Gaumen und entfalteten ihre erdige Würze.

»Miserable Qualität. Siebenhundertfünfzig Euro zahlt niemand für diesen Fladen. Wie ist diese minderwertige Qualität in den Besitz des Instituts gekommen?«

»Der entsprechenden Archivkarte zufolge wurde der Fladen über eine dritte Person bei Kevin Shields erworben.«

»Gibt es noch anderen Pu-Erh-Tee im Archiv?«

Rena öffnete einen Block. »Siebenundfünfzig weitere, sowohl ältere als auch jüngere, darunter andere aus dem Jahr 1980. Allerdings wurden nicht alle bei Shields erworben, sondern ebenso bei Händlern in London oder in China selbst.«

»Soweit ich weiß, hat weder der Earl noch Cleesewood etwas darüber veröffentlicht. Das gilt es selbstverständlich zu überprüfen. Notieren Sie sich das bitte.«

»Notiert.«

»Haben Sie zufällig auch Steintee gefunden?«

»Ja, diverse.«

»Ich meine den echten.«

Die Worte standen wie eine Fata Morgana im Raum, so als könnten sie nicht echt sein.

»Den echten?« Rena sah ihn an. Und auch Benno blickte auf, als erinnerte er sich, vor Kurzem Steinteeblätter verspeist zu haben.

»Also nicht. Vielleicht findet sich etwas in den Unterlagen. Da der Earl darüber gearbeitet hat, wird er seine Forschungsergebnisse irgendwo abgelegt haben.«

Rena zog einen Tablet-PC aus ihrem Rucksack. »Ich habe mir die ganzen Daten von ihm auf eine externe Festplatte überspielt. Sekunde ... da ist es. Allerdings gibt es nur einen Artikel von ihm zu diesem Thema, und der ist schon älter. Wollen Sie sich den Text trotz...«

Bietigheim schob Rena zur Seite und überflog den Artikel. Vielleicht war dieser mithilfe illegaler Recherche und Diebstahl erstellte Text der Schlüssel zu den Morden. Vielleicht hatte jemand aus China eine sehr alte Rechnung beglichen.

Mit Zinsen und Zinseszinsen.

Das Haus in der Pretoria Road stand leer, denn auch Pit war unterwegs. Auf dem Beifahrersitz seines Taxis lag ein riesiger Blumenstrauß, denn Pit hatte sich entschieden, den nächsten Schritt zu machen. Gut, ihm selbst hätte es mehr imponiert, wenn eine Frau ihm ein perfektes Steak gebraten hätte, aber bei der Damenwelt kamen ungebratene Blumen immer noch besser an – vor allem wenn ein Schrank wie er sie überreichte. Da mischten sich Schock und Dankbarkeit auf eine explosive Art. In dieser Hinsicht hatte er schon manche Erfahrungen gesammelt.

Pit hatte sich von der Floristin beraten lassen, denn womöglich war die englische Blumensprache etwas anders als die deutsche. Gekauft hatte er schließlich einen Strauß mit Gerbera (weil das die blumigste aller Blumen war), Orchideen (weil das die zartesten aller Blumen waren) und Hibiskusblüten (weil diese als die romantischsten aller Blumen galten – sie ließen sich zum Beispiel bestens im Haar tragen) sowie einen Topf mit einer Hortensie (weil das die prallste und zugleich filigranste aller Blumen war).

Pit wollte einfach auf Nummer sicher gehen. Irgendeine der bunten Blüten würde Diana schon gefallen und sie in ihrer traurigen Lage vielleicht ein klein wenig trösten.

Pit hatte in Auntie's Tea House angerufen und erfahren, dass Diana sich im Anwesen ihres verstorbenen Vaters befand. Leise parkte er sein Taxi vor dem Haus. Die Außentür war nur angelehnt. Er klopfte kurz und trat ein, ohne eine Antwort abzuwarten. Diana saß auf einer Stufe im Treppenhaus und blickte verloren vor sich hin. Sie sah noch blasser aus als sonst. Pit legte die Blumen auf der Treppe vor ihr ab.

»Sogar eine Hortensie?«

»Ich war mir nicht sicher, welche Blumen dir gefallen.«

»Alle.«

»Dann ist gut.«

»Du bist viel mitfühlender, als ich gedacht hatte. Du bist mehr als Muskeln und Speck.«

»Ja, Knochen habe ich auch noch. Du lächelst, das ist prima.« Gäbe es eine Anstellung, bei der man Diana für den Rest des Lebens zum Lächeln bringen durfte, Pit hätte sie ohne Zögern angenommen.

Sie hob die Blumen auf, ging mit ihnen in die Küche und suchte eine Vase. Als sie keine fand, begann sie zu weinen.

Pit wollte sie schon umarmen, denn dafür waren große Arme wie die seinen besonders gut geeignet. Doch bevor er dazu kam, drehte Diana sich um, wischte sich die Tränen aus den Augen, ließ dann schnell Wasser ins Waschbecken laufen und stellte die Blumen hinein.

»Ich werde sicher bald eine Vase finden. Aber noch kenne ich das Haus nicht. Kommst du mit? Wir könnten uns in den Billardraum setzen, da war ich noch nicht. Mein Vater hat nie Billard gespielt. Zumindest nicht, dass ich wüsste. Es ist, als würde ich ihn jetzt erst kennenlernen. Er hat dieses Haus allein eingerichtet. Es ist eine Art Spiegel seiner selbst. Ich setze mich einfach in die Zimmer und schaue mich um. Nicht dass ich mir vorstelle, wie mein Vater darin gelebt hat, nein, ich lasse einfach alles auf mich wirken.«

Im Billardzimmer stand ein riesiger, mit royalblauem Filz bespannter Spieltisch, die Queues hingen an der Wand, in einer Anrichte waren verschiedene Whiskysorten aufgereiht – doch keine der Flaschen war angebrochen. Auch der Tisch sah aus, als wäre er niemals angerührt worden. Die Kugeln lagen im Billarddreieck.

Diana setzte sich im Schneidersitz auf den Spieltisch.

Pit holte sich einen Stuhl aus der Küche.

Als er zurückkam, hatte sie ihre Schuhe ausgezogen und stand auf dem Tisch. »Der Befund des Rechtsmediziners ist eingetroffen. Die Polizei hat mir das Ergebnis mitgeteilt. Kevin, mein Vater, ist an einer Überdosis Kokain gestorben – doch das ist nicht der einzige Grund, warum sie von Selbstmord ausgehen.« Sie strich sich eine Strähne aus der Stirn und noch eine und eine dritte, die es gar nicht gab.

»Ist gut, du musst es nicht sagen.«

»Will ich aber. Obwohl es bedeutet, dass seine letzten Monate eine Lüge waren und er Schmerzen hatte.« Wieder strich sie eine imaginäre Strähne weg. Sie war so nervös, dass sie dutzende gebraucht hätte. »Mein Vater hatte Lungenkrebs. Die Krankheit war fortgeschritten, doch eine Chemo hätte ihn vielleicht heilen können. Ich glaube, dass er den grünen Tee angewendet hat, um den Krebs zu besiegen – aber die Polizei ...«

Pit stand auf. »Lass uns etwas essen. Ein großes Stück

gutes Fleisch. Saftig, blutig. Was Besseres gibt es nicht. Das gibt Kraft. Ich lad dich ein. Und wenn du willst, spendiere ich dir vorher noch einen Hot Dog – wenn es hier so was gibt. Oder was Indisches, da habt ihr ja unzählige Restaurants.«

Raubkatzen brauchen nur Sekundenbruchteile, um von schnurriger Gemütlichkeit zu lebensgefährlicher Wildheit zu wechseln. Diana schaffte es schneller.

»Ich öffne dir mein Herz und du willst Fleisch mit mir essen?«

»Ja, Schwein, Rind, Kalb ...«

»Kalb? Du meinst Rinder im Kindesalter?«

»Äh, nein, ich meine Kalb. Oder Lamm.«

»Lamm?«

»Sag mal, isst du etwa kein Fl...?« Er schaffte es nicht, den Satz zu beenden.

»Ich bin Vegetarierin.«

»Aber du isst doch wohl Fisch? Und Geflügel?«

»Ich esse keine Tiere.«

Für Pit war es ein Charakterfehler, kein Fleisch zu essen. Seine gesamte Lebensphilosophie beruhte auf Fleisch. In ihm waren die Gene der steinzeitlichen Jäger aktiv. Es gab Menschen, die Fleisch nur aßen, wenn man nicht mehr sah, dass es von einem Tier stammte. Die Sichtvegetarier. Pit dagegen liebte es, wenn man sah, dass Tier auf dem Teller lag. Eisbein, Kotelett, ganze Hähnchen.

Wie konnte er sich in eine Frau verlieben, die Fleisch von ihrem Teller verbannte?

Was stimmte nicht mit ihr? Was stimmte nicht mit ihm?

Was stimmte nicht mit der Welt?

Pit drehte sich um und verließ das Haus.

Der Professor freute sich darauf, wieder in seine Heimstatt zu kommen, wo ihn Ruhe und ein herrlicher Ohrensessel empfingen.

Doch heute war alles anders.

Heute empfing ihn Professor Töler an der Haustür, aus allen Poren nach Minze stinkend. Wahrscheinlich hatte er sein Haus aus gepressten Minzsteinen errichtet und mit Minzblättern tapeziert, bevor er den Minzfaserfußboden verlegt hatte.

»Mein lieber Professor Bietigheim, was für ein Glück, dass ich es bin, der Ihnen die freudige Nachricht überbringen darf.«

»Erwarten Sie ein Kind?«

»Bewundernswert, mein lieber Kollege. Selbst jetzt, da Ihre Karriere eine so unerwartete Wendung vollzieht, ist Ihnen noch zu Scherzen zumute.«

Bietigheim war dieses blöde Geschwätz leid. Er wollte an Töler vorbei in sein Haus gehen und hinter sich donnernd die Tür zuknallen – doch Töler ließ ihn nicht.

»Mein Leben nimmt jetzt erst einmal eine Wendung in mein Haus«, erklärte Bietigheim. »Und genau wie beim wissenschaftlichen Fortschritt erweisen Sie sich dabei als Hindernis.«

»Sehen Sie, mein lieber Bietigheim, Sie unterliegen einem Irrtum. Aber das bin ich ja von Ihnen gewohnt. Dies ist nicht länger Ihr Haus. Es ist für den Leiter des Instituts für Kulinaristik vorgesehen. Und dieser bin nun – vorerst kommissarisch, doch das ist eine reine Formalie – ich. Sie dürfen also, und das ist die gute Nachricht, vor allem für die Universität Cambridge, umgehend zurück in Ihr geliebtes Hamburg.« Töler überreichte ihm die Schreiben des Masters vom St John's College und der Universitätsleitung mit einem nonchalanten Lächeln. »Mit sofortiger Wirkung! Das wird Sie sicherlich freuen, so müssen Sie nicht als Lame Duck bis zum Trimesterende hier herumtreiben. Ich habe freundlicherweise dafür gesorgt, dass Ihre persönlichen Habseligkeiten bereits in Müllsäcken verstaut wurden. Sie stehen hinten bei den Tonnen. Morgen in aller

Frühe kommt die Müllabfuhr. Oh, wie ich höre, braucht man mich.«

Zu hören gewesen war nichts, doch Töler wollte sich die Retourkutsche ersparen und schloss blitzschnell die Tür. Was er nicht wusste: Benno von Saber war schon ins Haus eingedrungen. Bietigheim ging mit dem Mund ganz nah an die Tür und rief laut: »Benno! Brav sein! Nicht den netten Onkel umrennen! Oder ihn beißen, ja?«

Kurze Zeit später war ein Plumpsen zu hören, dann ein kurzer Aufschrei, bevor ein Foxterrier aus dem geöffneten Küchenfenster sprang und zu Bietigheim raste. Wenigstens auf Benno war Verlass.

Doch Bietigheim war nicht zum Lachen zumute, denn das, was hier passierte, war der wissenschaftliche Super-GAU. Die Auswirkungen würden weltweit zu spüren sein.

Nach einer Weile tauchte Pit in der Pretoria Road auf. Schon bald bemerkte er, dass Bietigheim nicht ansprechbar war. Während Pit probierte, die Haustür aufzusperren, und bemerken musste, dass die Schlösser sämtlich ausgetauscht worden waren, öffnete ein Universitätslakai diese einen Spaltbreit, der von einer Sicherheitskette begrenzt wurde, und informierte ihn über die neuen Mietverhältnisse. Bevor Pit die Tür eintreten konnte, verschwand Tölers Helfershelfer wieder. Von innen wurden vier Schlösser verriegelt.

Nachdem Pit einige Male mit den Fäusten gegen die Tür gedonnert hatte, nahm er Benno auf den Arm, führte den Professor zu seinem Auto, setzte ihn auf den Beifahrersitz, drapierte Benno auf Bietigheims Schoß und fuhr los.

Zu ihrem neuen Zuhause.

Eigentlich hatte Pit es am Morgen für sich selbst angemietet, auch um dort mit Diana ungestört sein zu können, ein schwimmendes Liebesnest.

Das hatte sich ja leider erledigt.

Nun musste es eben für ihn und den Professor reichen. Platz war nur wenig, doch zum Schlafen würde es reichen.

Das neue Zuhause lag am Ufer des Cam, gegenüber dem Trinity Hall Boat Club, und war angemalt wie die Flagge des Vereinigten Königreichs. Es war das Hausboot mit dem passenden Namen »God Save The Queen«. Eines der sogenannten Narrowboats, die jeden noch so kleinen Kanal passieren konnten. Die meisten dienten Studenten als Unterkunft. Mit Propangasflaschen versorgte man die provisorisch eingerichteten Küchen. Die Fenster waren klein, die Decken niedrig, die Betten eng, aber es hatte etwas von Abenteurerleben.

Auf dem kleinen Deck des Kahns standen zwei weiße Plastikstühle. Auf einen davon verfrachtete Pit nun den immer noch schweigenden Professor. Benno nahm die Gelegenheit wahr, über die große Rasenfläche des Midsummer Common zu hetzen und einigen Karnickeln gehörigen Schrecken einzujagen. Auf dem nebenan festgemachten Boot wurde gerade gegrillt. Pit tauschte ein paar Rippchen gegen Bier – an der Leine gekühlt im Cam.

Das gegrillte Fleisch holte Bietigheim wieder zurück ins Hier und Jetzt. Das und ein gewaltiger, fauchender Schwan mit nur einem Auge, der in der Nähe wasserte.

»Wir müssen einen Schwan grillen. Doch wir dürfen keinen Schwan fangen. Ich werde auch Hildegard zu Trömmsen enttäuschen. Ich werde alle enttäuschen …«

Pit knabberte sein erstes Rippchen ab und warf den Rest ins Wasser. Sofort kamen einige Enten angeflogen, um zu sehen, ob etwas Essbares in ihrem feuchten Wohnzimmer gelandet war. »Richtig, hab ich ganz vergessen zu sagen: Sie haben die Erlaubnis, einen Schwan für das Essen zu fangen. Hille hat dafür gesorgt.«

»Hille?« Nun blickte Bietigheim ihn tatsächlich an.

»Hildegard, ist echt eine Nette. Wir haben uns gleich super verstanden. Ich glaub, die hat was für Sie übrig. Da müssen Sie dranbleiben, Professore. Ich sag's Ihnen! Da ist was drin für Sie.«

Der einäugige Schwan näherte sich lautlos und verscheuchte dann mit lautem Fauchen die neugierigen Enten. Pit ließ ein weiteres abgenagtes Rippchen neben dem Rumpf ins Wasser fallen, und als der Schwan seinen Kopf in den Cam steckte, um es zu fressen, griff er zu, hob ihn an Bord und warf ihn in die Koje.

»Und da haben wir auch schon ein echtes Prachtstück. Ich nenne ihn Charles. Nach dem Kronprinzen. Passt prima zu meinem Boot.«

Der Schwan fauchte wütend. Es fehlte nicht mehr viel, und er hätte Feuer gespuckt. Der Vogel versuchte, die wenigen Stufen emporzuklettern – doch Pit grölte ihm einige Zeilen von Conspirator entgegen. Da wollte er lieber nicht mehr hochkommen.

»Gleich besorg ich einen Käfig für ihn. Dann müssen wir ihm nicht sofort den Hals umdrehen, sondern können ihn länger frisch halten. Gib schon Ruhe, Charles! Ich besorg dir gleich was zu futtern. Sollst doch schön fett werden.«

Der Professor war aufgestanden. »Wer kann mir denn die Erlaubnis geben, einen Schwan zu fangen und zuzubereiten? Wer, wenn nicht der Master des St John's?«

»Oh, ganz einfach«, antwortete Pit. »Da gibt es noch eine andere Person.«

»Und wer bitte soll das sein?«

»Die Königin von England.«

KAPITEL 9

Orchard Tea

Es wurde eine unruhige Nacht an Bord der »God Save The Queen«, die wie eine fette Schlange am Ufer des Cam lag. Ihre Bewohner fühlten sich am nächsten Morgen wie gerade verdaut. Zum Teil lag es an den beengten Kojen, deretwegen Pit um 3.17 Uhr beschloss, auf den Boden umzuziehen. Zum weitaus größeren Teil lag es jedoch an Benno und Charles. Dem Schwan gefiel es überhaupt nicht, auf dem Klo eingesperrt zu sein, was er mit ständigem Fauchen zu verstehen gab. Außerdem fraß er – wie sich nach Öffnen der Tür herausstellte – das gesamte Klopapier auf. Benno hielt es offenbar für seine Aufgabe, die Klotür zu bewachen, und bedachte jedes Fauchen von Charles mit entschlossenem Gebell.

So verging Stunde um Stunde. Irgendwann schaffte es der Professor trotzdem, ein wenig zu schlafen. Als er in den frühen Morgenstunden aufwachte, fiel ihm mit Schrecken etwas ein, das er sofort der Welt – in diesem Fall Pit, Benno und nun ja, vielleicht auch Charles – mitteilen musste.

Sie hatten Rena völlig vergessen!

Und den Computer, mit dem sie versuchte, Cleesewoods Passwort zu knacken.

Andere hätten vielleicht einfach »Rena!« gerufen, doch nicht Professor Dr. Dr. Adalbert Bietigheim. Wenn es eine Chance gab, viele Wörter zu benutzen, konnte er diese nicht verstreichen lassen. Er richtete sich in seiner Koje auf und schlug dabei mit dem Kopf gegen die Decke, bevor er ausrief: »Wir haben Rena keine Information bezüglich unserer neuen Heimstatt zukommen lassen!«

Pit antwortete nicht. Benno auch nicht. Charles fauchte.

Doch jemand anders meldete sich zu Wort. »Ist schon in Ordnung, ich hab noch ein schönes Plätzchen im Heck gefunden!«

»*Rena?*«

»Die und keine andere. Ich geh jetzt gleich frische Crumpets holen. Irgendwelche Sonderwünsche?«

»Bring einen Eimer Kaffee mit«, brummte Pit. »Und ein großes, scharfes Messer, um Charles den Hals durchzuschneiden.«

»Wenn die Bäckerei kein extrascharfes Baguette hat, werde ich wohl leider ohne Schnittwerkzeug zurückkehren müssen.« Sie lachte, zog die Decke über den Kopf und sich selbst darunter um.

»Wie …?«, fragte der Professor fassungslos.

»Ich bin abends noch mal kurz zum alten Haus gefahren«, erklärte Pit, »hab meinen Alfons vor der Tür abgestellt und einen Zettel aufs Armaturenbrett gelegt. Auf dem stand, wo sie uns findet und dass noch ein Bett für sie frei ist.«

»Und der …?«

Auch diesmal kam Bietigheim nicht weiter, denn Rena antwortete unter der Decke: »Der Computer ist bei mir! Ich bin doch schon vor Ihnen im Institut aufgebrochen. Als Töler mit den Universitätsschergen eintraf, habe ich mein Notebook und meine übrigen Sachen eingepackt und mich vom Acker gemacht, bevor irgendeiner Fragen stellen konnte. Das Code-Programm ist die ganze Nacht durch gelaufen, der Akku von meinem Rechner war noch voll.«

»Und ich schmeiß gleich den Generator an«, sagte Pit, nun schon etwas wacher klingend. »Also alles in bester Ordnung.«

Charles fauchte. Aus seiner Sicht war anscheinend nicht alles in bester Ordnung.

Der Professor wollte aufstehen. Und stieß sich abermals den Kopf. An derselben Stelle. Das machte ihn noch rasender. »Das ist eine nicht hinnehmbare Situation! Dass ich wie ein Paria aus dem Amt gejagt werde, in einem modrigen Schiff schlafen muss und der vermaledeite Mörder immer noch frei herumläuft.« Er hob wütend den Zeigefinger. Und stieß ihn sich an der niedrigen Decke. Fuchsteufelswild stapfte er in Richtung Schiffstür, um auf das Deck zu gelangen, wo keine Decke mehr existierte, an der man sich stoßen konnte. Dabei stolperte er über Benno, riss eine an die Kajütenwand gepinnte Kopie von Michaels Abschiedsbrief herunter, sowie das vergilbte Plakat eines Rockkonzerts auf irgendeiner irischen Insel, und stieß mit dem Kopf auf die hölzernen Bodendielen.

Es gibt Menschen, die durch langes Nachdenken oder durch Spaziergänge auf Ideen kommen, manche gar durch den Kuss einer Muse. Bei Bietigheim verhielt es sich in diesem Moment ganz anders: Eine ungeheure, zutiefst empfundene Wut mobilisierte in ihm Kräfte, durch die sich seine Gedanken wie tektonische Platten verschoben und die Indizien und Beweise in seinem Kopf genau an die richtigen Stellen bewegten.

Und plötzlich, endlich, ergaben sie einen Sinn.

Bietigheims Wut verwandelte sich in unbändige Freude. Ihm war klar geworden, wer für die Morde verantwortlich war.

»Pit, bringen Sie mich sofort zum Haus des Masters! Heute ist doch Sonntag, nicht wahr?«

»Wenn die in England nicht plötzlich die Sechstagewoche eingeführt haben, ist Sonntag.«

»Gut, dann los! Frühstück ist gestrichen. Wir haben keine Zeit zu verlieren. Rena, Sie knacken den Code und füttern Charles. Und fragen Sie bitte beim Midsummer

House nach, ob man dort einen Bräter besitzt, der groß genug für unseren Schwan ist.«

Es klang, als würde Charles mit dem Kopf gegen die Toilettentür schlagen. Benno bellte ein letztes Mal drohend zum Abschied, bevor er seinem Herrchen ans Ufer folgte.

Das Dorf Grantchester lag unweit von Cambridge in nordwestlicher Richtung und wies die höchste Konzentration an Nobelpreisträgern weltweit auf – bei nur knapp fünfhundert Einwohnern. W. W. Stuart, Master des St John's College, bewohnte ein uraltes Haus in der Stulp Field Road. Mit seinen Zinnen, Erkern und Balkonen, seinen Türmen und Kaminen schien es einem mythischen Reich zu entstammen, in dem König Artus noch die Tafelrunde um sich versammelte.

Mit anderen Worten: es sah unglaublich teuer aus.

Grantchester war eine heile Welt und die Tür deshalb unverschlossen. Bietigheim war so wütend, dass er nicht eine Sekunde auf den Gedanken verschwendete, was passieren könnte, wenn er im Haus erwischt würde, welchen Skandal dies entfachen könnte. Sähe es nach Einbruch aus, würde es alles noch weitaus schlimmer machen.

Doch er ging einfach hinein, gefolgt und dann fix überholt von Benno und Pit. Das Haus schwitzte Englishness aus allen Poren. Es gab ausschließlich Möbel, die aussahen, als seien sie schon im Mittelalter Erbstücke gewesen. Es verwunderte Bietigheim, elektrisches Licht statt Gaslampen zu sehen.

Menschen waren nicht zu sehen.

Auf einmal hörte der Professor Geräusche eines Kampfes.

Von Benno und einem unbekannten Gegner.

Bietigheim rannte in die entsprechende Richtung.

Der Foxterrier teilte eine große Leidenschaft mit Pit: Er liebte Fleisch. Pit bekam es zwar meist auf einem Teller serviert, aber das Gefühl war gleichermaßen innig. Benno liebte Fleisch so sehr, dass er alles, was auch nur annähernd wie Fleisch aussah, ins Maul nahm, um es einer oralen Prüfung zu unterziehen. Ausspucken konnte er es immer noch. Durch das rasche Zwischen-die-Zähne-Befördern verhinderte er zumindest, dass ihm jemand anders – zum Beispiel Pit – bei dem potenziellen Fleischstück zuvorkam.

Die Geräusche kamen aus der Küche. Als der Professor dort eintraf, sah er mit einem Blick, was los war: Benno befand sich auf der Küchenzeile und biss wild in etwas, das sich nicht wehren konnte.

Einen gepressten Fladen Pu-Erh-Tee.

Durch Knurren machte Benno ihm klar, wer der böse, gefährliche Foxterrier im Haus war. Der Professor hätte niemals auf den Fladen geachtet, wenn Benno nicht so entschlossen zugebissen hätte. Und er schien immer noch unsicher, ob dieses merkwürdig schmeckende Ding nicht doch irgendeine exotische Art von Lebewesen war – als Bietigheim es ihm fortnahm.

Der sofort wusste, dass es kein gewöhnlicher Pu-Erh-Tee war. Er war mit einem Aufkleber des Instituts für Kulinaristik versehen, die Archivnummer wies ihn als den fehlenden Pu-Erh-Fladen aus. Im Gegensatz zu dem von Rena gefundenen stammte er jedoch nicht von Kevin Shields, sondern direkt von einem Händler in China. Ein von Cleesewood beschrifteter Zettel war daran befestigt: »Lokalen Legenden zufolge das stärkste Aphrodisiakum der TCM«. TCM stand für Traditionelle Chinesische Medizin. Und die Chinesen hatten sich eingehend mit Aphrodisiaka beschäftigt. Es war eines ihrer Lieblingsthemen. Sie pulverisierten und trockneten alles, nur um herauszufinden, ob es die Säfte ordentlich in Wallung brachte.

Auf der Küchentheke standen vier kleine unbeschriftete Dosen. Der Professor öffnete sie und schnupperte am Inhalt: Safranfäden, frische Vanille, Yohimbinhydrochlorid und Mucuna pruriens, die Juckbohne, von der es im Ayurveda heißt, dass sie stimulierend wirkt.

Hier vertraute jemand ganz und gar nicht seiner natürlichen Anziehungskraft, hier ging jemand auf Nummer sicher. Und wenn der Tee tatsächlich als Aphrodisiakum funktionierte, dann war er wertvoll. Wertvoller als Gold.

Einige Menschen würden dafür sogar töten.

Der Professor steckte ihn ein und berührte den Wasserkocher. Er strahlte noch Restwärme ab, der Tee war gerade erst zubereitet worden. Doch im Haus waren keine Stimmen zu hören. Er schickte Pit die Treppe hoch, um die oberen Etagen zu durchsuchen. Vielleicht nahm der Master das Gebräu mit seiner Angebeteten direkt im Schlafzimmer ein. Weil es im wahrsten Sinne des Wortes naheliegend war. Nach kurzer Zeit kam Pit jedoch kopfschüttelnd die ausladende Wendeltreppe herunter.

»Keiner da, auch nicht in den Türmchen.«

Sie mussten doch irgendwo sein! Der Professor wollte Pit schon in die Garage schicken, als ihm die angelehnte Verandatür auffiel.

»Benno, bei Fuß!« Bietigheim erwartete, dass der dickköpfige Foxterrier sich nun durch die Tür drücken würde, doch er war nirgends zu sehen. Gut, solange er im Haus Unheil anstellte, sollte ihm das egal sein.

Der sich hinter der Terrasse erstreckende Garten sah auf den ersten Blick aus wie eine natürliche Landschaft – doch war alles exakt geplant. Jedoch so, dass es natürlich wirkte, wie ein begehbares Landschaftsgemälde. Die Sonnenstrahlen schwammen wie Fische über die Szenerie, gebrochen von den rauschenden Blätterdächern der hohen Bäume. Halb verdeckt von einer großen Eiche war ein eierschalenfarbener Gartenpavillon zu erspähen, der an einen griechischen Tempel erinnerte.

Und darin bewegte sich etwas.

Bietigheim wählte einen Weg, der ihn und Pit geschützt

vor Blicken zum Pavillon führte, denn er wollte überraschend auftauchen, des dramatischen Effekts wegen. Ganz sachte trat der Professor von hinten an die beiden Personen heran. Es war unschwer zu erkennen, um wen es sich handelte: W. W. Stuart und die Countess von Shropsborough. Sie saßen sehr nah beieinander. Bietigheim konnte sehen, dass der Master Schwarztee trank, dem Geruch nach eine hundsgewöhnliche Mischung, und nur die Countess im wahrsten Sinne des Wortes hemmungslos aphrodisiert wurde.

»Master Stuart, was für eine Freude, Sie anzutreffen! Die Tür stand offen, deswegen war ich so frei. Und Countess von Shropsborough!« Bietigheim trat zu ihr, verbeugte sich und küsste ihren Handrücken. »Es ist immer ein besonderes Vergnügen, Sie zu sehen. Auch wenn ich Sie bei diesem fabelhaften Wetter eher hoch zu Ross erwartet hätte als so sehr auf dem Boden der Tatsachen.«

Stuart erhob sich. »I am not amused. Wenn Sie etwas mit mir zu besprechen haben, empfange ich Sie gerne in meinem Büro.«

»Es ist dringend, weswegen ich den beschwerlichen Weg nach Grantchester, noch dazu am Sonntag, auf mich genommen habe.«

Die Countess stöhnte kurz auf. Die Wirkung der versammelten Aphrodisiaka schlug offenbar voll zu. Ihre Pupillen weiteten sich und sie benetzte sich die Lippen. Auch dem Master blieb dies nicht verborgen.

»Ich werde selten ausfallend, aber jetzt haben Sie mich so weit gebracht: Verlassen Sie sofort mein Haus, Sie unverschämter Mann! Haben Sie denn gar keine Manieren? Muss ich die Polizei rufen?« Er zog sein Handy aus der Sakkoinnentasche und wählte eine Nummer.

»Sie fragen mich, ob *ich* Manieren habe?«, erwiderte Bietigheim. »*Sie*? Ich zumindest habe es in meinem Leben niemals nötig gehabt, mit gezinkten Karten zu spielen. Ich war immer Manns genug, mit dem, was mir der Herr gegeben hat, um Damen zu werben.« Bietigheim setzte sein charmantestes Lächeln auf und trat neben die sich nun mit ihren Händen lasziv durch die Haare fahrende Countess. »Wissen Sie eigentlich, was Sie da trinken und warum?«

Stuart steckte das Handy weg. Er hatte kein Wort in den Hörer gesprochen.

Die Countess blickte Bietigheim lange an. »Sie haben was, wissen Sie das eigentlich? Ich kann nicht sagen, was es ist. Animalisch? Nein. Brutal? Auch nicht. Nein, es ist dieses Korrekte, dieses Steife, das ... mich erregt. Setzen Sie sich doch zu uns. Neben mir ist noch Platz.«

Bietigheim blickte lächelnd den Master an.

»Lassen Sie uns reingehen und reden«, meinte dieser plötzlich. »Elisabeth, entschuldige uns bitte, aber es scheint dringend zu sein, und ich will meine Pflicht tun. Ich bin gleich wieder zurück. Trink noch etwas Tee, bevor er kalt wird. Ich setze gleich neuen auf.«

Die Countess nickte und schlug die Beine übereinander. Auf die linke Seite, dann auf die rechte, und die ganze Zeit rutschte sie mit ihrem Po auf der Gartenbank vor und zurück.

Strammen Schrittes ging der Master vor ihm in die Küche. Als Bietigheim ihm gefolgt war, schloss er die Verandatür hinter ihnen. Hoffentlich stellten Pit und Benno in der Zwischenzeit keinen Blödsinn an.

»Was wollen Sie von mir? Wollen Sie mich erpressen? Sie haben mich in der Hand.«

»Es freut mich, das zu hören, vor allem von dem Mann, der mich gerade vor die Tür gesetzt hat.«

»Ich kann das nicht auf einfache Art rückgängig machen. Ihr Ruf ist geschädigt.«

»Dann machen Sie es eben auf komplizierte Art rückgängig! Sie könnten stattdessen Tölers Ruf schädigen – obwohl ich vermute, dass er das mit der Zeit auch ganz alleine hinbekommt. Er ist in dieser Hinsicht sehr begabt.«

Immer wieder glitt Stuarts Blick hinaus in Richtung Pavillon. Sein Atem wurde so schwer, dass er sich gegen die Küchenzeile lehnen musste. »Jonathan Cleesewood hat diesen Pu-Erh-Tee gefunden. Nein, das ist so nicht ganz korrekt, er hat ihn gesucht, denn er hatte in irgendwelchen Schriften über genau diesen Tee gelesen – und seine Fähigkeiten als Aphrodisiakum. Auf offiziellem Weg war da nicht heranzukommen, doch mit den richtigen Kontakten, über inoffizielle Kanäle, mit ausreichend finanziellen Mitteln sehr wohl. Vermutlich ist dieser Pu-Erh-Tee vor Ort gestohlen worden, wobei ich nicht weiß, von wem, wo und wann. Und ich will es auch gar nicht so genau wissen. Wir haben darauf gehofft, den als Aphrodisiakum wirkenden Stoff isolieren zu können. Wenn er reproduzierbar wäre – stellen Sie sich den Markt vor! Weltweit! Es gab eine Zusammenarbeit mit Chemikern und Biologen, die alle nur ausgewählte Informationen bekamen. Niemand außer Jonathan und mir kannte die ganze Geschichte. Leider stellte sich heraus, dass das Aphrodisiakum keine Einzelkomponente war, sondern das Zusammenspiel vieler, wenn nicht gar aller Inhaltsstoffe dieses Tees. Sie können sich vorstellen, was dies bedeutete: eine wirtschaftliche Sackgasse. Zumindest mit den heutigen Mitteln der Technik. Also wurde entschieden, den Tee schockzufrosten, um ihn später mit anderen Mitteln abermals zu untersuchen und dann die Forschung zu einem erfolgreichen Abschluss zu führen. Jetzt muss ich aber wirklich wieder hinaus, sonst wäre es erschreckend unhöflich.«

Doch Bietigheim dachte gar nicht daran, den Master gehen zu lassen.

»War Kokushi wegen des Pu-Erh-Tees bei Ihnen? Ich habe Sie in der Sauna belauscht. Sie haben mit der Countess darüber gesprochen, dass es um viel Geld gehe. Wollte er Ihnen den Pu-Erh-Tee abkaufen, oder hat er ihn gar verlangt, ohne etwas zahlen zu wollen?«

Der Master blickte wieder hinaus in den Garten. »Nein, er weiß nichts davon, es ging um etwas anderes.«

»Worum denn?«

»Er wollte sämtliche Teebestände der Universität aufkaufen. Geradezu insistiert hat er und nicht nur Geld sondern auch Gastvorlesungen angeboten. Ich habe selbstverständlich abgelehnt. Was einmal im Besitz des St John's ist wird nicht mehr veräußert!«

»Über wen haben Sie den Tee bezogen?«, fragte Bietigheim, obwohl er sich die Antwort schon denken konnte.

»Selbstverständlich über Kevin Shields, wir unterstützen seit jeher lokale Händler.« Er streckte ihm die Hand hin. »Und nun müssen Sie mich wirklich entschuldigen.«

Obwohl die Wut immer noch in ihm brodelte wie eine glühend heiße Polenta, schüttelte Bietigheim die ihm hingestreckte Hand.

Denn so verhielt sich ein Gentleman.

Gemeinsam gingen sie zurück zum Gartenpavillon. Auf einmal entdeckte der Professor Benno. Der hatte den Pu-Erh-Fladen zwar nicht lange im Maul gehabt – aber doch lange genug. Wie er es geschafft hatte, auf das Dach der Pagode zu kommen, sollte Bietigheim auf ewig ein Rätsel bleiben. Fest stand jedoch: Nie zuvor war der Meerjungfrauenstatue auf der Spitze des Dachs ein Foxterrier so nahe gekommen.

Auch Bietigheims zweiter Begleiter war wieder aufgetaucht. Zum ersten (und vermutlich auch zum letzten) Mal in ihrem Leben fand die Countess von Shropsborough einen hünenhaften, glatzköpfigen Mann mit Rauschebart attraktiv und wollte diesen unbedingt küssen – auf jede erreichbare Stelle. Normalerweise hätte sich dieser das auch gefallen lassen und mit Freude mehr freie Stellen zur Verfügung gestellt, doch Pits Herz wurde immer noch von einer lächelnden Vegetarierin beherrscht.

Deshalb ließ er die Gelegenheit verstreichen. Zum ersten Mal in seinem Leben. Und das für eine Frau, die keine Steaks aß. Wie sollte er das seinen Kumpels zu Hause in Björn's Curryhölle nur erklären?

Sie saßen gerade wieder im Auto, als Pits Handyklingelton ertönte: Alice Coopers »Poison«, und zwar in einer Lautstärke, die niemand dem kleinen Handy zugetraut hätte und die einige der Nobelpreisträger in Grantchester aus ihrem wohlverdienten Nickerchen weckte. Vielleicht fiel einem durch die Schallwellen gar ein Apfel auf den Kopf und er kam auf diese Weise zu einer kleinen Beule und einer weltbewegenden Eingebung.

Am anderen Ende der Leitung war Rena. Sie war aufgeregt. Geradezu hysterisch. Ja, sie lachte sogar ein wenig irre.

Pit beendete die Verbindung, noch bevor sie etwas sagen konnte, startete den Motor und fuhr mit quietschenden Reifen los, was ihm immer ein besonderes Vergnügen bereitete.

Auch der Professor hatte das Lachen gehört.

Er wusste, was es bedeutete.

Rena hatte das Passwort geknackt.

Der Generator des Bootes brummte, als Pit den Wagen wenig später am Ufer des Cam zum Stehen brachte, um den Professor aussteigen zu lassen. Dann fuhr er weiter, um einen Parkplatz für Alfons zu finden.

Eilig ging Bietigheim in Richtung Deck, wo sich Rena hingelegt hatte. Man konnte es mittlerweile zwar nicht mehr wirklich Sonnenstrahlen nennen, was vom Himmel kam, aber immerhin war es kein Regen.

Rena blickte auf. »Tippen Sie! Raten Sie!«

»Was meinen Sie? Den Sinn des Lebens? Ihre Abschlussnote? Warum Sie niemals Muskatnuss an Kartoffelpüree geben?«

»Das Passwort.«

»Es ist mir völlig egal, mir geht es um den Inhalt der Datei. Und ziehen Sie sich doch ordentlich an, was sollen denn die Nachbarn denken und die Spaziergänger, vielleicht kommt es wegen abgelenkter Kapitäne sogar zu Schiffsunglücken.«

Rena blickte an sich herab. »Ich sitze hier doch in Top und Hot Pants. Ganz normal.«

»Ja, aber Ihre Beine.«

»Davon habe ich zwei. Die weltweit korrekte Anzahl. Männer sind heutzutage daran gewöhnt, so etwas zu sehen. In allen Formen und Längen. Wollen Sie jetzt das Passwort wissen?«

»Sie geben ja sonst keine Ruhe.«

Rena legte sich wieder hin und streckte ihre Beine in den Himmel. »Nee, jetzt will ich es Ihnen nicht mehr sagen. Wer meine Beine verkehrsgefährdend nennt, hat es nicht anders verdient. Das Passwort steht auf dem Zettel neben meinem Notebook. Und einen guten Rat gebe ich Ihnen: gehen Sie unbedingt schnell durchs Boot. Bleiben Sie keine Sekunde stehen.«

»Was? Wieso?«

»Tun Sie es einfach. Und jetzt verwirre ich wieder die Schiffer. Meinen Sie, das funktioniert vielleicht noch besser, wenn ich singe und mein Haar herunterlasse?« Rena stimmte mit einem klaren Sopran an: »Ich weiß nicht, was soll es bedeuten, dass ich so traurig bin. Ein Märchen aus alten Zeiten, das kommt mir nicht aus dem Sinn.«

Bietigheim verschwand unter Deck. Er hatte keineswegs vor, besonders schnell zu gehen. Vermutlich würde Rena durch eine der Luken hereinschauen und sich köstlich amüsieren, wenn er versuchte, eilig durch das enge Boot zu gelangen. Diesen Gefallen würde er ihr nicht tun!

Sobald er ins düstere Bootsinnere trat, fiel ihm auf, dass sich einiges verändert hatte. Die Toilettentür stand offen, es war neues Klopapier da, und Charles, der Schwan, war nirgendwo zu sehen. Pits Schlafnische, die sich als zu klein herausgestellt hatte, war dagegen mit einigen Brettern verbarrikadiert worden. Als der Professor nähertrat, begriff er auch, warum. Es war Charles' neues Quartier. Der stattliche Schwan würde niemals zwischen den Brettern hindurchpassen – egal, wie wütend er nun auch fauchte. Gelassenen Schrittes ging der Professor an ihm vorbei.

Zumindest so weit, wie er kam.

Denn der Abstand zwischen den Brettern war zwar so schmal, dass Charles nicht komplett hindurchpasste, sein Kopf mit dem harten Schnabel jedoch problemlos. Mit diesem erwischte er zunächst Bietigheims Mantel, dann den obersten Knopf seiner Weste und schließlich seine Nase.

Es sah komisch aus, aber es war enorm schmerzhaft.

Bietigheim gelang es schließlich, sich aus Charles' Gewalt zu befreien. Er eilte davon und freute sich von nun an richtig darauf, dem biestigen Schwan den Hals umzudrehen und ihn auf kleiner Flamme zu rösten.

Renas Notebook befand sich im Bug des Schiffes, wo ein kleiner Schreibtisch eingeschreinert war. Auf dem Zettel neben dem Notebook stand keine Zahlenkombination, kein Buchstabengewirr, sondern ein Name.

Er gehörte einer Frau.

Julia Wenbosca.

Man wählte den Namen eines Passwortes nicht leichtfertig, vor allem nicht, wenn er eine derart bedeutende Datei schützte. Nein, man wählte einen Namen, der einem wichtig war, der einen bei jedem Eintippen erfreute. Dass Jonathan Cleesewood diesen Namen gewählt hatte, konnte nur eines bedeuten: Er hatte mehr Gefühle für die Dame, als Geschäftspartnern normalerweise entgegengebracht wurden.

In Bietigheims Kopf sprossen die Gedanken wie Unkraut in einem verwilderten Garten. Und bevor er sich die Daten auf dem USB-Stick anschaute, musste er diese Gedanken mit jemandem teilen. Doch nicht einmal Benno weilte in der Nähe. Nur der Schwan war da.

Nun ja, besser als nichts.

Doch diesmal hielt er ausreichend Abstand. Charles' Kopf reckte sich ihm entgegen wie eine giftige Schlange. Und das Zischen, das er von sich gab, klang auch eher reptilienartig.

»Mein lieber, nein, besser: mein böser Charles. Was ich dir nun sage, wird dir fremd sein. Ihr Höckerschwäne bindet euch schließlich fürs Leben, was bei Menschen nicht immer der Fall ist. Dame Julia Wenbosca könnte solch ein Mensch sein. Könnte, wohlgemerkt! Denn was verrät uns dieses Passwort? Es verrät uns etwas über mögliche Mordmotive. Hat der Earl von einer möglichen Affäre zwischen Cleesewood und Julia Wenbosca Wind bekommen und sie oder ihn oder beide erpresst? Und wurde dann von ihr oder ihm oder beiden zusammen ermordet? Oder hat Julia Wenbosca herausgefunden, dass sie nur deshalb Ehebruch mit Cleesewood begangen hat, weil dieser Aphrodisiaka in Form von Pu-Erh-Tee bei ihr eingesetzt hatte? Wäre das nicht Grund genug für einen Mord? Aber was frage ich dich garstiges Vieh nach einem Mordmotiv? Du würdest vermutlich schon für ein Stück altes, schimmeliges Toastbrot töten! Klar ist nach diesem Fund vor allem eines: ich muss Dame Wenbosca noch einmal befragen und ihr diesmal wirklich auf den Zahn fühlen, um nicht zu sagen: den Nerv ziehen. Hör mal, Charles, kannst du nicht einmal, und sei es auch nur für wenige Sekunden, dieses enervierende Fauchen unterbrechen? Erlahmt deine Zunge davon nicht irgendwann einmal?«

Nein, das tat sie nicht. Aber Bietigheim war fürs Erste fertig. Jetzt drehte er sich wieder zum Notebook und machte sich daran, die Daten zu untersuchen. Nachdem er das Passwort eingegeben hatte, passierte erst einmal nichts Spektakuläres, kein Feuerwerk begrüßte ihn, keine Siegesfanfare ertönte. Er konnte nur das Inhaltsverzeichnis des USB-Sticks sehen. Eine große Word-Datei, eine Excel-Liste sowie eine Powerpoint-Präsentation. Dem Datum nach hatte Cleesewood am Tag seines Todes an allen dreien gearbeitet. Die Dateien trugen alle den gleichen Namen: Forschungsergebnisse_Die_sechste_Schale.

»Die sechste Schale ruft mich ins Reich des Unvergänglichen«, hieß es in dem Gedicht. War der Pu-Erh-Tee gemeint, der durch seine aphrodisierende Wirkung den Menschen eine Empfindung schenkte, die sich zumindest zeitweilig unvergänglich anfühlte, die Liebe nämlich? Oder nahm Cleesewood etwa Bezug auf die Kokainlieferungen im Grüntee, die den Tod, und damit das einzige wirklich Unvergängliche, herbeiführen konnten?

Der Professor öffnete die Textdatei, las die Einleitung und sprang dann zur Zusammenfassung am Ende. Dann erst überflog er den Teil dazwischen, schaute sich die Daten in der Tabellenkalkulation an und anschließend die Präsentation.

Der Inhalt war etwas ganz anderes, als der Professor erwartet hatte. Und er war eine Sensation. Der Name passte: Die Forschungsarbeit hatte mit Zeit zu tun, mit dem Unvergänglichen, dem Pu-Erh-Tee.

Jonathan Cleesewood hatte eine Methode gefunden, mit der man das Alter eines Pu-Erh-Tees auf das Jahr genau bestimmen konnte. Jede Fälschung war dadurch mittels einer einfachen, kostengünstigen Prüfung in wenigen Minuten feststellbar. Man brauchte dafür nur einen Teststreifen, auf dem eine Jahresskala angebracht war. Genial. Alle Fälschungen des teuren Tees, und es gab etliche davon, konnten damit auf einen Schlag als solche enttarnt werden. Und ihre Fälscher und Verkäufer ebenso, die damit Unsummen verdienten.

Der Professor musste sich setzen. Die tektonischen Platten in seinem Kopf verschoben sich wieder mit aller Macht.

Und in diesem Moment nahm er selbst Charles' beständiges Fauchen nicht mehr wahr.

Einige Minuten zuvor hatte Pit eine Zigarette angezündet, sich aufs Bootsdeck gesetzt und den Professor beobachtet. Das war besser als Fernsehen. Jetzt gab er unentwegt merkwürdige Worte von sich wie »Sirupus simplex«, »Tangentialbündel« oder »Erinnophilie«, ohne es zu merken. Nach einiger Zeit griff Bietigheim sich einen Zettel und schrieb wie wild drauflos.

Dann rief er Pit zu sich.

»Alle, die hier draufstehen, einladen zum Pub-Quiz im Pickerel Inn am Achtzehnten um achtzehn Uhr, das kann sich hoffentlich jeder merken.« Er drückte Pit die Liste in die Hand.

Dieser sah sich die Namen an. »Wieso sollte auch nur ein Einziger von diesen Leuten erscheinen? Und wie um alles in der Welt sollen wir Kokushi einladen? Der ist doch verschwunden.«

»Er wird davon erfahren. Und die anderen werden kommen, weil dem Gewinner nicht nur die geheimen Forschungsergebnisse von Cleesewood winken, sondern auch ein extrem seltener Pu-Erh-Tee. Von mir aus setzen Sie die Studenten von der Port Wine Society ein, um alles zu organisieren, schließlich ist das Pickerel Inn ihr Stammlokal.«

»Sie wissen, dass morgen Schwanenessen ist, oder? Ich mein, geht mich ja nix an, aber sollten Sie nicht langsam mal Sachen einkaufen, probekochen, so was in der Art?«

Bietigheim blickte ihn an und zuckte mit den Ohren. Bei ihm ein Zeichen höchster Erregung. »Das Wichtigste im Leben, in der Liebe und auch beim Kochen findet hier oben statt!« Er zeigte auf seinen Kopf. »Und dort ist das Festessen schon Dutzende Male durchgelaufen. Jede nur denkbare Eventualität habe ich einkalkuliert, wie beim Schachspiel gegen einen Großmeister. Glauben Sie ernsthaft, ich würde es riskieren, Hildegard zu Trömmsen zu enttäuschen?«

Pit erkannte eine rhetorische Frage, wenn sie ihm gestellt wurde. »Äh, nein?«

»Nein, genau! Und wenn Sie endlich verschwunden sind, um die Ihnen übertragene Aufgabe zu erledigen, werde ich die Einkäufe tätigen, oder besser: die Waren abholen, welche ich bereits geordert habe, und dann alles zum Midsummer House schaffen, das praktischerweise direkt um die Ecke liegt. Sie sind ja immer noch hier!«

»Und was ist mit…« Pit hasste Sentimentalitäten, aber manchmal, ganz selten, durften auch Männer Gefühle zeigen. Bei verlorenen Pokalspielen, wenn ein Steak zu sehr durchgebraten war, bei einem zu früh geleerten Bierfass. Oder bei einem gemeingefährlichen Schwan, der einem unerklärlicherweise ans Herz gewachsen war. Er schluckte und setzte erneut an: »Was ist mit Charles? Wollen Sie ihm wirklich den Hals umdrehen? Er ist doch so ein…« Weiter kam er vorerst nicht. »Netter« passte nicht. »Süßer« auch nicht. »Kleiner Räuber« nur, wenn dies den Bösartigsten unter allen kleinen Räubern bezeichnete. »…Cooler. Ein wütender, fauchender, männlicher Schwan, quasi der Rocker unter den Höckerschwänen.«

»Ich werde ihn liebevoll behandeln – im Bräter. Und jetzt fort mit Ihnen! Wenn Sie sich von Charles verabschieden wollen, erledigen Sie es schnell. Sein Fleisch muss nämlich noch etwas abhängen, weswegen ich mich seiner gleich annehmen werde.« Er demonstrierte mit den Händen, wie er ihm den Hals umdrehen würde. »Knacks!«

»Was Professoren doch für Barbaren sein können.«

»Gerade Professoren«, erwiderte Bietigheim. »Glauben Sie mir.« Und damit widmete er sich einem anderen Zettel, der immer voller und voller wurde. Es schien, als würde der Professor den Mörder mit seinen Buchstaben umzingeln wollen.

Pit schaffte es noch, die neuesten Erkenntnisse zu den rätselhaften Todesfällen aus dem Professor herauszukitzeln, dann informierte er die Port Wine Society, die den Auftrag annahm.

Eine der Einladungen wollte Pit aber selber zustellen.

Die an Diana.

Er hatte Mist gebaut, großen Mist, ein Strauß Blumen würde nicht reichen, um das auszubügeln. Nur Worte halfen jetzt noch, die richtigen Worte, im richtigen Moment aus aufrichtigem Herzen gesprochen. Pit hoffte, dass er sie finden würde.

Diana war weder im Haus ihres Vaters noch in Auntie's Tea House, sondern im Tea Shop ihres verstorbenen Vaters. Zwar verkündete das Schild im Schaufenster, dass geschlossen war, doch die Tür ließ sich trotzdem öffnen.

Pit hatte erwartet, Diana irgendwo auf dem Boden sitzend anzutreffen, wie sie in die Luft starrte. Stattdessen stand sie vornübergebeugt am Schreibtisch des kleinen fensterlosen Büros, einer ehemaligen Abstellkammer, und klickte sich durch die Dateien des Computers. Sie bemerkte ihn, noch bevor er die ersten seiner bereitgelegten richtigen Worte sagen konnte.

»Was willst du denn hier? Der Laden ist geschlossen. Kannst du etwa nicht lesen?«

Jetzt war es höchste Zeit für richtige Worte. »Ich will mich bei dir entschuldigen.«

Sie ließ sich auf den durchgesessenen Drehstuhl fallen und verschränkte die Arme vor der Brust. »Wofür? Dass du mich völlig verzweifelt im Haus meines Vaters zurückgelassen hast? Dass du dich einfach und ohne ersichtlichen Grund umgedreht hast und ohne ein Wort gegangen bist? Weißt du eigentlich, wie ich mir vorgekommen bin? Wie eine Aussätzige. Warum hast du Arschloch das nur gemacht? Wahrscheinlich ist das schon die Antwort: eben weil du ein Arschloch bist.«

»Nein, weil ich bekloppt bin.«

Sie hob herausfordernd das Kinn. »Was soll das heißen?«

»Hast du ein bisschen Zeit? Es dauert nämlich länger. Dafür muss ich dir meine Lebensgeschichte erzählen. Ich baue auch ein paar Actionszenen und Verfolgungsjagden ein, dann wird es nicht langweilig. Hör sie dir an, bitte. Wenn du danach nichts mehr von mir wissen willst, dann wirst du auf ewig Ruhe vor mir haben.«

Diana blickte auf die digitale Uhr in der Ecke des Computerbildschirms. »Okay, eine Chance kriegst du noch. Obwohl du die überhaupt nicht verdient hast. Ich halte dir zugute, dass Männer von Natur aus dumm und unsensibel sind.« Sie griff sich ihre Jacke. »Ich muss noch zu einem Termin. Eigentlich wollte ich später mit dem Auto hinfahren, aber lass uns doch stattdessen jetzt zu Fuß gehen. Und du erzählst mir währenddessen deine Entschuldigung. Sie sollte wirklich verdammt gut sein.«

Die Entschuldigung war richtig gut, und sie war richtig lang. Pit begann mit seiner Kindheit in einer Metzgerei, umgeben von Schinken, Würsten und Pasteten. Sie waren es, die ihn mit seinem strengen Vater verbanden, nur in dieser Hinsicht waren sie sich immer einig gewesen. Er gestand Diana seine tiefe Liebe zu Fleisch, seine Verehrung für Grillwaren und sein schwieriges Verhältnis zu Gemüse und Vitaminen.

Er brachte sie zum Lachen. Mehr als einmal. Und er entschuldigte sich. Deutlich mehr als einmal.

Die beiden spazierten am Cam entlang Richtung Grantchester. Ihr Ziel: der Orchard Tea Garden – ein nicht wegzudenkender Bestandteil des universitären Lebens. In der Zeit der Maibälle war es geradezu Pflicht für die nach den langen, durchzechten Nächten übermüdeten Studenten, zum Frühstück mit dem Boot hierher zu punten.

Nachdem seine ausführliche Entschuldigung angenommen worden war, die vor allem darin bestand, dass er sich als ignoranten Idioten bezeichnete – der aber auf dem Weg der Besserung sei, sprach Pit die Einladung zum Pub-Quiz aus.

»Oh, ich liebe Pub-Quiz! Und der Tag passt auch. Vormittags ist die Beerdigung meines Vaters. Da kann ich abends gut etwas gebrauchen, um auf andere Gedanken zu kommen.«

Pit war überrascht. Ihm wäre es komisch vorgekommen, an solch einem Tag unter angetrunkenen, fröhlichen Menschen zu sein. Er würde nach der Beerdigung eines Elternteils zu seiner liebsten Currywurstbude fahren. Denn da gab es angetrunkene, unfröhliche Menschen. Da passte er dann prima hinein.

Plötzlich kam ihm eine Idee. Vielleicht hatte Diana Informationen zu Dame Wenbosca, die Bietigheim weiterhelfen konnten? Die Teewelt war schließlich klein.

»Weißt du, wer auch beim Pub-Quiz sein wird? Die Besitzerin der Teeplantage in Cornwall. Kennst du die eigentlich? Wahrscheinlich schon, ich meine, als Tee-Expertin?«

Diana nickte. »Aber nicht nur deswegen. Dame Julia Wenbosca ist zugleich die Großkusine meiner Putzfrau, die früher auch bei deinem Professor geputzt hat – bevor er hinausgeschmissen wurde. Dame Julia hat das Institut für Kulinaristik immer gefördert, vor allem bei Forschungen, die englische Lebensmittel betreffen. Einer ihrer Pläne, mit dem ich zu tun hatte, ist es, englischen Pu-Erh-Tee zu produzieren. Sie hat eine große Leidenschaft für diese Teesorte.«

Nur ein kleines Stück abseits des Cam und seiner saftigen Uferwiesen lag der Orchard Tea Garden. Er bestand aus einem Garten mit gepflegtem Rasen und unzähligen Obstbäumen. Überall standen grün bespannte Deckchairs und kleine Tische, die sich die Gäste je nach Laune zusammenstellen konnten. Den Tee und Kleinigkeiten zum Essen holte man sich in einer Art besserer Bretterbude. Die Stimmung war hervorragend, die Sonne ließ sich blicken, hier konnte man es aushalten. Pit hielt zwei Plätze frei, während sich Diana um die Verpflegung kümmerte – obwohl Pit angeboten hatte, sie einzuladen, woraufhin sie jedoch nur gelacht hatte.

Nach einer Weile kam sie mit Tee und Kuchen zurück.

»Ist das hier deine schärfste Konkurrenz?«, fragte Pit.

Diana lachte wieder. »Nicht mehr. Ich habe es mit dem Geld meines Vaters gekauft, genau wie eine Teehandlung in London und eine kleinere in Edinburgh. Jedes wird in ein Auntie's Tea House verwandelt – mit angeschlossenem Shop. Davon habe ich schon immer geträumt.« Sie lehnte sich verschwörerisch zu Pit. »Heute bin ich inkognito hier. Will mal sehen, wie alles läuft und was man ändern kann. Die waren mir ehrlich gesagt seit Jahren ein Dorn im Auge. Jetzt geht's mir besser.« Sie strahlte und nahm einen Schluck Tee. »Hm, da werde ich wohl den Zulieferer wechseln müssen.«

»Dem Professor würde es hier sicher gefallen.«

Diana schüttelte entschieden den Kopf. »Ich habe mir letzte Woche eine seiner Vorlesungen über Tee angehört – meine Verbindungen zur University sind immer noch sehr gut, sonst ginge das natürlich nicht.« Sie holte ihr Handy hervor, tippte auf einige Icons, und plötzlich ertönte Adalbert Bietigheims Stimme.

»Im Orchard Tea Garden, dieser bereits 1897 gegründeten Institution mit seinem hölzernen Teepavillon, von dem der Dichter Rupert Brooke so treffend sagte: ›More famous people have taken their tea here than anywhere else in the world‹, gibt es heutzutage, wie mir zugetragen wurde, leider nur eine lächerliche Auswahl an Tees. Darunter sogar Früchtetees. Früchtetees! Welch ein Hohn! Doch die meisten trinken das, was auf der Karte einfach nur als Tee bezeichnet wird. Keine Herkunft ist angegeben, keine Mischung. Bloß Tee! Auf den Hund gekommen ist sie hier, die englische Teekultur. Den Allerweltsteegenuss

hat man behalten, selbst in billigen Hotels finden sich Wasserkocher und Teebeutel auf dem Zimmer. Doch was ist mit dem Zelebrieren des High Tea, was mit den unzähligen Teesorten? In London, ja, da gibt es all dies, aber schon hier, in der gebildeten Universitätsstadt Cambridge: Fehlanzeige. Wie anders ist es in Hamburg! Eine Oase der Teekultur! Sogar ein Teemuseum gibt es an der Alster und herausragende Teegeschäfte – auch wenn es die Bremer waren, die ein deutschlandweit operierendes Kontor geschaffen haben, das muss man ihnen leider zugutehalten. Ich werde Cambridge seine Teekultur zurückgeben und High Teas in den Gärten der Colleges organisieren!«

Sie schmunzelte, nahm einen Schluck heißen Tee und legte ihr Handy beiseite. »Er versteht nicht, dass Tee bei uns ein Alltagsgetränk ist, wie in Frankreich Wein und in Deutschland vielleicht Milch. Wir machen uns keine Gedanken darüber, wir trinken ihn ständig und haben Spaß daran. Für ihn ist es ein Expertenthema, doch der Tee gehört allen.«

Sie saßen noch eine ganze Weile im Orchard Tea Garden und genossen es, einfach zusammen zu sein. Manchmal redeten sie, manchmal nicht. Und Pit dachte kein einziges Mal an gegrilltes Nackensteak.

Das musste Liebe sein.

Für den Rückweg wählte Diana eine andere Strecke. Dabei mussten sie durch eine kleine grün gestrichene Pforte. Links und rechts wucherten Bäume und Sträucher, ineinander verschlungen.

»Man nennt es das ›Kissing Gate‹«, informierte Diana ganz beiläufig.

Pit zögerte nicht. Sie zu küssen, ging ihm schon so lange durch den Kopf. Um genau zu sein, seit er sie das erste Mal gesehen hatte. Vermutlich sah man ihm das damals nicht an, weil er grimmig guckte, wie er es eigentlich immer tat, ohne es zu merken. Es war der Normalzustand seines Gesichts, selbst wenn ihm das Herz gerade überging. Diese

1,71 Meter große, vegetarische Handballerin mit den, wie ihm jetzt auffiel, hübschesten Ohren der Welt, von denen eines eine unglaublich süße Kante hatte, würde er jetzt küssen, weil sich das einfach gehörte.

Und weil er genau das wollte.

Von der ersten Sekunde an, in der sich ihre Lippen berührten und ein wohliger Schauer sich in jeder Pore seines gewaltigen Körpers ausbreitete, wusste er, dass dieser Kuss richtig war. Unglaublich richtig. Sie hätten in der Nähe einer illegalen Müllkippe stehen, ein Wagen hätte sie vom Weg hupen können, und selbst wenn er ihr mit seiner großen Nase fast eines ihrer schönen Augen ausgestoßen hätte, dieser Kuss hätte sich immer unglaublich richtig angefühlt. Als wäre die Welt aus dem Gleichgewicht geraten, wenn er nicht passiert wäre. Und Pit musste zu seinem Erstaunen feststellen, dass Vegetarierinnen äußerst lecker schmeckten.

Deshalb, und weil der Kuss ohne Zögern erwidert wurde, blieb es nicht bei dem einen.

Als Pit zurück zum Hausboot kam, beschwingten Schrittes und leichten Herzens, lag Benno rücklings an Deck, neben sich einen angekauten Rettungsring. Er sah zufrieden mit sich und der Welt aus. Und damit genau so, wie Pit sich fühlte.

Kurz nachdem er an Bord der »God Save The Queen« getreten war, tauchte Renas Kopf in der Luke auf. Sie sah blasser aus als eine Kopfschmerztablette.

»Ich hab gerade was entdeckt und muss mit jemandem drüber reden. Der Professor ist unterwegs in Sachen Schwanenessen …«

»Und Benno schläft, schon klar.« Er lächelte sie an, weil die Schmetterlinge in seinem Bauch immer noch wild mit den Flügeln schlugen.

»Ich meine es ernst, Pit! Weil es schrecklich ernst ist! Als

Töler mit seinem Unitrupp ins Haus in der Pretoria Road kam, hab ich alles Mögliche aus meinem Zimmer in den Koffer geworfen. Irgendwelche Tüten, die unter dem Bett lagen, Sachen aus dem Badezimmer, keine Ahnung, alles halt. Ohne es mir genauer anzuschauen. Eben hab ich versucht, mal Ordnung ins Chaos zu bringen, und dabei ist mir das hier in die Hände gefallen.« Sie hob ein kleines weißes Plastikdöschen mit luftdichtem Verschluss hoch, wie man es für Tabletten verwendet. »Wahrscheinlich stammt es aus der Schreibtischschublade, die ich komplett umgedreht habe. Da waren so komische Klebestreifen an der Unterseite, und hier sind die auch dran. Anscheinend war das Döschen dort festgepappt, sollte wohl nicht gefunden werden.«

»Weißt du, was es ist?«

Rena nickte. »Es steht drauf. Also der Fachbegriff, weil das Döschen aus dem Institut stammt. Vor einigen Wochen hätte ich noch nicht gewusst, was er bedeutet, jetzt kann ich ihn dir im Schlaf buchstabieren.«

Pit nahm das Döschen in dic Hand und las die Beschriftung. Auch er wusste, was sich hinter dem Namen Tetrodoxin verbarg.

»Kugelfischgift!«

»Wer hat vor mir in dem Zimmer geschlafen? Du weißt schon, das kleine unter dem Dach? Das mit dem verspiegelten Kleiderschrank.«

»Michael hat mal dort Quartier bezogen.« Er schluckte, als müsste er eine Gänsekeule im Ganzen herunterbekommen. »Michael Broadbent.«

»Das habe ich befürchtet. Es wird dem Professor das Herz brechen.«

Es war der Tag des großen kulinarischen Wettstreits im Midsummer House zwischen Daniel Clifford, dem einzigen Zwei-Sterne-Koch East Anglias, auch bekannt aus dem

Fernsehen, und Professor Dr. Dr. Adalbert Bietigheim aus Hamburg. Der Schwan trat an gegen geräucherte Makrele mit Kaviar und Gurke, confierten Schweinebauch mit Honigpüree und Madeirasauce sowie Pistaziensoufflé mit Schokoladensorbet.

Bietigheim hatte entschieden, den Schwan in drei Gängen zu servieren, selbst ins Dessert hatte er Charles eingebaut – dank einem Tipp seines Freundes Julius Eichendorff aus dem Ahrtal. Der hatte am Telefon sogar ein bisschen neidisch geklungen, dass der Professor nun ein Tier zubereiten durfte, welches bei ihm selbst noch nie in den Bräter gekommen war. Und dass es statt seiner nun der Professor war, der Schokoladenparfait mit Schwanenblut zubereitete.

Der Professor hatte keine Zeit, das hübsche kleine Gebäude zu bewundern, in dem das Restaurant untergebracht war. Es war ein richtiges englisches Hexenhäuschen direkt am Ufer des Cam, mit einem Erker und einem schmalen Schornstein. Schon von außen war zu sehen, dass die Gäste bereits in den beiden Wintergärten des Gebäudes saßen. Sowohl der London High Tea Club als auch auch die Mitglieder des Ost- und westfriesischen Schwarztee-Conviviums waren bereits eingetroffen und genossen Aperitifs, aßen kleine Häppchen und warteten gespannt auf die Menüs, welche parallel serviert werden sollten.

Doch wo steckte Hildegard zu Trömmsen, wo die Pfingstrose der Alster? Nirgends konnte Bietigheim ihre grazile Silhouette ausmachen, der Stuhl am Ende der Tafel war leer.

Der Professor stürzte hinein. Die Platzkarte wies den leeren Platz tatsächlich als den ihren aus. All das tat er doch nur für sie! Trotz der kurz bevorstehenden Auflösung der Morde hatte er sich die Zeit dafür genommen. Nicht für die Geisteszwerge des Ost- und Westfriesischen Schwarztee-Conviviums, erst recht nicht, um den Engländern zu zeigen, wie man einen Schwan richtig zubereitete, sondern nur, um sie stolz zu machen.

Neben ihm tauchte der Maître d'Hôtel auf und hielt ihm das Zifferblatt seiner Armbanduhr vor die Augen. Der erste Gang stand an. Bietigheim hatte zur Unterstützung zwei Lehrlinge zugewiesen bekommen, die alles anrichteten, wie er es ihnen am Nachmittag auf einem Probeteller gezeigt hatte. Doch er musste die Ergebnisse überprüfen, sollte dieser Tag nicht in einem Debakel enden.

Der Professor betrat die Küche. Sofort lösten sich die Blicke der anwesenden Köche von Pfannen, Töpfen und Schneidebrettern, um sich ihm zuzuwenden.

Dem Feind, der sie herausgefordert hatte.

Er war an diesem Tag schon mehrmals in der Küche gewesen, um seine Zutaten einzulagern, das Mis en place vorzubereiten, die Arbeitsgeräte kennenzulernen. Dabei war ihm Sternekoch Daniel Clifford stets aus dem Weg gegangen, sie hatten sich nie Aug in Aug gegenübergestanden. Jetzt begrüßte ihn der Hausherr höflich mit Handschlag, doch das Unwohlsein, die Küche mit einem Fremden teilen zu müssen, war ihm anzumerken. Bietigheim war ein kleiner Arbeitsbereich in der Küchenecke zugeteilt worden, in dem es jedoch an nichts fehlte. Man wollte sich später wohl nicht nachsagen lassen, man habe es an Unterstützung mangeln lassen.

Doch auf Rosen betten wollte man den Konkurrenten nicht.

Den Professor focht das nicht an. Aus dem Universitätsleben war er Konkurrenzsituationen, Missgunst und Nickeligkeiten gewohnt. Er fühlte sich wie ein Fisch im Wasser.

Mit wissenschaftlicher Präzision bereitete er die Gänge zu, akribisch wog er die Zutaten ab, sekundengenau hielt er Garzeiten ein, dabei immer flexibel genug, diese der Qualität und dem Gewicht der Lebensmittel anzupassen. Bietigheim hatte sich gegen allzu komplexe Zubereitungen entschieden, gegen die schiere Mannschaftsstärke des Restaurants kam er in diesem Bereich sowieso nicht an.

Es musste einfach und genial sein. Dabei galt: Je einfacher ein Gericht war, je weniger Zutaten es gab, desto besser mussten diese sein. Deswegen begeisterte die italienische Küche im Vergleich zur aufwendigeren französischen auch nur, wenn herausragende Lebensmittel Verwendung fanden. Der Professor hatte nur absolute Spitzenprodukte herbeigeschafft, zum Teil extra aus dem legendären Pariser Großmarkt Rungis – der größer als ganz Monaco war.

Wann immer Bietigheim einen Augenblick Zeit hatte, blickte er in den Gastraum, um zu sehen, ob die Göttliche mittlerweile eingetroffen war. Doch jedes Mal musste er enttäuscht wieder in die Küche zurückkehren.

Die Vorspeisen wurden aufgetragen. Es war nicht zu übersehen, dass die Gäste der Schwanessenz mit Steinpilzen und Flusskrebsschwänzen nicht viel abgewannen, ja sogar fremdelten. Cliffords geräucherte Makrele mit Kaviar und Gurke schlug die Essenz um Längen.

Vielleicht war es gut, dass Hildegard zu Trömmsen nicht anwesend war. Und auch nicht ihre gute Freundin, die Königin von England.

Bietigheims Zwischengang erfreute die Gäste mehr, allerdings hatte er bei diesem auch nicht den ganzen Schwan, sondern nur dessen Schmalz in Kombination mit der Heiligen Dreieinigkeit der Heringe eingesetzt: Bismarck, Matjes und Grüner – als Hommage an seine Heimatstadt Hamburg.

Diese Runde würde er als unentschieden werten, damit stand es zwei zu eins für Clifford.

Jetzt kam es auf den Hauptgang an.

Der Professor hatte sich entschieden, diesen auf einer riesengroßen, mit weißen Federn bedeckten Silberplatte zu servieren, darüber eine Glasscheibe, auf der das perfekt gegarte Fleisch in Form eines Schwans ausgelegt war. Kurz hatte Bietigheim überlegt, Wunderkerzen rundherum brennen zu lassen – aber das wäre doch zu sehr »Traumschiff«. Es war auch so schon eine Heidenarbeit gewesen und vielleicht ein wenig kitschig, aber Hildegard zu Trömmsen hätte es geliebt. Vielleicht käme sie ja noch rechtzeitig? Er blickte in Richtung Eingang. Doch sie war nirgends zu sehen.

Er holte tief und enttäuscht Luft, straffte die Brust und trat in den lichtdurchfluteten Gastraum. Sobald er die Aufmerksamkeit der Gäste hatte, kündigte er seinen Hauptgang an: »Meine sehr geschätzten Damen und Herren, ich darf Ihnen nun eine Neuschöpfung offerieren, etwas, das vor Ihnen noch niemand gegessen hat, eine Kreation zu Ehren der Grande Dame der Hamburger Gesellschaft. Ich präsentiere Ihnen: Schwan à la Trömmsen an Oolong-Sauce!«

Es wurde höflich auf die Tische geklopft.

Begeisterung sah anders aus.

Vor allem die Mitglieder des London High Tea Club rümpften auf elegante Art und Weise die Nasen. Die Abgesandten des Ost- und Westfriesischen Schwarztee-Conviviums sprachen sich gegenseitig Mut zu.

In genau diesem Moment wurde die Sonne von einer Wolke verdunkelt. Selbst Shakespeare hätte kein deutlicheres Zeichen der bevorstehenden Niederlage gefunden.

Für die Gäste sah es aus, als würde Bietigheim sich wieder in die Küche begeben – sie täuschten sich. Er stellte sich so, dass er vom Gastraum aus nicht zu sehen war, diesen jedoch komplett im Blick behielt. Die Sorge um den Erfolg des Menüs wütete in seinem Magen wie ein schlecht gekochtes Bohnengericht. Selbst wenn Hildegard zu Trömmsen die Niederlage nicht miterlebte, hören würde sie davon. Und ihn dann vielleicht nie wieder zum Nachmittagstee einladen. Wer würde ihm dann dermaßen schmutzige Witze erzählen?

Bietigheim musterte die Gäste. Sie zögerten, schoben das Schwanenfleisch von einer Seite des Tellers zur anderen, als wollten sie prüfen, ob es sie noch anfauchen, oder schlimmer, zwicken würde. Dann fingen die Ersten an, das Fleisch wildentschlossen in ihren Mund zu befördern – und blickten danach stolz in die Runde.

Der Gruppenzwang setzte ein. Niemand wollte der Letzte sein. Zuerst kauten sie mit langen Zähnen, doch die Mienen hellten sich auf. Der Professor wusste: Es schmeckte köstlich. Beim fünften Bissen dachten die Esser nicht mehr daran, was sie auf der Gabel hatten, sondern genossen es einfach.

Zum Schluss waren die Teller allesamt leer, ja, die Gäste trauten sich gar, mit dem bereitstehenden Brot die letzten Saucenreste aufzuwischen und in ihre Münder zu stecken.

Ein voller Erfolg!

Der Schweinebauch des Sternekochs dagegen lag häufiger, als diesem lieb sein konnte, auf den Tellern, als sie wieder abgetragen wurden.

Zwei zu zwei. Mindestens.

Bietigheim trat aus seiner Deckung. Mit einem zufriedenen Lächeln auf dem Gesicht.

Ein älterer Herr, dessen Haut wie ein Lederbezug aussah, stand auf, schlug mit der Gabel gegen ein Weinglas und wies auf den Professor. »Meine Damen und Herren, der Schöpfer dieses einzigartigen Schwanengerichts, der unvergleichliche Professor Dr. Adalbert Bietigheim!«

Applaus hob an, die Gäste erhoben sich sogar von ihren Plätzen und spendeten ihre Ovationen im Stehen. Bietigheim lächelte, doch innerlich ärgerte er sich maßlos darüber, dass der Mann seinen zweiten Doktortitel vergessen hatte. Er beschloss, sich vor dem nun alles entscheidenden Dessert einige Minuten an der frischen Luft zu gönnen, und trat durch die Eingangstür in den Vorgarten.

Und da sah er ihn.

Musō Kokushi.

Er rannte keuchend am Midsummer House vorbei, mit vor Schweiß glänzender Stirn.

Der Professor überlegte keine Sekunde, nein, er rannte sofort hinterher.

Und überließ damit das Dessert sich selbst.

Bietigheim mochte ein Mensch sein, der sich meist die nötige Zeit für die Dinge nahm. Er baute immer einen Puffer in seine Tagesplanung ein, um nie in die Verlegenheit zu kommen, sich durch unvorhersehbare Umstände zu verspäten oder ein unziemliches Tempo an den Tag legen zu müssen. Hetze war seiner Meinung nach unhanseatisch.

Doch in diesem Fall angebracht.

Und wenn es darauf ankam, konnte er schnell wie ein Gepard sein.

Das galt auch für Benno. Eigentlich war er an der Garderobe des Restaurants festgebunden. Aber was scherte Benno ein Knoten, wenn er hinter seinem Herrchen herrennen konnte?

Vor allem, wenn der Knoten schlampig gebunden war.

Deshalb raste er nun mit seinen kleinen Foxterrierbeinen und unablässig bellend hinter Bietigheim her.

Was Bietigheim nicht wusste, war, dass Teemeister Kokushi nicht nur von ihm und Benno verfolgt wurde, sondern außerdem von einem extrem muskulösen Mann mit streichholzkopfkurz geschorenen Haaren und einer Nase, die aussah, als sei sie mehrmals gebrochen oder schlecht aus Knetgummi modelliert.

Kokushi rannte Richtung Stadtzentrum, wo heute die Hölle los war. Unmengen von Menschen waren angereist, um das berühmte Punting-Rennen auf dem Cam zu sehen, das an diesem Tag stattfand. Das Umland musste völlig menschenleer sein, so viele Zuschauer säumten den Fluss. Doch der schmale, geschmeidige Teemeister fand einen Weg durch die Massen, ohne auch nur einmal »Bitte« sagen zu müssen. Bietigheim bediente sich einer anderen Technik. In Gedanken nannte er sie die »Pit-Ramme«. Er brüllte: »Aus dem Weg, Gesindel!« und hob dabei bedrohlich die Fäuste. Die Technik funktionierte.

Der Cam war zwischen der Seufzerbrücke und der Silver Street Bridge kaum zu sehen, so dicht lagen die Stechkähne im Wasser. Bei dem Rennen ging es nicht darum, sein Boot möglichst schnell zu bewegen, sondern möglichst schnell von einem Boot zum nächsten zu gelangen.

Unter den mit Startnummern versehenen Teilnehmern, die in kurzen Hosen bereitstanden, befanden sich einige breitschultrige olympisch wirkende Schwimmer, doch die meisten von ihnen waren Leichtgewichte, welche die Stechkähne laufend und springend überqueren konnten, ohne diese übermäßig zu erschüttern. Einige trugen spezielle Bootsschuhe, die auf den nassen Holzplanken nicht ausrutschen würden, andere setzten auf nackte Füße.

Gerade als Kokushi an der Startlinie ankam, fiel der Schuss, der das Rennen eröffnete. Ob absichtlich oder nicht, Kokushi rannte mit. Bietigheim schloss sich an. Und auch Benno von Saber ließ sich nicht lumpen.

Dabei durften Hunde überhaupt nicht teilnehmen.

Weswegen zwei der Organisatoren hinterherspurteten, um den illegalen Vierbeiner einzufangen. Als Benno das bemerkte, machte ihm die Sache noch mehr Spaß – genau wie dem Publikum.

Der Mann mit der Knetgumminase blieb kurz stehen. Vielleicht weil zu viele Fotografen anwesend waren. Dann rannte er am Ufer weiter, doch dort war das Gedränge so groß, dass sein Tempo stark nachließ. Die Zuschauer drückten immer weiter zum Ufer, denn so etwas hatte es noch nie gegeben: ein Asiate in traditioneller Kleidung, ein Mann, der sich als altehrwürdiger Professor im dunklen Anzug kostümiert hatte, und ein kläffender Hund, die allesamt am Punting-Rennen teilnahmen! Es erklangen Anfeuerungsrufe, die Buchmacher erweiterten ihre Teilnehmerliste und nahmen neue Wetten an.

Die Stechkähne lagen nicht ordentlich in Reih und Glied im Wasser des Cam, sondern kreuz und quer. Sie bewegten sich ständig in neuen Konstellationen, wie eine Landmasse, die extrem unentschlossen darüber war, wie sie endgültig aussehen wollte. Waberndes Holz, auf dem vereinzelt Männer und Frauen mit langen Stangen standen. Ein wenig wie die schwimmenden Märkte in Thailand.

Kokushi beherrschte die Kunst der Balance perfekt. Wie ein Seiltänzer tippelte er von Boot zu Boot, sprang mühelos, landete weich.

Bietigheim nicht.

Er hatte gedacht, als Hanseate wäre das Wasser sein Element. Das Problem war nur: das Wasser sah dies völlig anders. Und die Stechkähne ebenfalls. Bietigheims Fortbewegungsmethode konnte am ehesten als Taumeln oder als kontrolliertes Fallen bezeichnet werden. Doch sein Wille war ebenso stark wie seine Ellbogen. Mit diesen beförderte er einen Konkurrenten nach dem anderen ins Wasser.

Die abgesperrte Mathematical Bridge tauchte vor ihnen auf – und Kokushi kletterte daran empor! Wo wollte er hin? Es war eine akrobatische Meisterleistung, gerade für einen klein gewachsenen Japaner. Flink erklomm er die komplett aus Holz erbaute Brücke, die der Legende nach von Sir Isaac Newton gänzlich ohne Schrauben und Muttern errichtet worden war – in Wirklichkeit wurde sie zweiundzwanzig Jahre nach dessen Tod von James Essex mit ebensolchen gebaut. Aber Cambridge liebte solche Geschichten, selbst wenn bewiesen war, dass sie nicht stimmten.

Schließlich hatte Kokushi es geschafft. Er blickte auf den Fluss, schaute nach rechts, wo sich die Menschen eng an eng drängten, und nach links auf eine Rückwand des Queen's College. Auf einmal tauchten unter ihm zwei Hände an einem der Brückenbalken auf. Wenig später wuchtete sich Dr. Dr. Adalbert Bietigheim keuchend über das Geländer. Doch als der Professor auf der Brücke stand, war seine Beute schon wieder auf eines der Boote im Cam gesprungen.

Bietigheim musste sehr an sich halten, um nicht vor den Leuten unziemlich zu fluchen. Stattdessen entfleuchte ein »Hochdruckvakuumierer!« seinen Lippen. Von unten hörte er Benno bellen, der nun auf den zweiten Platz vorgerückt war und die Verfolgung fortführte. Vorsichtig ließ sich Bietigheim wieder hinab, doch nun lag er bereits ein gutes Stück zurück. Verdammt! Es half nur eins: Er musste zu größeren, gewagteren Sprüngen ansetzen. Was er dann auch tat.

Seine Verfolger ebenso.

Kurze Zeit später hörte er es zweimal hinter sich plumpsen. Und fluchen. Doch näher kam er Kokushi nicht – ganz im Gegensatz zu Benno, der sich schon darauf freute, gleich in die Hose seiner Beute zu beißen!

Der Teemeister musste die Gefahr gespürt haben, denn er begann nun Haken zu schlagen.

Das Ziel in Form der Seufzerbrücke kam in Sicht.

Diese – das war Bietigheim sofort klar – wäre die perfekte Fluchtmöglichkeit für Kokushi. Käme er dort hinauf, wäre er fort. Der Teemeister wagte einen Sprung, der noch gewaltiger war als jener auf die Mathematical Bridge.

Und er gelang.

Doch diesmal bekam der Japaner Probleme. Denn durch die glaslosen Sprossenfenster der Seufzerbrücke passte er nicht hindurch. Das rechte Ufer bestand nur aus Mauerwerk, sodass einzig der Weg nach links blieb, wo ein prächtiger Baum seine Äste über den Fluss streckte. Dorthin kletterte er nun.

Der Professor witterte sofort seine Chance und sprang über die Stechkähne zum Ufer, was ihm viel schneller gelang als dem kletternden Kokushi. Sobald er festen Boden unter den Füßen spürte, sprintete er zum Baum.

Als der Teemeister endlich das Ufer erreichte, war Bietigheim nur noch wenige Meter entfernt. Er breitete die Arme und Beine aus und stürzte sich von hinten auf den Teemeister. Der neben ihm herlaufende Benno nahm sich ein Beispiel an seinem Herrchen, sprang ebenfalls – und landete sicher auf Bietigheims Rücken. Es war die reinste Zirkusnummer.

»Lassen Sie mich in Ruhe!«, zeterte Kokushi. »Ich weiß es nicht! Hören Sie? Ich! Weiß! Es! Nicht! Glauben Sie, ich wäre noch hier, wenn ich wüsste, wo es steckt?« Dann drehte er den Kopf, um seinem Angreifer in die Augen zu sehen. »Professor?«

»Ja, genau der!«

»Was machen Sie auf mir?« Der Teemeister blickte sich nervös um, richtete sich auf, und musterte mit panischer Angst in seinen Augen die Gesichter der Zuschauer.

»Ich wollte Sie einladen«, sagte Bietigheim.

»Sie wollten ... *was*?«

»Zu einem Pub-Quiz. Und wenn ich Ihnen sage, was der Gewinn ist, werden Sie es sich sicher nicht entgehen lassen.«

»Ein Pub-Quiz? Was gibt es denn um alles in der Welt zu gewinnen?«

Bietigheim grinste. »Die geheimen Forschungsergebnisse von Jonathan Cleesewood und einen sehr alten Pu-Erh-Tee. Das Thema des Quiz' ist übrigens ein naheliegendes: Mord und Totschlag. Wir haben Experten eingeladen.«

KAPITEL 10

Der letzte Aufguss

Was weder der Professor, noch Kokushi oder Benno mitbekommen hatten: Der Teemeister hatte das Rennen gewonnen. Inoffiziell natürlich, da er keine Startnummer besaß, gefeiert wurde er trotzdem, auf den Schultern getragen, mit Alkoholika übergossen.

Kokushi blickte sich unentwegt um und schien nach jemandem Ausschau zu halten. In der Masse fanden sich viele Augen, Münder und Nasen – doch nur eine sah aus wie mit Knetgummi modelliert. Plötzlich war Kokushi wie vom Erdboden verschluckt.

Bietigheim nahm Benno auf den Arm und setzte eine griesgrämige Miene auf. Dann drängte er sich durch die Gaffer und machte sich auf den Rückweg zum Restaurant.

Das Midsummer House hatte bereits geschlossen, die Gäste schienen sämtlich gegangen zu sein. Bietigheim klopfte gegen die Tür, die ihm gleich geöffnet wurde. Von Sternekoch Clifford höchstpersönlich. Dieser streckte ihm die Hand entgegen. »Ich darf Ihnen gratulieren.«

»Wieso?«

Clifford lächelte geheimnisvoll. »Treten Sie erst mal ein.«

Die Tische im Speiseraum waren bereits für das Abendessen eingedeckt, ein Kellner saugte gerade den Teppichboden, ein anderer überprüfte die Blumenarrangements. Clifford ging vor in die Küche. An Bietigheims Kochstelle stand ein Karton, in dem die nicht benötigten Zutaten seiner Gerichte ordentlich verstaut waren.

»Darf ich davon ausgehen, dass es für die Gäste nicht allzu enttäuschend war, nur einen Nachtisch serviert zu bekommen? Der von Ihnen zubereitete war fraglos köstlich«, vergewisserte sich der Professor.

Clifford legte den Arm um Bietigheim. »Dürfen Sie nicht. Ihr Dessert ging auch raus. Ich hatte zwar keine Ahnung, wo Sie plötzlich so panisch hingerannt waren, aber ich habe selber seine Fertigstellung überwacht. Es war brillant. Wie Ihr ganzes Menü. Mir selbst hat die Essenz am besten gefallen. Es war zwar kein offizieller Wettkampf, aber Sie haben trotzdem gewonnen.«

Er begann zu klatschen – und die vielen Küchenhelfer fielen johlend mit ein. Er musste jedem von ihnen die Hand schütteln.

Dann nahm Clifford den Professor beiseite und sprach leiser. »Und keiner hat es gemerkt.«

»Was meinen Sie damit?«

»Na, Ihr kleines Geheimnis«, er knuffte Bietigheim in die Brust. »Dass der Schwan gar kein Schwan war, sondern …?«

»*Was?* Der Schwan soll kein Schwan gewesen sein? Unge-heuer-liche Unterstellung! Um so einen Geschmack hinzubekommen, hätte ich ja Truthahn in Entengrütze marinieren müssen.«

»Das wäre in der Tat raffiniert gewesen. Was hätten Sie denn mit dem Schwan gemacht, den Sie eingefangen haben?«

»Wohl freigelassen. Weil ich es einfach nicht über das Herz gebracht hätte, ihm den Hals umzudrehen. Vielleicht, weil er so herzzerreißend gefaucht hat.«

»Und woher würden dann die Schwanenfedern stammen?«

»Da gäbe es viele Möglichkeiten. Zum Beispiel von meinem guten Freund, dem Leiter des Zoologischen Museums Hamburg. Alles natürlich rein hypothetisch.«

»Selbstverständlich.« Clifford goss ihnen einen extrem

seltenen 1955er Vintage Portwein ein. »Nur für besondere Anlässe.« Er stieß mit Bietigheim an. »Wir haben heute übrigens noch einen Gast verköstigt – oder besser gesagt: zwei.«

»Ach.«

»Zuerst traf die fehlende Dame der norddeutschen Teegesellschaft ein. Sie war ganz enttäuscht, als ich ihr mitteilen musste, das Sie nicht da sind.«

Er hatte die Göttliche verpasst!

»Und dann, nachdem das Dessert abgeräumt war, erhielten wir einen Anruf.« Clifford schüttelte den Kopf, als könnte er es selber noch nicht glauben. »Aus dem Buckingham Palace. Der Privatsekretär der Queen. Ihre Majestät habe von Ihrem unglaublichen Schwanenmenü gehört und wünsche Kostproben eines jeden Gangs. Keinen Schimmer, wie sie so schnell davon erfahren hat.«

»Ich habe die Göttliche verpasst«, sagte Bietigheim erschüttert. Und: »Girsanov-Theorem.«

Es dauerte eine Weile, bis der Professor sich wieder erholt hatte. Die frische Luft auf dem Deck der »God Save The Queen« und der angenehm gleichmäßig graue Himmel trugen ihren Teil dazu bei. Bei diesem Wetter wusste man nicht, ob es Morgen, Mittag oder Abend war. Es war ein Grau, das man als Himmel zu jeder Tageszeit gut tragen konnte.

Als ein zufrieden und ein wenig debil dreinblickender Pit auftauchte, war Bietigheim wieder so weit, dass er eine weitere Einladung persönlich zustellen konnte. Mittels eines Telefonats fand er heraus, dass Dame Julia Wenbosca zur Zeit nicht auf ihrer Teeplantage in Cornwall weilte, sondern im Stadthaus der Familie im edlen Londoner Wohnviertel Mayfair.

Pit durfte ihn dorthin kutschieren. Zu Beginn der Fahrt schmetterte dieser ein Lied über unsterbliche Liebe oder unausstehliche Liebe, so genau war sein Geknödel nicht zu verstehen, weswegen Bietigheim umgehend das Radio anstellte. Pits guter Stimmung tat das keinen Abbruch. Benno schlief derweil auf dem Rücksitz, erschöpft vom Stechkahn-Rennen.

Als Pit schließlich vor dem Haus der Wenboscas parkte, war Bietigheim ein wenig enttäuscht. Bei solch einer begüterten Familie hatte er etwas Prachtvolles erwartet – doch es handelte sich um einen Neubau, der ausgesprochen hässlich ins georgianische Architekturensemble hineingepflockt war. Und die Wenboscas bewohnten sogar nur das Erdgeschoss. Vielleicht ging es ihnen finanziell schlechter als gedacht.

Bietigheim hatte einen Termin und wartete deshalb eine halbe Stunde im Wagen, bis die korrekte Zeit gekommen war. Dann schlug er eine akademische Viertelstunde obendrauf.

Nachdem er schließlich geklingelt hatte, erschien ein livrierter Butler. Immerhin.

Die Wohnung war schlicht eingerichtet. Um der Wahrheit Genüge zu tun: Sie war leer. Die Wände weiß gekalkt, keine Schränke, Garderoben, Anrichten oder Bilder. Dass die Räume bewohnt wurden, war nur an den teuren Lampen zu erahnen und an einem massiven Esstisch mit vier Stühlen, den Bietigheim in einem großen Nebenraum erspähte. Lebten hier Spartaner? Und falls ja: Wo steckten sie? Außer dem Butler war keine Menschenseele zu sehen. Dieser führte ihn nun durch einen langen Flur, alle schnörkellos weiß gestrichenen Türen, die davon abgingen, waren geschlossen. Wo um alles in der Welt führte ihn der Bedienstete bloß hin?

Am Ende des Ganges entdeckte Bietigheim eine Glastür, die in den Garten führte. Und damit auf einen anderen Kontinent. Denn dieser Garten war so wenig englisch wie ein Samuraischwert. Er war japanisch. In der Mitte des kleinen Areals stand ein aus Holz und Bambus erbautes Teehaus, das, wie es sich gehörte, von einem Wasserbecken umgeben war. Zu ihm führte ein Roji, ein »taubedeckter Pfad«, der nie in gerader Linie verlaufen durfte und für die erste Stufe der Erleuchtung stand, in welcher der Alltag abgestreift wurde. Ein weiterer, kleiner Roji führte zu einem Teepavillon in Hundegröße. Der Butler geleitete Benno dorthin – dieser folgte ihm tatsächlich und nahm sogar im Inneren Platz. Was an dem unglaublich großen, leckeren Knochen liegen konnte, der dort für ihn bereitlag.

Vermutlich stilecht vom Kobe-Rind.

Der Professor ging zum Eingang des größeren Pavillons: einer rund einen Meter hohen Schiebetür mit dünnen Streifen aus Zedernholz und durchscheinendem Japanpapier. Gehend gelangte man nicht hindurch – Bietigheim musste auf die Knie. Der Boden der beiden niedrigen Räume war mit Tatamimatten bedeckt, auch hier gab es keine Möbel, sondern nur ein kleines Blumengesteck in einer Nische. In der Mitte des einen Raums befand sich eine Grube für ein Feuer aus Holzkohlen. Dame Julia Wenbosca erwärmte darauf gerade Teewasser in einem eisernen Kessel. Sie trug einen Kimono und hatte die traditionelle japanische Sitzhaltung eingenommen: kniend auf den Fersen, den Spann der Füße auf dem Boden, rechte über linke große Zehe, den Rücken gerade. Bietigheim schloss, wie es sich gehörte, leise die Schiebetür hinter sich.

Normalerweise gab es einen Teil der Teezeremonie, der sich in einem Warteraum abspielte und bei dem man unter anderem Mund und Hände wusch – doch hier ging es gleich zur Sache. Auch die sonst üblichen leichten Speisen und der obligatorische Reiswein blieben dem Professor erspart. Dame Wenbosca konzentrierte sich auf den Tee. Das sparte Zeit, denn nach den Speisen ging es sonst wieder hinaus aus dem Teepavillon, und erst nachdem der Gong fünfmal schlug, durfte man wieder hinein.

Bietigheim fand es schön, so etwas einmal mitgemacht zu haben. Aber wenn man Durst litt, war es die Hölle. Natürlich ging es bei der Teezeremonie nicht um Durst, sondern um die wichtigen Säulen des Zen: Einfachheit, Ruhe, Bescheidenheit sollten versinnbildlicht und gefördert werden. Der Tee war nur Beiwerk.

Neben Dame Wenbosca standen die Teeutensilien, welche so angeordnet waren, dass die Zubereitung eine einzige fließende Bewegung sein würde. Höchste Harmonie.

Die Dose für den Matcha-Tee, die Teeschale, ein Gefäß für frisches Wasser, ein Löffel aus Bambus, ein Teebesen und am Gürtel des Kimonos das seidene, lilafarbene Teetuch. Was folgte, war ein hochkomplizierter Tanz der Hände, der Utensilien und des Tees nach genau festgelegtem Muster. Seit Jahrhunderten war festgelegt, was wann wie und wo hingehörte.

Dame Julia Wenbosca beherrschte den Tanz perfekt.

Schließlich sagte sie: »Dōzō okashi o«, Bietigheim sollte also zu den Süßigkeiten greifen. Dabei war sein Mund mittlerweile trockener als die Wüste Gobi. Doch es dauerte immer noch, bis er endlich etwas zu trinken bekam. Der Tee, welcher aussah wie dickflüssige, pürierte Erbsensuppe, wurde mit dem Bambusbesen schaumig geschlagen, erst dann reichte ihm die Gastgeberin die Teeschale, die er annahm und sich dabei pflichtbewusst verbeugte. Jetzt endlich durfte er ihn schlürfen! Und reden. Wenn auch nur über Tee. Eigentlich zumindest. Nun ja, dann würde er das Eis mal mit etwas teehaltiger Konversation brechen. »Die ostfriesische Teezeremonie ist ja bedeutend überschaubarer. Mit der Kluntjezange befördert man Kluntje aus dem Kluntjepott in die Tasse – was allerdings erst nach langen Jahren ohne Unfälle gelingt. Liegt in allen Tassen ein Kluntje, wird der Tee eingegossen, der mindestens fünf Minuten gezogen hat. Nur wenn der Kandis knackt, ist der Tee heiß genug. Und Obacht: nicht zu voll gießen! Die Spitze des

Kluntje muss herausragen. Dann kommt der Rohmlepel, also der Sahnelöffel, zum Einsatz und lässt diese Spitze in einem weißen Meer untergehen. Ein wundervoller Anblick. Dabei ganz wichtig: nicht rühren, selbst wenn ein Löffel bereitliegt. Dadurch genießt man den Tee zuerst sanft, dann bitter und im Abgang zuckersüß. Ein Sprichwort heißt: ›Dree is Oostfresen Recht‹. Das bedeutet: Drei Tassen sind erlaubt. Danach legt man den nicht benutzten Löffel in die Teetasse. Sie sehen: Alles ganz einfach.« Er blickte in ein fassungsloses Gesicht. »Wenn auch nicht ganz so beeindruckend wie die japanische Zeremonie. Sie haben das übrigens fabelhaft gemacht. Ganz fabelhaft. Vielen herzlichen Dank dafür, ich empfinde es wirklich als große Ehre. Das möchte ich zum Ausdruck bringen!«

Hatte er jetzt zu dick aufgetragen?

Nein, die Härte in Dame Wenboscas Augen war verschwunden. Wenn auch nicht gänzlich. »Sie wollten mich dringend sprechen. Gibt es etwa schlechte Neuigkeiten zum Forschungsprojekt auf unserer Plantage? Sie müssen es mir nicht schonend beibringen, ich kann einiges vertragen. Ich bin jetzt ganz entspannt. Die Teezeremonie wirkt auf mich wie ein einwöchiger Urlaub. Deshalb wollte ich sie durchführen, bevor Sie mir die schlechte Nachricht überbringen.«

Der Professor hätte ihr am liebsten die Hand getätschelt. Er hatte gar nicht darüber nachgedacht, was sie hinter seinem dringenden Gesprächswunsch vermuten mochte.

»Nein, nichts dergleichen. Es geht um etwas völlig anderes.« Er sah, wie sich ihre Gesichtszüge weiter entspannten. »Ich habe endlich Jonathan Cleesewoods geheime Forschungsarbeit gefunden, die, wie sich herausgestellt hat, von unglaublichem Wert ist. Sie war mit einem Passwort geschützt. Ich habe extra eine Spezialistin aus Deutschland einfliegen lassen, um es zu knacken. Haben Sie eine Ahnung, welches Passwort er gewählt haben könnte?«

»Ich weiß nicht, vielleicht den Namen des Getränks, das er am meisten liebte? Es war der Mi Yun Nostalgia, ein Tee wie vor hundert Jahren – honigsüß und vollkommen, die pure Harmonie.«

Der Professor nahm mit aller Gelassenheit einen Schluck seines Tees. Es lief alles gerade so schön nach Plan. »Mit Liebe, so vermute ich, hat die Wahl des Passworts tatsächlich etwas zu tun. Und dass er dabei an honigsüße Vollkommenheit wie auch pure Harmonie dachte, will ich nicht ausschließen.« Er machte eine theatralische Pause und beugte sich vor, um Dame Wenbosca in die Augen blicken zu können. »Das Passwort war ein Name. Der Name einer Frau.« Noch eine Pause. »Es war Ihr Name.«

Jetzt würde sie alles abstreiten und Ausflüchte suchen. Bietigheim war fest entschlossen, sie festzunageln!

Doch ein Lächeln erschien auf ihrem Gesicht, wie ein Sonnenaufgang, auch wenn unübersehbar einige Wolken den vollen, warmen Glanz verhinderten. »Ein letztes Kompliment von ihm. Wie schön.« Sie strich ihren Kimono glatt. »Es war Liebe zwischen Jonathan und mir, Professor. Ich habe nicht mit dieser Liebe gerechnet, ich habe sie nicht gesucht, sie war plötzlich da. Zuerst habe ich mich gewehrt, aber das war sinnlos. Sie hat einen Sog entwickelt, ich war hilflos, wir waren beide hilflos. Ich sehe Ihren Blick. Sie können nicht glauben, dass er und ich ... weil wir so verschieden sind. Ich eine Dame der High Society, modebewusst, reich, er ein linkischer, schlaksiger, chaotischer Wissenschaftler, noch dazu schüchtern, ja geradezu verhuscht. Aber es gab ein Band zwischen uns, von Anfang an, und es ist wie eine Pflanze gewachsen, von ganz allein. Es hatte nichts Schmutziges, wie Sie jetzt vielleicht in Ihrem ach so klugen Professorenkopf denken, unsere Liebe war rein. Ich kann es nicht anders erklären. Sie war echt, sie war wahr, verstehen Sie?«

Nun war Bietigheim auch klar, wohin sie vor einigen

Tagen den Strauß langstieliger, roter Rosen gebracht hatte: Zum Grab Jonathan Cleesewoods. »Ihr Mann…?«

»Sie meinen, er hätte es herausgefunden und Jonathan getötet?«

Bietigheim nickte. »Ein denkbares Szenario.«

»Nein. Und dieses Nein muss ich nicht weiter erklären. Diesbezügliche Fragen werde ich nicht beantworten.«

Bietigheim spürte, dass sie jedes Wort über die Beziehung zu Jonathan Cleesewood ehrlich meinte. Doch vielleicht war diese Frau getäuscht worden, ohne es zu merken. Er wollte ihr keine Schmerzen bereiten, wollte die Illusion dieser besonderen Liebe nicht zerstören, er musste aber wissen, ob sie nur dank eines uralten Tees zustandegekommen war.

»Haben Sie öfters mit Jonathan Pu-Erh-Tee getrunken?«

Dame Julia Wenbosca blickte ihn überrascht an und stellte ihre Teeschale ab. »Pu-Erh-Tee? Habe ich noch nie mit ihm getrunken.«

Bietigheim sah ihr lange und tief in die Augen, als könnte er dort die Wahrheit erkennen, wie einige Wahrsager die Zukunft am Grund einer Kaffeetasse.

»Und Jonathan selbst?«

»Nie wenn wir zusammen waren. Und wohl auch sonst nicht. Er konnte ihn nicht leiden. Wieso fragen Sie?«

Das alles hieß überhaupt nichts. Jonathan hätte ihn ihr in anderer Form, zum Beispiel als Beimischung in Gebäck, verabreichen können, ohne dass sie es merkte.

Dame Julia Wenbosca bereitete den nächsten Aufguss vor. Wieder in aller Ruhe und Bedächtigkeit, als hätte sie das Geständnis kein bisschen aus dem Takt gebracht. »Ich erinnere mich nur, dass mein Mann einmal ein längeres Gespräch mit Jonathan über Pu-Erh-Tee geführt hat, denn Godehard empfindet eine große Leidenschaft für diesen Tee. Er fragte nach einigen sehr seltenen Fladen und ging davon aus, dass Jonathan sie ihm besorgen könne. Mein

Mann war bereit, viel Geld zu zahlen.« Sie schüttelte amüsiert den Kopf. »Männer und ihre Hobbys. Dabei bleiben sie immer Kinder. Und das ist auch gut so.« Sie griff eine Packung Nelkenzigaretten aus ihrer Tasche und steckte sich eine an. »Sie wirken mir allerdings nicht so, als hätten Sie Hobbys. Außer dieser Mördersuche, aber das ist, zumindest in meinen Augen, mehr Ernst als Spiel.«

Bietigheim erhob sich. Es gab noch viel vorzubereiten. Und er hatte das erfahren, weswegen er gekommen war. Aus der Innentasche seines Schottenkarosakkos zog er einen Umschlag aus Büttenpapier und reichte ihn Dame Julia Wenbosca mit huldvoller Geste. »Eine handgeschriebene Einladung zu einem Pub-Quiz. Wenn Sie wissen möchten, wer Jonathan und den Earl wirklich ermordet hat, sollten Sie kommen. Und bringen Sie unbedingt Ihren Mann mit. Es ist wichtig.«

Am nächsten Morgen stand Bietigheim früh auf, denn er wurde von Charles geweckt, der mit dem Schnabel gegen das Boot hämmerte, als wollte er es zum Sinken bringen.

Wie schön, dass der Schwan ihn nicht vergessen hatte, fand der Professor. Aber wenn dieser ihn noch einmal so aus den Träumen riss, würde er wirklich im Kochtopf landen.

Pit und Rena schliefen noch. Einer der beiden zersägte gerade den kompletten Nottingham Forest. Pit war es nicht. Er schmatzte nur. Vermutlich träumte er von einem saftigen Spießbraten.

Der Professor kleidete sich an, nahm Benno an die Leine und verließ auf leisen Sohlen die »God Save The Queen«. Die Stadt war bereits geschäftig. Studenten auf Fahrrädern, Händler, die ihre Läden öffneten, Jogger und Ruderer.

Der Professor wollte ins Institut für Kulinaristik in die Mill Lane, wo Töler residierte.

Noch.

Vor der Tür des Gebäudes ließ Bietigheim seinen Hund von der Leine. Er würde ihm jetzt mit strenger Stimme befehlen, brav zu sein. Im festen Vertrauen, dass er sich kein bisschen daran halten würde.

Die Tür zum Institut war noch nicht ganz geöffnet, da sagte er bereits: »Benno, bei Fuß! Brav!«

Doch Benno hielt sich daran. Er stellte sich ganz brav an Bietigheims Seite.

Dieser Hund wurde immer unberechenbarer! Oder dickköpfiger. Sicherlich auch klüger. Bald wäre er in der Lage, das Institut zu leiten. Besser als Töler könnte er es allemal. Und genau der stand nun vor ihnen im Flur. In all seiner angeberischen, nach Minze stinkenden Mickrigkeit.

»›Guten Tag, Herr Kollege‹ kann ich ja leider nicht mehr sagen, Sie haben schließlich keinen Lehrauftrag mehr. Trotzdem: Herzlich willkommen in meinem Institut, wo nun endlich alles nach Plan läuft.« Er legte ein Raubtierlächeln auf. Auch Haie beherrschten dieses. Nur nicht so gut. »Es steht Ihnen selbstverständlich frei, mein Institut zu besuchen, weil Sie den Anschluss an den Stand der Wissenschaft nicht völlig verlieren möchten. Jedoch wird das nur dann möglich sein, wenn wir nicht anderweitig beschäftigt sind. Heute müssen wir aber einige Unterlagen meines unfähigen Vorgängers in den Müll befördern, da passt es gerade gar nicht. Auch das Toilettenpapier muss noch nachgefüllt werden, da stehen Sie natürlich hintan.«

In diesem Moment passierte etwas Unerwartetes: Asha Ghalib kam auf Bietigheim zu – mit einer Tasse Masala Chai. »Wir sind so froh, Sie wieder hier zu haben, Professor Dr. Dr. Bietigheim! Sie wurden sehr vermisst. Es weht gleich ein anderer Wind, seit Sie zur Tür hereingekommen sind.«

Töler stellte sich vor sie und lächelte so von oben herab, als stünde er auf dem höchsten Dach des Westminster Palace. Doch das Wort richtete er an Bietigheim. »Mit dem

Fußvolk konnten Sie immer schon gut, das Bildungsproletariat steckt Ihnen ja in den Knochen. Wie charmant, dass Sie zu Ihren Wurzeln stehen. Mir liegt dagegen der Gedankenaustausch mit der Intelligenzia im Blut. Ich liebe es, mit Kollegen zu philosophieren und die Studenten zu inspirieren. Sie glauben ja nicht, welch glühende Hymnen die jungen Leute auf mich anstimmen!«

In diesem Moment tauchte Colin auf und schüttelte Bietigheim herzlich die Hand. »Herr Professor, hat die Universität diese elende Charade endlich beendet? Die Studenten fragen mich ständig, wann ihr Prof endlich zurückkommt. Wussten Sie eigentlich, wie beliebt Sie sind?«

Nun war es an Bietigheim zu lächeln.

Töler konnte bei Weitem nicht alle Vorlesungen und Seminare des Instituts selbst abhalten, schließlich hatte er noch anderweitige Verpflichtungen an der Universität. Er brauchte Colin – egal, wie sehr er ihn vorher durch den Dreck gezogen hatte. Und wie man hörte, schlug sich Colin ausgesprochen gut.

Tölers Ton wurde harscher. »Was wollen Sie überhaupt hier?«

»Ich muss nur kurz einige Unterlagen durchsehen. Sie müssen nicht zugegen sein, ich werde Ihnen nichts von Ihrer wertvollen Zeit stehlen.«

»Natürlich muss ich zugegen sein!«, echauffierte sich Töler. »Schließlich bin ich der Leiter dieses Instituts und kann nicht einen ... Zivilisten wie Sie einfach in universitären Unterlagen herumstöbern lassen. Sie könnten etwas entwenden oder beschmutzen. Und da ich hier die Verantwortung trage, darf ich dieses Risiko nicht eingehen. Es tut mir leid, aber es ist absolut unmöglich, Ihrer Bitte nachzukommen. Ich darf mich jetzt entschuldigen, meine wertvolle Zeit erlaubt einfach kein Gespräch mit jemandem, der nicht zum Universitätsbetrieb gehört.«

Töler machte auf dem Absatz kehrt. Gespräch beendet.

Enttäuschung machte sich in Bietigheim breit. Der Master hatte also noch keines der Räder in Bewegung gesetzt, die ihm seinen Posten wiedergeben würden. Enttäuschung führte bei ihm nie dazu, dass er auf irgendwelche Ideen kam, am allerwenigsten auf geniale Geistesblitze. Enttäuschung entleerte nur seinen Akku.

Da erklang eine Stimme, die ihm im Nachhinein wie die eines Engels vorkam.

»Herr Töler!« Bietigheim genoss es, dass Asha Ghalib den akademischen Titel seines Widersachers unter den Tisch fallen ließ. »Der Master des St John's College will Sie sprechen. Als er hörte, dass Professor Dr. Dr. Bietigheim hier ist, hat er darum gebeten, dass Sie ihn auf dem Flur treffen, wo Sie sich ungestört unterhalten können.«

»Was für ein kluger Mann!« Töler ging hinaus.

Kaum war die Tür hinter ihm ins Schloss gefallen, drehte Asha Ghalib den Schlüssel um. »Nun haben wir unsere Ruhe. Und Sie können sich anschauen, was immer Sie möchten.«

Es dauerte nicht lange, bis es an der Tür zu klopfen begann, immer lauter. Dann brüllte Töler von draußen: »Gleich komm ich rein!«

Bietigheim sah Colin an. »Hat Töler denn keinen Schlüssel?«

Dieser wies auf eine Jacke an der Garderobe. »Steckt da drin.«

Tölers wütende Stimme war wieder zu hören. »Ich werde den Hausmeister holen, und wenn ich gleich drinnen bin, dann können Sie was erleben, Bietigheim! Die Sicherheitskräfte der Universität werde ich auch verständigen. Und die Polizei!«

»Vergessen Sie bitte nicht die Feuerwehr und den Notarzt!« rief Bietigheim hinaus. Dann wandte er sich leise an Asha Ghalib. »Kann er irgendwie hier hereinkommen?«

»Nicht so schnell. Der Hausmeister ist um diese Uhrzeit

immer in seinem Pub. Und niemand sonst außer uns hat einen Zweitschlüssel. Soll ich Ihnen beim Suchen helfen?«

»Wie ich Töler kenne, besteht dazu keine Notwendigkeit.«

Schon als er dessen Büro betrat, wusste Bietigheim, dass er recht hatte. Töler hatte sämtliche Unterlagen penibel in die Regale geräumt, sodass es für Bietigheim ein Leichtes war, das Gesuchte herauszuziehen und die benötigten Passagen zu lesen. Es ging darum, welcher Rechner zu welcher Zeit im Institut angeschaltet gewesen war. Und nach einem kurzen Anruf bei Rena schaffte er es auch, die Ausdrucke mit den entsprechenden Dateien im Computer zu vergleichen. Dabei fand er heraus, dass diese manipuliert worden waren.

Die tektonischen Platten stellten ihre Bewegung komplett ein. Der Täter war gefunden. Nun musste Bietigheim es nur noch schaffen, dass auch alle anderen seiner Meinung waren.

Vor allem Scotland Yard.

Der Professor sprang über seinen Schatten und verabschiedete sich bei Asha Ghalib mit einer Umarmung. Nun hieß es den richtigen Moment abwarten, um aus dem Institut zu gelangen, ohne Töler über den Weg zu laufen.

Nur eine Sache musste er vorher noch regeln. Wie gut, dass Colin gerade aus seinem Zimmer trat. »Bitte überreichen Sie Töler diese Einladung. Es geht um ein Pub-Quiz bei dem der Mörder meiner Vorgänger enttarnt wird. Stellen Sie sicher, dass er auch wirklich kommt. Am besten begleiten Sie ihn. Und legen ihm Handschellen an. Kann ich mich auf Sie verlassen?«

Colin lächelte. »Und wenn ich ihn in einen Sack stecken und hinschleppen muss.«

»Das«, antwortete Bietigheim, »ist vielleicht gar nicht die schlechteste Idee.«

Es war Colin, der sich nach langem Horchen an der Tür

traute, diese zu öffnen. Er ging zur Sicherheit sogar einige Schritte im Treppenhaus hinauf und hinab.

Die Luft war rein.

Von Minzeduft und Töler.

Beide hatten das Gebäude verlassen – vielleicht versuchte Töler, eine Ramme sowie Wikinger aufzutreiben, um das Institut wieder einzunehmen.

Auf Nebenwegen gelangte der Professor zum St John's College. Denn es war kurz vor halb sieben am Abend – was bedeutete, dass der Master in der Kapelle sein würde, um dem täglichen Evensong des College-Chores zu lauschen. Danach würde dieser zum Treffen der College-Master eilen. Dem Professor blieb nur die Chance, ihn auf dem Weg zwischen diesen beiden Terminen abzufangen.

Hunde waren in der Kapelle leider nicht erlaubt – deshalb gab der Professor Benno von Saber beim Pförtner ab. Mit den Worten: »Ist ein ganz Braver.« In Gedanken fügte er hinzu: Wenn er schläft.

Irgendwie kam ihm der Pförtner bekannt vor. War das nicht…ja, ganz bestimmt! Es war Beatrice Ponds Ehemann, der Hundeallergiker.

Bietigheim ging schnell davon.

Die Kapelle des St John's College war nicht zu übersehen, ihr Turm mit fünfzig Metern das höchste Gebäude der Stadt. Schon von außen waren die Stimmen des College-Chores zu hören. Sie sangen bereits das zweite Stück – eine Vertonung des Psalms 85 von Alan Hemmings. Gemäß der Ankündigung würden noch das »Magnificat« und das »Nunc dimittis« in a-moll von T. Tertius Noble, Bruckners »Christus factus est« und Hymn 94 folgen. Bietigheim trat durch die Vorkapelle in das prachtvolle Holzschiff, in dem sich links und rechts das aus dunklem Holz gefertigte Chorgestühl erhob. Die hohen farbigen Fenster ließen sanftes Licht herein und verliehen der Kapelle eine ganz besondere Atmosphäre. Die Stimmen des weltberühmten Chores erstrahlten auf beinahe himmlische Weise, und wer immer ein Fünkchen Glauben in sich trug, der fühlte nun, wie es sich entzündete. Von allen Instrumenten, dachte Bietigheim in diesem Moment, ist die menschliche Stimme doch das göttlichste.

Er wählte einen Platz nahe am Gang, damit er sich sofort zum Master gesellen konnte, wenn dieser vorbeischritt. Berühmte Ehemalige und Wohltäter des Colleges blickten von den Wänden auf ihn herunter. Auch andere Blicke trafen ihn, von lebenden Professoren, Studenten und sogar Touristen.

Er hatte es innerhalb kürzester Zeit geschafft, eine Berühmtheit zu werden.

Einer der Studenten verließ allerdings den Evensong, sobald er Bietigheim ausgemacht hatte. Vielleicht holte er sein Autogrammsammelbuch?

Hoffentlich nicht, dachte der Professor.

Bei Bruckner konnte er nicht anders als mitzusummen. Das Stück hatte richtig Schwung. Er sann noch über die Worte aus dem Brief des Paulus an die Philipper nach, als in der kurzen Pause vor der letzten Darbietung plötzlich schwere Schritte zu hören waren, die ihn auf den Boden der Tatsachen zurückholten.

»Da ist er!« Es war kein erfreuter Ausruf, eher das, was die Horde Dschinghis Khans brüllte, als sie kurz vor der Massakrierung Dschalal ad-Dins standen. Und leider war mit »er« niemand anders als Professor Adalbert Bietigheim gemeint. »Schwanenkiller! Schwanenkiller! Schwanenkiller!«

Einer der rund dreißig Demonstranten hielt einen Zeitungsartikel in die Höhe, der Fotos von Bietigheim, einem Schwan und dem Midsummer House enthielt. Die lokale Presse hatte also bereits über sein famoses Mahl berichtet. Wie nett.

Die jungen Leute entrollten hastig Banderolen, die sie eigens gebastelt haben mussten. So viel Eigeninitiative fand Bietigheim bewundernswert.

Auch wenn ihm ein anderer Anlass lieber gewesen wäre.

»Ban Bietigheim!«, stand auf dem größten der Plakate. Verbannt Bietigheim! Zwar war der Professor ohnehin nicht mehr Teil des Colleges, doch das hielten die Protestanten augenscheinlich für ungenügend. Wenn schon öffentliche Verbrennung keine Option war, so doch wenigstens Exil auf Lebenszeit. Wie fortschrittlich.

Ein anderes Banner ging in seiner Forderung deutlich weiter: »Kill Bietigheim – Save Swans!«

Mittlerweile war die Atmosphäre in der College-Kapelle siedend heiß. Viele tuschelten, andere sprachen nervös in ihre Handys – oder filmten. Der Master war sichtlich aus der Fassung geraten.

Aus der Schar der Demonstranten trat ein junger Mann mit Nickelbrille und Palästinensertuch hervor und baute sich in der Mitte des Kirchenschiffs auf. Dann faltete er ein Blatt Papier auseinander und begann mit wütendem Timbre zu rezitieren, zuerst auf Deutsch, dann auf Englisch.

Der Schwan ist tot. Der Schwan ist tot.
Was bleibt von ihm? Doch nur der Kot.
Ein Professor killte das edle Tier,
Hört seelenruhig Choräle hier.
Jeder Schwan ist uns lieber
Als Professoren im Jagdfieber.
Mörder, so sollte man ihn nennen
Und ihn selbst in der Pfanne anbrennen!

Der Dichter schien Szenenapplaus zu erwarten. Dieser blieb jedoch aus. Das war ja auch wirklich ein mickriges Gedicht, fand Bietigheim. Versmaß und Wortwahl unter aller Kanone. Deshalb war er froh, dass nun einige Mitarbeiter des Colleges erschienen und die Truppe hinausdrängten. Noch eine Strophe hätte er nicht ertragen.

Nun hafteten die wütenden Blicke nicht länger auf den Ruhestörern, sondern auf Bietigheim. Der Professor fand deshalb, es sei an der Zeit, Stellung zu beziehen. Er stand auf und räusperte sich. »Die Queen selbst hat es erlaubt. Und sich sogar etwas von dem Menü kommen lassen. Sie lobte es danach in den höchsten Tönen.«

Gut, das war gelogen, aber nur ein wenig. Eigentlich war es der Wahrheit nur vorgegriffen. Denn wie konnte man dieses Menü nicht loben?

Natürlich hätte er sich genauso gut verteidigen können, indem er verriet, dass er eigentlich Truthahn serviert hatte und der psychopathische Schwan namens Charles immer noch auf dem Cam Angst und Schrecken verbreitete.

Doch das wäre schlecht für seinen Ruf gewesen.

»Und nun würde ich mich außerordentlich freuen – ich denke, da spreche ich im Namen aller Anwesenden –, wenn wir vom wunderbaren Chor dieses altehrwürdigen Colleges die Hymn 94 hören könnten. Denn schließlich sind wir alle hier versammelt, um dem Evensong beizuwohnen, und nicht, um von schlechter Lyrik gequält zu werden.«

Zustimmendes Gemurmel. Doch der Kopf des Masters hatte die Farbe einer vollreifen Tomate angenommen, die kurz vor dem Zerplatzen stand.

Der Chor brachte routiniert das letzte Stück über die Bühne. Dann leerte sich die Kapelle. W. W. Stuart versuchte, rasch an Bietigheim vorbeizukommen, doch dieser schnellte aus seiner Bank wie ein 100-Meter-Läufer aus den Blöcken und drückte ihm die Einladung zum Pub-Quiz in die Hand. »Danach wird alles gut sein, versprochen. Und das St John's College wird in altem Glanz erstrahlen – allerdings nur, wenn Sie bis dahin Töler vor die Tür gesetzt und mich reinstalliert haben. Den Mann, der die Queen bekocht!«

Mit einem Zwinkern ließ er den Master ziehen.

Dessen Kopf nun eine bisher völlig unbekannte Farbstufe von Rot annahm.

Der Professor holte Benno beim verschnupft aussehenden Pförtner ab. Wie dieser ausführlich erklärte, hatte der Foxterrier sich keineswegs zahm verhalten, sondern jeden, wirklich jeden angebellt, der das College betrat. Darunter den Bürgermeister der Stadt, die Herzogin von Kent, und, am allerschlimmsten, den extrem wählerischen Händler mit dem besten Porridge Englands – dessen Lieferungen das College überhaupt am Laufen hielten.

»Als Hund«, erklärte Bietigheim dem Pförtner, »ist Benno eine Katastrophe. Aber als Mensch unersetzlich.«

Dann radelte er mit seinem treuen Gefährten zurück zur »God Save The Queen«, die immer noch fest vertäut am Ufer des ruhig dahinfließenden Cam lag. Er gab Benno in Pits Obhut und hob das Hollandrad an Deck. Der Professor musste nachdenken, denn beim Pub-Quiz durfte nichts schiefgehen. Und zum Nachdenken eignete sich nichts besser als ein Spaziergang.

Viele Stunden war er zu Fuß unterwegs, bis die Nacht und mit ihr ein so durchschnittlicher, langweiliger, stinknormaler Regen über Cambridge fiel, dass die meisten Bewohner der Stadt ihn nicht einmal wahrnahmen. Der Professor spazierte nicht wahllos, er ging die Orte der Morde nochmals mit dem Wissen ab, wie sie sich abgespielt haben mussten. Er begann mit dem Mord am Earl, machte weiter mit dem an Jonathan Cleesewood, ging zu Great St Mary's, wo Michael Broadbent sein Ende gefunden hatte, und nahm sogar den weiten Weg zum Haus von Kevin Shields auf sich.

Vier Tote. Und alle hatten sie mit Tee zu tun, diesem doch eigentlich so friedlichen Getränk. Und das in einer Stadt, die wie aus der Zeit gefallen wirkte und in der es um die Herrschaft des Geistes ging, nicht um die des Schwertes.

Auf dem Weg dachte er sich sämtliche Fragen für das morgige Pub-Quiz aus. Sie mussten passen. So perfekt wie seine handgenähten Schuhe. Alle Beteiligten wären in einem Raum versammelt, alle, die Schuld an diesen Morden trugen und noch lebten. Er würde die richtigen Worte finden, messerscharf geschliffene. Worte hatten Macht. Sie trafen Menschen ins Herz, in die Seele und auch in ihr Schuldbewusstsein. Worte waren nicht *wie* Magie. Sie *waren* Magie. Im richtigen Moment, im richtigen Tonfall, zur richtigen Person gesprochen, konnten sie das Leben eines Menschen komplett verändern.

Der Professor beschloss, zum Abschluss noch einmal den Blick aufs große Ganze zu werfen. Auf Cambridge. Von oben. Der Glockenturm von Great St Mary's war längst geschlossen, schließlich war es schon nach zwölf. Doch der Castle Hill schloss niemals. Die Zeit, als hier ein Castle stand, war lange vorbei, heute war es nur mehr ein Hügel, doch hier hatte die früheste Siedlung des heutigen Cambridge gelegen. Der Aufstieg war steil, der Professor meisterte aber alle Stufen.

Zwei Liebespärchen genossen ebenfalls die Aussicht, doch nachdem dieser merkwürdige Herr stocksteif neben ihnen Position bezogen hatte, beschlossen sie, woanders weiterzuknutschen.

Bietigheim hatte den Berg für sich.

Und nach einer halben Stunde alle Fragen zusammen.

Er konnte nach Hause. Doch dann hörte er Schritte. Feste Schritte. Entschlossene Schritte. Sie drangen von den Treppenstufen hinauf. Auf einmal hielten sie inne. Bietigheim blickte den Hügel hinunter.

Niemand zu sehen.

Doch der Professor spürte, dass jemand dort stehen geblieben war und wartete.

Die Nacht war dunkel wie Schwarztee, die Schatten lang, und ob etwas Baum oder Mensch war, wer konnte es sagen?

Nur ein Weg führte vom Castle Hill herunter, und den nahm Bietigheim jetzt, mit angespanntem Körper und erhobenen Fäusten, falls die Dunkelheit ihn anspringen sollte.

Doch nichts geschah.

Als der Professor am Fuße des Castle Hills durchatmete und sich wieder sicher fühlte, hörte er sie abermals. Dieselben Schritte, die wie Peitschenschläge auf den Asphalt knallten.

Bietigheim ging schneller.

Auch die Schritte beschleunigten sich.

Doch immer, wenn er sich umdrehte, war da niemand. Die Stadt war so düster, dass sie genug blinde Flecken bot, in denen man verschwinden konnte. Cambridge spielte seinem Verfolger in die Hände.

Er beschloss, vor einem bereits geschlossenen, aber noch beleuchteten Pub anzuhalten, bis sein Verfolger ihn erreichte. Doch die Schritte hörten plötzlich auf. Minutenlang nichts zu hören. War alles eine Illusion gewesen? Waren es vielleicht seine eigenen Schritte, die ihm, übernächtigt, wie er war, wie die eines Verfolgers vorgekommen waren? Seine eigenen Ledersohlen, die so laut knallten, dass ihr Schall auf ihn zurückgeworfen wurde? Oder war es bloß seine Angst, die ihm einen Streich spielte?

Er straffte die Schultern, schüttelte den Kopf, um die dummen Gedanken hinauszukatapultieren, und setzte seinen Weg zum Hausboot fort. Wieder waren die Schritte zu hören, doch sie kümmerten ihn nicht mehr.

Zuerst.

Dann variierte er seinen Rhythmus, baute Zwischenschritte ein, um die Bestätigung des Echos zu erhalten, den Spuk zu entlarven. Doch die Schritte, die ihm folgten, hielten ihren gleichmäßigen Rhythmus bei.

Jetzt wurde es dem Professor zu blöd – und er beschloss

den Spieß umzudrehen. Ein Adalbert Bietigheim ließ sich nicht jagen wie die Maus von der Katze! Nicht in einer Universitätsstadt wie Cambridge, seinem Terrain. Also ging er den Schritten entgegen. Sie stoppten. Dann hörte er das metallische Geräusch einer Schusswaffe, die entsichert wurde.

Und machte umgehend kehrt.

Denn er besaß keine Waffe.

Mit einem Mal schien kein Blut mehr durch seine Adern zu fließen, sondern Angst, giftig wie Quecksilber. Von nun an wollte er nichts anderes, als sich so schnell wie möglich von den Schritten zu entfernen. Ein tragbares Telefon wäre nötig gewesen, um die Polizei zu rufen oder Pit. Erstmals verfluchte er seine Abneigung gegenüber der modernen Technik.

Doch nun mochte es bereits zu spät sein.

Er könnte irgendwo klingeln, doch bis ihm jemand öffnete, hätte ihn sein Verfolger vielleicht schon eingeholt.

Oder sich so weit genähert, dass er ihn erschießen konnte.

Er musste rennen.

Sein Verfolger rannte auch.

Der Professor nahm nicht wahr, wohin er lief. Bloß weg von den Schritten, die manchmal von überallher zu kommen schienen. Mit einem Mal stand er vor dem Cam, und zwar in einer Sackgasse. Keine Brücke in Sicht. Kein Uferweg. Nur Mauern ringsum, fensterlose Häuserrückseiten.

Und vor ihm im Wasser ein Punting-Boot, bis zur Oberkante mit Flüssigkeit gefüllt.

Die Schritte näherten sich, wurden lauter. Bietigheim rief um Hilfe. Auf Englisch. Auf Französisch. Auf Italienisch. Auf Mandarin. Auf Deutsch.

Keine Tür öffnete sich, kein Fenster. Keine Hilfe, nirgends.

Die Schritte wurden schneller.

Der Mond goss silbernes Licht auf die Pflastersteine und

den Fluss, wie seit Jahrhunderten. Doch eine solche Szenerie, eine solch ausweglose Situation hatte er noch nie beschienen.

Dann fiel das Mondlicht auf den Lauf einer Pistole.

Die genau auf das Herz des Professors zielte.

Doch Bietigheim tat etwas, womit sein Verfolger niemals gerechnet hätte: Er sprang über seinen Schatten. Und mit kompletter Kleidung in den schwarz wie Teer dahinfließenden Cam.

Das würden die feinen Stoffe und die teuren Schuhe nicht überleben. Doch es galt, Prioritäten zu setzen. Das eigene Leben oder die eigene Kleidung. Schweren Herzens hatte Bietigheim sich für sein Leben entschieden.

Die Kälte des Flusswassers drückte die Luft aus seinen Lungen, und Sekunden später hatten sich die Stoffe an seinem Körper vollgesogen und zogen ihn Richtung Grund. Doch Bietigheims Schwimmzüge waren kraftvoll und stetig. Erst als seine Hand das gegenüberliegende Ufer berührte, tauchte er langsam wieder auf – allerdings nur, um kurz Luft zu schnappen.

Sein Verfolger stand noch auf der anderen Seite und suchte mit erhobener Waffe den Fluss nach dem Professor ab. Bietigheim beschloss, unauffällig im Wasser zu warten, bis der andere wieder verschwunden war. Eigentlich war es viel zu kalt, und es dauerte viel zu lang. Doch ein Gutes hatte das Versteckspiel: Für einen Moment schien das Mondlicht nicht nur auf den Pistolenlauf seines Verfolgers.

Sondern auch auf dessen Gesicht.

Meister Musō Kokushi blickte auf die Einladung in seinen Händen. Doch, die Adresse stimmte – soweit man von einer Adresse sprechen konnte. Das Pub-Quiz sollte tatsächlich auf diesem Schiff stattfinden, der »God Save The Queen«, und zwar merkwürdigerweise nicht am Abend, sondern jetzt, am frühen Nachmittag.

In diesem Moment erschien Professor Bietigheim an Deck und winkte ihn zu sich.

»Immer herein in die gute Stube! Wir haben nur noch auf Sie gewartet.«

Kokushi ging an Bord und stieg hinter Bietigheim die kleine Treppe in den Bauch des schwimmenden Heims hinab.

Hinter ihnen wurde mit einem Knall die Tür geschlossen. Nun stand Pit vor ihnen. Kokushi lächelte ihn an. Pit lächelte nicht zurück. Nur langsam gewöhnten sich die Augen des Teemeisters an das schummrige Licht. Vor der Bugluke stand eine Frau, bei der es sich um Diana Shields handeln musste, und in der Mitte der langen Koje stand etwas Hüfthohes, Unförmiges. Es sah bedrohlich aus.

»Könnten Sie uns freundlicherweise verraten, warum Sie so plötzlich nach Cambridge gereist sind?«, fragte Bietigheim und baute sich neben dem unförmigen Gegenstand auf. Jetzt erkannte Kokushi, dass es ein geöffneter Sack Grüntee war, aus dem Beutel mit weißem Inhalt hervorlugten.

»Wegen des Forschungsprojekts von Professor Cleesewood.«

»Nein«, erwiderte Bietigheim. »Sie lügen. Das Forschungsprojekt war nur der Vorwand. Erinnern Sie sich an Ihre Worte, als ich Sie beim Punting-Boot-Rennen zu Boden warf? Ich helfe Ihrem Gedächtnis auf die Sprünge: ›Lassen Sie mich in Ruhe! Ich weiß es nicht! Hören Sie? Ich! Weiß! Es! Nicht! Glauben Sie, ich wäre noch hier, wenn ich wüsste, wo es steckt?‹ Spricht so jemand, der aus wissenschaftlichen Gründen in Cambridge weilt? Eher nicht – um es vorsichtig auszudrücken. Sie waren vollkommen überrascht, dass ich mich auf Sie warf. Sie waren auf der Flucht vor jemand ganz anderem als mir – und sicher nicht wegen der Forschungsarbeit. Ihnen, hochverehrter

Teemeister, ging es um etwas ganz anderes und viel Gefährlicheres als eine Forschungsarbeit.« Er hob einen der Beutel in die Höhe. »Es ging Ihnen um das Kokain, welches in diesem Sack mit grünem Tee ins Land geschmuggelt wurde. Irrtümlicherweise landete dieser bei Kevin Shields, dem Hauptabnehmer dieses Tees in England. Sie suchten ihn natürlich auf, befragten ihn nach den Säcken mit grünem Tee – vermutlich ohne von dem Kokain zu berichten, denn das hätte Sie ja als Verbrecher bloßgestellt.«

Kokushi schwieg.

»Wir sind nur an der Wahrheit interessiert. Pit, bitte.«

Der nahm Bietigheim den Kokainbeutel ab, riss ihn auf und ließ den Inhalt langsam durch die geöffnete Luke in den Cam rieseln. Kokushi öffnete den Mund – schloss ihn dann jedoch wieder, ohne einen Ton zu sagen.

»Wie Sie wollen«, fuhr Bietigheim fort, während Pit den Beutel vollends leerte. »Möchten Sie wissen, wie wir auf Sie gekommen sind? Ich verrate es Ihnen: Im Lager von Kevin Shields' Tea Shop hat jemand alle Grünteesäcke mit einem Messer aufgeschnitten – genau in der Mitte, um den Inhalt zu prüfen. Der Schnitt war enorm sauber, die Klinge muss enorm scharf gewesen sein. So einen Schnitt erhält man nur mit einem Messer, das so viel wie ein Kleinwagen kostet. So eines wie das, was Sie besitzen, verehrter Teemeister. Sie wollten prüfen, in welchem Sack sich das Kokain befindet, nicht wahr?«

Kokushi schwieg immer noch. Nach einem Nicken von Bietigheim griff Pit sich den nächsten Beutel Kokain, um ihn langsam im Fluss zu entsorgen.

»Doch den Sack mit den Kokainbeuteln hatte sich Kevin Shields mit nach Hause genommen, zur internen und externen Anwendung gegen seinen Krebs. Von dem Rauschgift ahnte er ja nichts. Mit seinem Tod haben Sie also nur indirekt zu tun, mit den anderen drei Todesfällen gar nichts. Sie sind ›nur‹ ein Drogenhändler. Geben Sie uns ein einfaches ›Ja‹. Gewissheit ist ein hohes Gut, vor allem für eine trauernde Tochter.«

Kokushi blickte zu Diana. Dann nickte er. »Es tut mir leid um Ihren Vater. Er war ein außergewöhnlicher Mensch.«

Diana wollte auf ihn losgehen. Pit versuchte, sie zurückzuhalten, doch irgendwann ließ er sie einfach machen.

Immer und immer wieder schlug sie auf Kokushi ein, bis dieser zusammengekrümmt auf dem Boden lag, die Arme vor dem Gesicht gekreuzt. Es dauerte eine Weile, bis der Rhythmus von Dianas Schlägen langsamer wurde, ihre Kraft abnahm und stattdessen ihre Tränen zu fließen begannen. Pit schloss sie in seine Arme, die wie Rettungsringe wirkten.

Bietigheim hielt es nicht für nötig, Kokushi auf die Beine zu helfen. »Kevin Shields war tatsächlich ein außergewöhnlicher Mensch – und handelte mit außergewöhnlichem Pu-Erh-Tee. Um exakt zu sein: mit gefälschtem. Das ergab der Vergleich zweier Proben aus dem Archiv des Instituts. Und deshalb leerte Kevin Shields auch seinen Tresor bis auf die letzten Krümel, nachdem Sie ihn über Cleesewoods Forschungsergebnis informiert hatten. Er wollte nicht, dass die Polizei bei einer möglichen Razzia etwas findet. Ja, Kevin Shields ging sogar noch weiter, um sein Ansehen zu schützen – er erinnerte sich an seine alte Profession und brach in mein Haus ein, wo er die Forschungsarbeit vermutete.«

»Davon hatte ich keine Ahnung«, sagte Kokushi. »Das müssen Sie mir glauben. Es gibt keinen Grund, weiteres Kokain zu vernichten.«

Bietigheim zog die Augenbrauen empor. »Ach so? Dachten Sie wirklich, Sie erhalten es zurück? Endstation Granta, Pit!«

Und damit landete der ganze Rest des Kokains im Fluss. Zumindest sah es für Kokushi so aus. In Wirklichkeit befand sich in den Beuteln bloß Puderzucker. Das echte Schmuggelgut lagerte noch immer im Teesack.

»Denken Sie nicht daran zu fliehen. Pit wird Sie gleich an die Polizeibehörden übergeben. Und morgen werden Sie aus den Medien erfahren, wer den Earl und Jonathan Cleesewood auf dem Gewissen hat. Ich hoffe, Sie nie wieder zu sehen. Sie sind eine Schande für alle Kulinaristen der Welt. Und eine Schande für die Menschheit!«

Mehrere Stunden später schlossen sich die Türen des ältesten Pubs der Stadt, des Pickerel Inn in der Magdalene Street, um von innen verriegelt zu werden. Sämtliche Gäste waren von Bietigheim zu diesem exklusiven und absolut einmaligen Pub-Quiz geladen worden. Die Getränke waren frei, denn der Ausrichter des Abends wollte, dass die Zungen sich lockerten.

Vor allem die Zunge der Person, welche die Morde gestehen sollte.

Rena hatte die Organisation des Abends in die Hand genommen und die verbliebenen Mitglieder der Port Wine Society eingespannt. Joel Payne stand vor dem Hintereingang Wache, Oz Clarke draußen vor den Klofenstern. Niemand würde dieses Gebäude unbemerkt verlassen können. So war es der Wunsch, oder besser: der Befehl des Professors gewesen.

Sie waren alle gekommen: W. W. Stuart, Master des St John's College, Putzfrau Beatrice Pond und ihr Mann Henry, der allergische Pförtner. Direkt von ihrer Teeplantage eingetroffen waren Dame Julia Wenbosca und ihr Mann Sir Godehard Wenbosca, den Bietigheim nun erstmals zu Gesicht bekam: ein Mann mit raspelkurzem Haar und einem zu Spiralen aufgezwirbelten Oberlippenbart. Die Witwe von Timothy Martin James Charles Eugene, dem 17. Earl von Shropsborough, Countess Elisabeth, war anwesend ebenso wie Diana Shields, Tochter des verstorbenen Teehändlers Kevin Shields und Herrin über Auntie's Tea House, Asha Ghalib, Sekretärin im Institut für Kulinaristik, und Colin Inniskeen mit einem unwillig dreinblickenden Professor Töler. Die Runde komplettierten Richard A. Unsworth, der Belfry Maintenance Officer der Bell Ringers von Great St Mary's, der Gerichtsmediziner Dr. Cumberland und zwei Mitglieder der Port Wine Society – Robert Parker und Jancis Robinson –, die zusätzlich an dem Quiz teilnehmen würden.

Bietigheim stellte sich so zwischen zwei sechsarmige Kerzenleuchter, dass sein Gesicht dramatisch beleuchtet wurde. »Der Preis für den heutigen Gewinner ist sehr klein und sehr elektronisch.« Er hob den USB-Stick empor. »Er enthält Professor Cleesewoods Forschung, mit deren Hilfe man das Alter von Pu-Erh-Tee mittels eines einfachen Schnelltestes feststellen kann. Die University of Cambridge könnte, vermutlich sogar zu Recht, sagen, dass diese Forschung ihr gehört. Allerdings ist sie nicht in ihrem Besitz. So ein USB-Stick geht ja schnell mal verloren. Wer immer gewinnt, kann die Daten also einfach der Universität überlassen – und auf deren große Dankbarkeit zählen – oder direkt gegen einen Obolus verkaufen. Ich habe die Daten selbstverständlich nicht kopiert, sie befinden sich nur hier, nirgends sonst.«

Adalbert Bietigheim ließ seine Worte sacken, bevor er fortfuhr: »Der zweite Preis ist ein Pu-Erh-Tee, dessen Alter Sie nicht bestimmen müssen, denn es ist unwichtig. Wichtig ist nur, dass er das stärkste bekannte Aphrodisiakum der Welt ist. Manch einer mag einwenden, der zweite Preis sei wertvoller als der erste. Aber auch das ist unwichtig, denn der Gewinner erhält beide Preise. Oder wie die schwedischen Komponisten Benny Andersson und Björn Ulvaeus es so passend formulierten: ›The Winner Takes It All‹.«

Bietigheim hielt sich fortan genau an den traditionellen Ablauf eines Pub-Quiz. Gespielt wurde in Teams von drei bis zehn Personen, die zusammen an einem Tisch saßen und sich einen Namen gaben. Es gab mindestens eine Runde, manchmal aber auch über ein halbes Dutzend, die jeweils fünfzehn bis dreißig Minuten dauerten. Nach jeder Runde wurden die Antworten der Teams eingesammelt, ausgewertet und die Punkte notiert und verkündet. Die erste Runde bestand aus zehn Fragen.

Bietigheim hatte zunächst allgemeine Themen ausgewählt, um die Spieler in Sicherheit zu wiegen: Welches Spiel nennen die Koreaner »Gawi Bawi Bo« und die Japaner »Jan Ken Pon«? (Die korrekte Antwort: Schere, Stein, Papier.) Wie viele Fenster hat das Pentagon? (7754.) Welcher Dubliner sprach die folgenden letzten Worte: »Entweder geht diese scheußliche Tapete – oder ich«? (Oscar Wilde.) Insbesondere die letzte Frage lag Bietigheim am Herzen: Wie heißt die Grande Dame der Hamburger Gesellschaft? (Hildegard zu Trömmsen.) Vermutlich wussten die anwesenden Inselbewohner, deren Horizont nur bis zum Kanal ging, es nicht – aber die Antwort würden sie nie mehr vergessen.

Alle hatten sie Spaß, ja, es kam richtig Stimmung auf.

Sehr zu Bietigheims Missfallen war eine der beiden führenden Gruppen die um Töler. Sie hatte sich »Whiskypedia« genannt. Aber Cumberlands »Quizbollah« stand auch gut da. Etwas abgeschlagen war peinlicherweise der Master mit seinem »Quiz Team Aguilera«.

Quizmaster Adalbert Bietigheim hatte sich entschieden, die zweite Runde mit einer kleinen Einführung zu beginnen. »Es wird nun, so viel zur Vorwarnung, ein morbides Quiz. Wir begehen es zu Ehren meiner beiden verstorbenen Vorgänger. Die kommenden Fragen behandeln ihre Todesumstände und ihre Forschungsprojekte. Als Getränk wird dazu ein ganz spezieller Tee serviert. Es ist der, welchen Jonathan Cleesewood am Abend vor seinem Tod getrunken hat. Ich habe ihn gefunden, und ihm zu Ehren haben wir ihn heute aufgeschüttet. Es ist der letzte Aufguss, der mit dieser Mischung möglich ist. In Ihren Tassen befindet sich der erste bis sechste Aufguss des Tees, aber fragen Sie mich bitte nicht, wer jetzt welche Tasse hat. Sie werden alle schmecken.«

Dann trug Bietigheim die Fragen der zweiten Runde vor: In welchem Tee wurden die toten Professoren aufgefunden? Wie brüht man diesen korrekt auf? Worüber forschten die beiden? Welcher Tee kann als starkes Aphrodisiakum wirken? Welcher Tee ist der gesündste? Welche Drogen lassen sich in Tee schmuggeln? Wer hat Zugang zum Glockenturm Great St Mary's? Mit welcher wissenschaftlichen Arbeit trat der Earl erstmals ins Rampenlicht? Welcher Tee wird als teuerster der Welt bezeichnet? Und: Die wievielte Tasse Tee führt in die Unvergänglichkeit?

Dies alles war Teil von Bietigheims Psychokrieg. Der Mörder musste unruhig werden und nervös.

Und dadurch einen Fehler begehen.

Die Antworten wurden nach zum Teil heftigen Diskussionen an den Tischen aufgeschrieben und eingereicht. Es gewann das Team »Windows XP Service Pack 3 Four« von Rena, Pit und zwei Mitgliedern der Port Wine Society. Sie hatten aus einem ganz einfachen Grund gewonnen: Sie kannten die Antworten. Bietigheim hatte niemals die Absicht gehabt, einen der Preise aus der Hand zu geben. Wo käme man denn da hin?

Es gab Gemurmel. Der Mob schien die Finte gerochen zu haben. Bevor sich die Stimmung in einen Tumult verwandeln konnte, fuhr Bietigheim mit der nächsten Stufe seines Plans fort.

»Der zweite Teil des Abends ist auch eine Art Quiz, doch am Ende gibt es keinen Gewinner, sondern nur einen Verlierer: den Mörder. Die Damen und Herren der Port Wine Society werden dafür sorgen, dass sich niemand von der Gruppe absetzt – vor allem nicht der Täter. Sie sind mit leeren Portweinflaschen bewaffnet. Deren Glas ist äußerst hart. Es tut mir leid, Gewalt androhen zu müssen. Aber wir sind uns doch alle einig, dass der oder die Schuldige für die Morde nicht davonkommen sollte. Ich meine, wir alle sind uns einig – bis auf den Mörder. Oder die Mörderin.«

Einige der Anwesenden nickten zögerlich, doch die meisten starrten ihn nur gebannt an.

Bietigheim klatschte in die Hände. Bis jetzt lief alles wunderbar! »Es ist Nacht, es ist spät, lassen Sie uns keine Zeit verlieren. Folgen Sie mir nach draußen, es ist nicht weit. Wir stellen nun die Szene des ersten Mordes nach. Es wird unterhaltsam, glauben Sie mir. Und lehrreich.«

Die Teilnehmer des Pub-Quiz ließen sich nicht lange bitten. Einige betrachteten das Ganze offensichtlich als angenehm exzentrischen Spaß. Aber nicht alle. Gut so.

»Sie, Colin, stellen netterweise den Earl dar. Es ist spät am Samstagabend, gerade kommen Sie aus Ihrem Lieblingspub, dem Pickerel Inn. Sie sind ziemlich betrunken und torkeln in Richtung Institut, weil sie dort noch etwas erledigen möchten.«

Colin begann zu torkeln. Es dauerte eine ganze Weile, bis er einige Meter zurückgelegt hatte.

»Torkeln Sie schneller«, sagte Bietigheim.

Es dauerte trotzdem einige Zeit, bis sie das Institut erreichten. Dort richtete Bietigheim seinen Zeigefinger auf den Gerichtsmediziner. »Hier trifft der Earl nun seinen Mörder, den Sie, Dr. Cumberland, bitte darstellen. Die beiden streiten sich. Vermutlich versuchte der Earl, sich im Gebäude in Sicherheit zu bringen, doch sein Mörder folgte ihm hinein.« Er schloss die Tür auf und ließ alle ins Treppenhaus.

»Worüber streiten sie denn?«, fragte Cumberland. »Ich muss das wissen, um die Rolle glaubwürdig anzulegen. Geben Sie mir irgendwas, womit ich arbeiten kann.«

»Tja, worüber streitet man erhitzt? Frauen, Geld, Ruhm? Es reicht in diesem Fall allerdings, wenn Sie es pantomimisch darstellen. Sie, lieber Dr. Cumberland, werden wütend, wollen ihrem Gegenüber Schmerzen zufügen. Haben aber nichts zur Hand. Leider wissen wir nicht, womit Sie zuschlagen, aber Sie treffen den Earl am Hinterkopf. Machen Sie ruhig! Colin, Sie sind betrunken und wehren sich mehr schlecht als recht. Und dann sind Sie tot. Dr. Cumberland, Sie fliehen. Pit spielt nun den jungen Michael Broadbent, der an diesem Abend noch lange im Institut gearbeitet hat. Er kommt die Treppe herunter und sieht die Leiche. Ja, wirken Sie ruhig erschrocken! Und kommen Sie näher. Wunderbar machen Sie das. Jetzt erkennen Sie Ihre Chance!«

Pit ging voll in seiner Rolle auf. Wie ein Stummfilmdarsteller hob er den Zeigefinger, als ihm die Idee kam. Dann begann er, die vermeintliche Leiche zu schleppen.

Es sah schmerzhaft für Colin aus.

»Danke, Pit«, griff der Professor ein. »Aber das wird nicht nötig sein. Colins Kopf könnte dabei durchscheuern. Außerdem hat Michael gewartet, bis mit größter Sicherheit niemand mehr vor dem Institut unterwegs war.« Er half Colin auf die Füße. »Den weißen Tee hatte Michael Broadbent bereits Wochen vorher gekauft – allerdings nicht, um ihn einer Leiche in den Mund zu füllen, sondern um ihn zu genießen. Er verschaffte sich Zugang zu dieser Wasserleitung.« Bietigheim deutete Richtung Wasseranschluss auf der gegenüberliegenden Straßenseite, als handele es sich um ein Beweisstück. »Mit dem dort stets bereitliegenden Schlauch ließ er Wasser in den Stechkahn mit der Nummer achtzehn. Den Tee setzte er im Institut mit heißem Wasser auf, damit sich Aromen und Farbstoffe lösen konnten. Später gab er ihn zum kalten Wasser im Kahn dazu. Dann organisierte er sich eine Schubkarre, lud den Earl hinein und brachte ihn ans Ufer. Es ging alles ganz schnell. Michael band den Stechkahn los und schob ihn in Richtung Flussmitte, von wo er alleine weitertrieb.«

Der Großteil des Publikums schien Gefallen an der kleinen Führung zu finden, doch der Professor sah auch ein Paar nervös zuckender Pupillen. Und rieb sich innerlich die Hände.

»Lassen Sie uns nun hoch zum Institut gehen, denn dort fand der zweite Mord statt. Oben in meinem Büro.«

»Sie meinen wohl *mein* Büro!«, meldete sich Töler.

»Sparen Sie sich Ihre Widerworte, Kollege. Lassen Sie es sich vom Master erklären. Oder scheren Sie sich davon. Na, los! Zu Ihren ach so wichtigen Forschungsarbeiten. Davon gibt es doch unzählige, nicht wahr?« War das schön, Töler zurechtweisen zu können wie einen ungehorsamen Bengel!

Bis alle in seinem Büro standen – und zum Teil im Flur des Instituts –, sagte Bietigheim kein Wort mehr. Er ließ die Stille wirken, die hoffentlich auf das Gewissen des Täters drückte.

»Versetzen wir uns zurück. Es ist Samstag, der Mord am Earl liegt bereits zwei Monate zurück. Jonathan Cleesewood trifft sich im Institut mit Michael Broadbent. Warum? Das ist die Frage. Und die Antwort lautet: Weil er vermutete, dass Michael der Mörder war. Woher ich das weiß? Aus den Institutsunterlagen. Die belegen nämlich unter anderem, welcher Rechner im Institut zu welcher Uhrzeit hochgefahren war. Warum hat die Polizei die Rechner nicht überprüft? Hat sie. Doch jemand hatte sie manipuliert. Dank Renas telefonischer Hilfe habe ich das herausgefunden. Und sogar, wer die Daten manipuliert hatte: Michael selbst.«

Kein Raunen ging durch die Reihen – schließlich hielt man aufgrund des Abschiedsbriefs ohnehin Michael für den Doppelmörder.

»Bei diesem Treffen liegt vieles im Dunkeln. Worüber sprachen Michael und Cleesewood miteinander? Der Mörder wird uns später davon berichten, denn er hat Michael sicher eingehend befragt, bevor er ihn vom Glockenturm

Great St Mary's warf. Meine Vermutung ist, dass Jonathan Cleesewood anhand des Fotos von der Leiche des Earls erkannt hatte, mit welcher Meisterschaft der Tee im Punting-Boot aufgebrüht worden war. Vielleicht hatte Michael ihm auch von seinem Teekauf erzählt, oder Cleesewood hatte eine Veränderung in Michaels Verhalten festgestellt. Zumindest kam es zu einem Gespräch. Klar ist, dass Jonathan Cleesewood an diesem Abend vergiftet wurde – und zwar mit dem Gift des Fugu-Fisches. Es wurde im Besitz von Michael Broadbent gefunden, und zwar an einem Ort, wo es ihm unmöglich untergeschoben worden sein kann. Deswegen müssen wir annehmen, dass er es Cleesewood verabreicht hat. So wie er es in seinem Bekennerbrief geschrieben hat.«

Bietigheim holte den vorbereiteten Tee hervor. Der war mittlerweile zwar kalt – doch das war für seinen Zweck nicht von Belang. Er goss ihn in sechs bereitstehende Schalen.

»Bei seiner Mordmethode machte Michael sich vermutlich Jonathan Cleesewoods Hang zur sechsten Schale zunutze. Dieser trank nämlich immer sechs Aufgüsse eines Tees, ausnahmslos. Man musste also nur nach dem Genuss von fünf Schalen Gift in die Teekanne geben und Cleesewood dann die sechste Schale einschenken. Nachdem fünf Schalen unbedenklich gewesen waren, trank er sicher, ohne Böses zu ahnen, den Tee, als Michael seine Schale zum sechsten Mal auffüllte. Und starb. Die sechste Schale zu trinken war eigentlich keine schlechte Gewohnheit, doch es war seine tödlichste.« Bietigheim machte eine kurze Pause.

»Wir haben also zwei Mörder«, fuhr er dann fort. »Oder sogar drei? Denn Michael Broadbents Selbstmord war keiner. Das ließ er uns durch einen Hinweis in seinem Abschiedsbrief wissen. Sie erinnern sich sicher alle noch an die Zeilen: *Danach habe ich mich seiner Leiche auf dieselbe*

Art entledigt wie der von Professor Shropsborough, damit es nach einem verrückten Serientäter aussehen würde. Ich habe alles genauso gemacht wie bei der ersten Leiche. Doch es war nicht alles genau wie bei der ersten Leiche. Das verwendete Wasser war ein anderes, und es fehlte auch die Achtsamkeit, mit welcher der Tee im ersten Fall aufgebrüht worden war. Was Michael auch genau wusste. Außerdem nutzte er nicht die Sherlock-Holmes-Tinte, die für Mitglieder der Port Wine Society bei allen wichtigen Schriften verpflichtend ist und welche sie deshalb immer bei sich tragen. Gerade bei seinem letzten Brief hätte Michael dies beachtet. Zwei Hinweise, die zeigen, dass mit diesem Brief, mit diesem Abschied etwas nicht stimmt. Dass er keineswegs freiwillig war. Sondern nur die Ouvertüre eines Mordes. Lassen Sie uns zu Great St Mary's gehen. Es sind nicht viele Schritte, meine Damen und Herren, und unsere letzte Station an diesem denkwürdigen Abend.«

Richard A. Unsworth, der Belfry Maintenance Officer, öffnete die nötigen Türen. Trotz aller Beteuerungen der Politik waren die Schlösser noch nicht ausgetauscht worden. Nach über hundert Stufen standen die Pub-Quizzer auf dem Glockenturm. Der Nachtwind pfiff unmelodisch über die Zinnen, der Mond schien so hell, als gelte es, Weiße Nächte zu erleuchten. Langsam ging der Professor zur Stelle des Sicherheitszauns, über die Michael Broadbent geworfen worden war.

»Wenn Michael sich nicht selbst das Leben nahm, sondern umgebracht wurde, lautet die grundlegende Frage: Wer ist im Besitz der Schlüssel für den Glockenturm? Die Tür war nicht aufgebrochen, und die Polizei fand auch keine Hinweise, dass ein professioneller Einbrecher sich Zutritt verschafft hätte. Es wurden Schlüssel benutzt – und zwar die richtigen. Sie mögen einwenden, dass man sich diese natürlich nachmachen lassen kann. Die Polizei hat diese Möglichkeit auch in Betracht gezogen – sie haben bei allen Schlüsseldiensten der Umgebung nachgefragt. Doch Fehlanzeige. Natürlich könnte einer davon lügen. Doch halten wir uns die Situation noch einmal vor Augen: Michael Broadbent ist spurlos verschwunden. Erst jetzt weiß der Mörder des Earls, wen er fürchten muss, wer den toten Earl im Punting-Boot drapiert und womöglich vorher den Mord beobachtet hat. Erst ab diesem Punkt hätte er Michaels Ermordung planen können. Nur wie? Der junge Mann ist schließlich verschwunden. Dann kehrt Michael überraschend zurück. Gleich in der folgenden Nacht wird er umgebracht. Wann hätte der Täter sich einen Schlüssel besorgen, ihn nachmachen lassen und wieder unbemerkt zurückbringen sollen? Nein, der Täter muss den Schlüssel bereits gehabt haben. Also muss er Mitglied der Kirche sein, zum Putzpersonal gehören – oder zu den Bell Ringers. Wollen wir jetzt alle unsere Taschen leeren und schauen, wer die Schlüssel hat?«

Die ersten begannen, ihre Hosentaschen umzudrehen. Bietigheim hatte eine diebische Freude daran.

»Nein, war nur ein Scherz. Wer würde sie schon bei sich tragen? Aber ich werde Ihnen zeigen, wer den Earl und Michael getötet hat. Folgen Sie mir, einer nach dem anderen, nicht drängeln.«

Während der Trupp die Stufen des Glockenturms herunterschritt, beäugten sich alle, ob jemand versuchte zu fliehen.

Doch niemand machte Anstalten dazu.

Der Professor war enttäuscht. Er hatte gehofft, den Mörder auf diese Weise stellen zu können. Vielleicht könnte er die Flucht provozieren, indem er sie dem Täter besonders leicht machte?

Als sie aus der Kirche traten, begann Bietigheim zu laufen.

Zuerst herrschte Verwunderung bei den Pub-Quizzern. Doch dann liefen alle hinterher. Die Gruppe zog sich auseinander. Vor allem durch die fluchenden Damen mit ihren hohen Absätzen. Aber auch einige Herren waren dank der im Pub gnadenlos vernichteten Biere nicht mehr gut auf den Beinen.

So trabten sie wie eine mitternächtliche Jogging-Gruppe, die sich in Kleidung und Schuhwerk arg vergriffen hatte, durch Cambridge. Bietigheim kam ins Schwitzen – und immer noch hatte sich niemand aus der Gruppe gelöst. Er beschloss, ein paar Haken zu schlagen und um Ecken zu sausen, um die Fluchtchancen weiter zu erhöhen. Auch auf die Gefahr hin, dass er selbst nicht sofort mitbekäme, wenn sich jemand vom Acker machte.

Doch immer noch trabten alle brav hintereinander her.

Erst als er schon nicht mehr daran glaubte, und kurz davorstand, das Laufen aus Erschöpfung unverzüglich einzustellen, erst als eine dicke Cumulus-Wolke den Mond verdunkelte und ganz Cambridge auf einmal so dunkel aussah, als hätte Gott selbst das Licht ausgeknipst, erst in diesem Moment sprintete der Mörder davon.

Doch Bietigheim war jetzt zu fertig. Keuchend stand er da. Es ging einfach nichts mehr. Das Rennen über die Punting-Boote steckte ihm immer noch in den Knochen. Auch Pit war nicht für eine Verfolgungsjagd zu haben. Er konnte seine Gegner zwar überrollen, aber ihnen über eine längere Strecke folgen? Niemals. Benno hätte eine ernsthafte Chance gehabt, aber der kaute an etwas, was vor gar nicht allzu langer Zeit vielleicht mal eine Ratte gewesen war oder ein Kohlkopf, so genau ließ sich das nicht sagen.

Die Port Wine Society hätte die Verfolgung aufnehmen können – lauter junge, drahtige Menschen, wie gemacht zum Laufen. Aber keiner von ihnen setzte sich in Bewegung. Sie waren allesamt in Schockstarre.

Und so floh der Mörder mit raschen Schritten Richtung Fluss. Seine Sohlen knallten wie Peitschenhiebe auf dem Boden. Problemlos würde er den Cam durchschwimmen können, um dann auf der anderen Seite weiterzurennen. Zwar riefen einige auf ihren Handys bereits die Polizei – doch bis die da war ...

So hatte der Professor sich das alles nicht vorgestellt.

Er wollte den Täter stellen, anstatt ihn wegschwimmen zu lassen. Doch wie sollte das jetzt noch gelingen?

War etwa alles umsonst gewesen?

Zwar war nun allen Anwesenden klar, wer den Earl und Michael Broadbent auf dem Gewissen hatte, doch in Großbritannien, wo keine Meldepflicht bestand, konnte man einfacher untertauchen als anderswo.

Vorbei.

Es war vorbei.

In diesem Moment trat ein ebenso prächtiger wie bösartiger Schwan auf die Straße. Er richtete sich auf, breitete seine mächtigen Flügel aus, schwang sie wild auf und nieder und fauchte wie ein Drache.

Er rannte dem Flüchtenden entgegen.

Wurde immer schneller.

Und hob schließlich ab, ein trudelnder Jumbojet auf direktem Crash-Kurs.

Es war Charles, das Mistvieh.

Benno vergaß den Gegenstand, auf dem er gerade herumbiss, denn ein Schwan im Angriffsflug war weitaus faszinierender. Für den Flüchtenden stellte sich das Bild anders dar. Von vorne kam ihm der böseste Schwan des Königreichs entgegen, ein riesiges Geschoss aus Federn, von hinten raste ein Gebiss auf vier Beinen heran.

Und plötzlich nahm jemand aus der Gruppe die Verfolgung auf. Ausgerechnet Töler hatte die Geistesgegenwart, den Mut und die Kraft dazu. Alle anderen erwachten aus der Schockstarre und rannten ebenfalls los. Wie eine Horde Barbaren. Plötzlich war die Energie wieder da. Die Anspannung des Abends verwandelte sich in Gebrüll und Getrampel.

Der Fluchtreflex hatte den Täter in Richtung Fluss geführt – doch er wurde nun von einem anderen Reflex überwunden. Er hieß: Bei Gefahr ducken! Ganz tief ducken!

Vor allem vor dem Schwan.

Der nur Sekunden später auf seinem Rücken landete. Überraschenderweise nicht an einen Angriff denkend. Er begann auf eine etwas ruppige Art und Weise mit dem Liebesspiel.

Pit und Rena machten sich daran, ihn vom Rücken des Täters zu ziehen – doch Bietigheim hielt sie zurück.

»Haben Sie den Earl und Michael Broadbent getötet? Antworten Sie laut und deutlich, denn der Schwan ist ohrenbetäubend bei seinem Liebesspiel.«

Der Mann hielt sich die Arme über den Kopf. Charles biss hinein. Immer wieder.

»Ja!«

»Sagen Sie es im ganzen Satz!«

»Ja, ich habe den Earl und Michael Broadbent getötet.«

Bietigheim nickte in Richtung Pit. »Entfernen Sie das Geflügel.«

Charles gefiel das gar nicht. Er war gerade so gut in Fahrt gewesen. Kaum hatte Pit ihn in den Fluss geworfen, watschelte er zurück ans Ufer. Pit warf ihn wieder in den Cam. Charles kam wieder heraus. Die beiden hatten eine schöne Zeit miteinander.

Derweil half Bietigheim dem mit blutenden Schrammen verzierten Mörder auf die Beine. Er reichte ihm sogar sein besticktes Stofftaschentuch zur Erstversorgung. Immerhin hatte er diesen Mann einst ins Herz geschlossen, auch wenn er ihn nun, da er von dessen Taten wusste, wieder seines Herzens würde verweisen müssen.

»Schmerzt es sehr, Colin?«

»Es geht. Danke der Nachfrage.« Diese Höflichkeit – beeindruckend. Selbst wenn man gerade eines Doppelmordes überführt worden war. »Sie möchten jetzt sicher von mir hören, warum ich es getan habe. Sie alle, nehme ich an.« Er wirkte ganz gefasst. Vielleicht war es auch nur die Erschöpfung nach der Flucht und dem Schwanenangriff. »Könnten wir für die Erklärungen ins Pub gehen? Ich würde gerne noch ein letztes Mal in Freiheit ein Ale trinken.«

Man war sich schnell einig, dass solch einem Wunsch nachzukommen war. Der Professor vermutete, weil eine direkte Übergabe Colins an die Polizei die Anwesenden um etliche Details gebracht hätte. Offiziell hätten sie vermutlich eher ihr großes Herz ins Feld geführt.

Das Pickerel Inn hatte noch geöffnet. Obwohl es für den ganzen Abend angemietet worden war, saßen nun andere Gäste darin. Der Professor ließ sie entfernen, rückte für Colin einen Stuhl in die Mitte und für sich einen gegenüber von ihm. Dann bestellte er ein Ale und einen Tee. Die anderen kamen mit ihren Stühlen näher – aber nicht so nah, dass es neugierig ausgesehen hätte. Den Abstand so ausgewogen einzuhalten war höchste gesellschaftliche Kunst.

»Tim, also der Earl, und ich haben eine lange, gemeinsame Geschichte. Wir haben zusammen studiert, uns eine Studentenbude geteilt, waren beste Freunde, unzertrennlich, die Welt wollten wir gemeinsam erobern. Dann kam die Forschungsreise nach Wuyishan. Wir schrieben die Arbeit darüber zusammen – doch er veröffentlichte sie schließlich ohne mein Wissen und als alleiniger Autor. Ich erhob Einspruch, aber seine Kontakte waren natürlich viel besser als meine. Er brauchte diese Arbeit als Sprungbrett für seine Karriere. Erst im Nachhinein wurde mir klar, dass er mich immer schon ausgenutzt hatte, dass ich nur seine Trittleiter gewesen war. Aber all die Jahre dachte ich, wir wären Freunde, würden einander helfen. Dabei habe nur ich ihm geholfen, nie umgekehrt.« Er nahm einen großen Schluck Ale.

»Den Teil mit der Forschungsarbeit kann ich bestätigen«, erklärte Bietigheim. »Ich bin in den Unterlagen des Instituts darauf gestoßen. Auch einige Briefwechsel zur Urheberschaft sind mir in die Hände gefallen. Es war der Einstieg des Earls in die Welt der Wissenschaft – und Colin Inniskeens Niedergang.«

»Liz trennte sich damals von mir.« Er warf der Countess von Shropsborough einen Blick zu, in dem sich Enttäuschung und Liebe vermengten. »Ich kann sie verstehen. Damals war ich verbittert, gebrochen, nicht mehr der Mann, den sie einmal geliebt hatte. Der Kontakt brach völlig ab, ich ging ins Ausland, dann in den Norden Englands, meinen gesamten Freundeskreis ließ ich hinter mir und fing ein neues Leben an. Aber nicht, weil ich es wollte. Sondern weil es anders nicht mehr zu ertragen war. Dann kam ich zurück nach Cambridge, war gerade zwei Tage da, und er lief mir über den Weg, besoffen, und erzählte mir, dass er, gerade er, dieser elende Hund, nun mit Liz verheiratet sei. Er hat geprahlt, mich verhöhnt, ausgelacht...«

Colin schluckte. Mehrmals. Die Erinnerungen der Nacht fielen wie ein Schleier über seine Augen. »Ich war wütend, nein, das stimmt nicht, ich habe ihn gehasst. Aus tiefstem Herzen. Es kam alles wieder hoch. Ich riss ihm seine Whiskyflasche aus der Hand und schlug zu. Nur einmal. Aber in diesem Schlag lag der jahrelange Hass auf ihn, aber auch der Hass auf mich. Ich wollte ihn umhauen, ihm Schmerzen versetzen, ihn zum Schweigen bringen. Aber ich habe ihn umgebracht. Ich bin zum Mörder geworden. Seinetwegen. Er hatte mich gebrochen und nun auch noch in die Hölle gestoßen. Ich bin danach einfach weggerannt, weg von ihm, von dem, was geschehen war, von meiner Schuld, die ganze Nacht rannte ich, bis ich in der Nähe von Ely erschöpft zusammenbrach. Am nächsten Tag wurde die Leiche gefunden, in einem Punting-Boot, eingelegt in White Darjeeling – und ich fragte mich, ob alles vielleicht nur ein schlechter Traum gewesen war. Denn das hatte ich nicht getan. Können Sie sich vorstellen, wie ich mich fühlte? Plötzlich war da die Hoffnung, das alles wäre gar nicht passiert. Ich habe dieses Geschenk angenommen. Ich habe mir eingeredet, keine Schuld zu tragen, obwohl ich immer wusste, tief in mir, dass es nicht so war. Einen Mord, den vergisst man nicht, der brennt sich ein, auf der Netzhaut, in der Seele.«

Er strich sich über die mit Schweißperlen bedeckte Stirn, bevor er fortfuhr: »Dann kam der zweite Mord. Hier wusste ich definitiv, dass ich ihn nicht begangen hatte. Aber genauso klar brach die Illusion, ich hätte den ersten nicht auf dem Gewissen, zusammen. Und ich fragte mich: Wer spielte hier mit meiner Tat? Wollte mir jemand einen Doppelmord anhängen? War es eine Falle, die nur darauf wartete zuzuklappen? Wenn bekannt würde, dass ich Tim getötet hatte, würde mir ganz sicher auch der zweite Mord in die Schuhe geschoben werden.«

Wieder setzte er das Glas an – danach war es leer. Der Besitzer des Pickerel Inn brachte ihm ungefragt ein neues. »Dann erfuhr ich über Sie, Professor, dass Tim von Michael Broadbent ins Punting-Boot verfrachtet worden war. Wusste er von meiner Tat? Benutzte er meinen Mord an Tim, um seinen an Jonathan Cleesewood zu vertuschen? Ich durfte kein Risiko eingehen. Denn erstmals seit Jahren ging es bei mir wieder bergauf, die Chance auf einen echten Neuanfang war da. Deshalb hatte ich nur noch ein Ziel: Michael zum Reden zu bringen. Mir war nicht klar, was diese Entscheidung in letzter Konsequenz bedeutete. Nämlich dass ich ihn danach zum Schweigen bringen musste. Vielleicht wollte ich es einfach nicht wahrhaben. Ich weiß, dass ich Schlechtes, Schlimmes, Unverzeihliches getan habe. Doch mein Kern ist nicht … böse. Es war eine Extremsituation, die eine andere nach sich gezogen hat.«

»Mich wollten Sie doch auch töten«, sagte Bietigheim. »Gestern Nacht.«

»Ja … nein … keine Ahnung. Sie haben sich ausgesprochen großzügig mir gegenüber gezeigt, mir eine Chance gegeben, an mich geglaubt. Nachdem Sie sagten, dass heute der Mörder mit einem Pub-Quiz überführt würde, bekam ich Angst. Ich wollte Sie zur Rede stellen, Ihnen meine Sicht darlegen, Sie überzeugen, die Sache ruhen zu lassen. Nur im absoluten Notfall hätte ich abgedrückt.

»Man bekommt Übung im Morden. Es wird immer leichter, sagt man.«

Colin erhob sich. Die Menge wich zurück. Jetzt war er kein Aushilfsprofessor mehr. Sondern ein Monster. Und niemand wusste, wozu Monster fähig waren.

Bietigheim wusste immerhin, dass dieses Monster sprechen konnte. Und er wollte unbedingt weiter hören, was es zu sagen hatte. »Wollen Sie gehen?«

»Ich …«

»Wollen Sie auf mich losgehen?«

»Nein … ich … Darf ich stehen? Ich möchte nicht mehr sitzen. In mir ist so viel Unruhe, ich muss mich bewegen.«

Bietigheim nickte. »Der Mord an Jonathan Cleesewood. Hat Michael Ihnen den gestanden?«

»Ja, das hat er. In allen Details. Ich wusste, dass er die Wahrheit sagte. Cleesewood war der Experte, der zur Untersuchung des Tees im Punting-Boot gebeten worden war, und er hatte sofort erkannt, dass der White Darjeeling auffallend sorgfältig zubereitet worden war. Außerdem wusste er, dass Michael, der ja im Institut arbeitete, ihm kurz zuvor noch vom Kauf eines teuren Weißtees erzählt hatte. Er bat ihn zu einem Gespräch. Allerdings glaubte er Michael nicht, dass er nur Tims Leiche ins Boot gelegt hätte, sondern forderte von ihm, sich zu stellen. Michael bat ihn, zuerst seinen Eltern alles gestehen und auch sonst alles ordnen zu dürfen. Cleesewood gewährte ihm diese Zeit, drei Tage, danach wollten sie sich wieder im Institut treffen und gemeinsam die Polizei anrufen. Verständlicherweise wollte Michael nicht für einen Mord ins Gefängnis, den er nicht begangen hatte. Deshalb beschloss er, Cleesewood umzubringen. Er wusste, dass Cleesewood immer sechs Schalen eines Tees trank. Also musste er, genau wie Sie es eben dargelegt haben, bei ihrem Treffen im Institut das Gift nur in die sechste Schale geben – und selbst nach der fünften aufhören. Cleesewood leerte die Schale ohne Zögern. Dann verließ Michael den Raum und schloss die Tür ab, um seinem Opfer nicht beim Todeskampf zusehen zu müssen. Vorher hatte er dafür gesorgt, dass kein Telefon und kein Handy in Cleesewoods Büro waren. Danach legte er die Leiche trotz des großen Risikos ebenfalls in Tee ein.«

»Aber warum war der Tee dann so schlampig aufgebrüht?«

»Michael hasste Cleesewood. Beim Earl war das Einlegen in Tee Ehrerbietung, bei seinem Nachfolger ging es nur darum, die Spur auf einen irren Serienkiller zu legen. Könnte ich noch ein Ale haben?«

»Nein«, sagte Bietigheim. »Es reicht. Wir alle sind müde. Pit, rufen Sie bitte die Polizei.« Er stand auf. Dann drehte er sich noch einmal zum geständigen Doppelmörder um. »Es fehlt uns noch der genaue Tatablauf für den Mord an Michael.«

Colin packte die Lehne des Stuhls und stützte sich darauf. »Sie haben richtig vermutet, ich habe noch einen Schlüssel aus meiner Zeit bei den Bell Ringers. Michael, sagte ich, wir müssten an einem Platz reden, wo wir hundertprozentig allein sind. Oben angekommen bedrohte ich ihn mit einem Messer und ließ ihn seinen Abschiedsbrief schreiben, schlug ihn dann nieder und warf ihn über das Geländer. Er war noch warm und atmete, als ich ihn über die hohe Absperrung hievte. Es ist eine Sache, einen Menschen im Affekt zu erschlagen, aber jemanden lebend von dieser Höhe hinunterzuwerfen, das ist fürchterlich.«

»Sie haben es trotzdem getan.«

Colins Finger verkrampften sich. »Ja, ich habe es trotzdem getan.«

»Es macht ein Verbrechen nicht besser, wenn man ein zweites dafür begeht. Hätten Sie die erste Tat gemeldet und Ihre Version geschildert, Sie hätten nicht Ihr ganzes Leben hinter Gitter gemusst.« Die Uhr schlug Mitternacht. »Und jetzt will ich nach Hause. Diese Mordfälle sind gelöst. Pit, erledigen Sie den Rest. Und könnten Sie, Rena, mir morgen früh bitte ein schönes Frühstück organisieren?« Er zog sein Sakko gerade. »Aber bitte, bitte ohne Tee!«

EPILOG

Full English Breakfast

Frühstück an Deck der »God Save The Queen«, mit einer frisch gestopften Pfeife im Mundwinkel. Sollte so nicht jeder Tag beginnen? Bietigheim sah auf seine Taschenuhr, es war elf. Herrlich! Der Professor sah sich als Nichtraucher mit der Option, ab und an zu rauchen. So wie es auch Vegetarier gab, die manchmal Fisch aßen. Warum sollte er dem Rauchen auch völlig entsagen?

Benno hatte sich am Bug wie eine Schnecke zusammengerollt und ließ sich die Sonne auf den Pelz brennen, Charles schwamm um das Schiff und verscheuchte alles, was sich auf zehn Meter näherte: andere Schwäne, Enten, Ruderboote.

Der Professor hatte keine Kosten und Mühen gescheut und sich ein Full English Breakfast kommen lassen. Allerdings mit Kaffee. Gleich stand die Pressekonferenz im Polizeipräsidium an, am Nachmittag dann der Umzug in sein angestammtes Domizil. Rena bereitete schon alles vor. Er hoffte darauf, dass Töler dort sein würde, damit er ihn höchstpersönlich vor die Tür setzen konnte. Der Emporkömmling hatte sich krankgemeldet, nachdem der Master ihm mitgeteilt hatte, das kulinarische Institut gehe wieder an Bietigheim.

Nun gut, Töler hatte gestern Nacht eine nicht unwichtige Rolle bei der Ergreifung des Mörders gespielt. Aber auch keine besonders wichtige. Er würde ihm im Gegenzug wohl anbieten, eine Vorlesung halten zu dürfen. Unentgeltlich. Früh am Morgen. Und nicht über Minze. Aber immerhin! Töler war nicht so gnädig gewesen. Er war ein Mistelzweig. Wenn auch ein ziemlich gerupfter.

»Dürfen wir uns zu Ihnen setzen?« Es war Pit. Arm in Arm mit Diana.

»Es ist Ihr Boot. Fühlen Sie sich ganz wie zu Hause.«

»Oha, englische Höflichkeit«, sagte Pit. »When in Rome, do as the Romans do.«

»Aus Ihnen wird doch noch ein anständiger Mensch!«

Pit setzte sich auf das Deck und streckte die Beine aus, Diana legte ihren Kopf in seinen Schoß und blickte zu Bietigheim. »Ich habe mich noch gar nicht bei Ihnen bedankt, Professor. Es tröstet mich zu wissen, dass mein Vater sich nicht das Leben genommen hat. Und dass der Schuldige nun vor Gericht kommt.«

»Keine Ursache. Ich habe es als Teil meines Forschungsauftrags gesehen.«

»Wie sind Sie eigentlich auf die Lösung des Falls gekommen?«, fragte Pit und drehte zärtlich eine von Dianas feinen Haarsträhnen um seinen Zeigefinger. »Das haben Sie noch gar nicht verraten.«

»Nun«, Bietigheim zögerte, entschloss sich dann jedoch mit der Wahrheit herauszurücken. »Es war der Tag an dem ich mir mehrfach den Kopf in diesem stolzen Schiff stieß. Zum Schluss landete ich auf dem Boden und blickte auf eine Kopie von Michaels Abschiedsbrief und das Plakat eines Rockkonzerts auf einer irischen Insel, die ich beide heruntergerissen hatte. Und da wusste ich es mit einem Mal. Michael hatte mir den Mörder verraten.«

»Was? Wieso? Ich hab den Abschiedsbrief auch gelesen – und zwar mehr als einmal. Da steht nix drin über den wahren Mörder.«

Ein zufriedenes Lächeln breitete sich in Bietigheims Gesicht aus. »Oh, doch! Michael schrieb: ›*Ich habe zwei Menschen auf dem Gewissen und halte es nicht mehr aus mit mir selbst. Ich bin keine friedliche Insel mehr.*‹ Schon damals fand ich, dass dies eine merkwürdige Formulierung ist, und viel zu poetisch für Michael. Bis ich begriff, wie raffiniert er damit auf seinen Mörder hinwies. Es gibt nämlich einen Ort in Irland namens Inniskeen, offiziell als Inishkeen bekannt – was nichts anderes bedeutet als friedliche Insel. Michael, der aus Irland stammt, wusste das. Colin Inniskeen, ein waschechter Engländer, dagegen nicht. Deshalb entging es ihm auch. Und bei mir brauchte es erst einige Schläge auf die Schädeldecke, bevor ich mich daran erinnerte. Was nicht heißt, dass ich gedenke, diese Methode fortan häufiger anzuwenden.« Pit zog theatralisch eine Schnute, hatte er doch schon neckisch die Faust erhoben, um Bietigheim zu weiteren Geistesblitzen zu verhelfen. »Darf ich Ihnen beiden etwas von meinem Frühstück anbieten? Es ist genug da.«

Diana schüttelte den Kopf und zwickte Pit in die Seite. »Was ist eigentlich mit meinen Sandwiches?«

»Ach ja!« Pit verschwand im Bootsinneren und kehrte kurze Zeit später mit einem Teller zurück, auf dem klassische Sandwiches lagen. Jeweils zwei Scheiben ungeröstetes Weizentoastbrot, ohne Rinde, diagonal zu Dreiecken geschnitten. Vorsichtig stellte Pit sie neben Diana. »Alle vegetarisch! Heute Morgen frisch gemacht. Extra für dich!«

Es war ein Cucumber-Sandwich (gesalzene Butter, dünne Streifen Salatgurke, Salz und eine Prise Zucker), ein Ei-und-Kresse-Sandwich (Mayonnaise, kleingeschnittene, hartgekochte Eier, Salz, Pfeffer, frische Kresse) und ein Grilled Portobello Mushroom-Sandwich (Mayonnaise, in der Pfanne mit Olivenöl angebratene Pilze, Salz, Pfeffer, Zwiebeln, Käse).

Diana ließ sich Zeit beim Probieren. Bei einigen Sandwiches nahm sie auch das Oberteil ab, um die Inspektion innen fortzuführen. Schließlich setzte sie den Teller wieder auf Deck und tupfte sich den Mund ab.

»Der Rand ist schlampig abgeschnitten. Die Kresse ist

nicht gleichmäßig verteilt. Das Cucumber-Sandwich ist nicht genug zusammengedrückt, und die Haftung lässt bei allen zu wünschen übrig. Ein gutes Sandwich muss man problemlos essen können, ohne dass es auseinanderfällt. Und wo wir schon mal dabei sind: Du trägst einen Socken falsch herum. Und das …«

»Au!«

»… war ein graues Haar.«

»Ich sehe«, sagte der Professor schmunzelnd, »Sie sind in guten Händen. Diana wird Sie zu Ihrem Besten verändern. Ich hätte mir gewünscht, Sie hätten sich schon viel früher getroffen. Zehn, fünfzehn Jahre früher.«

»Wenn das mit dem Haareausreißen so weitergeht, wünsch ich mir das aber nicht. Ich sag Ihnen: Sie ist eine echte Alphamieze.«

Diana gab ihm einen Kuss aufs Ohr – was Pit dazu brachte, ein kleines glückliches Stöhnen von sich zu geben. »Aber fürs erste Mal und für einen Deutschen: gar nicht schlecht!«

»Dafür machst du mir gleich einen Kakao! Und ich darf zugucken. Professore, Sie haben Diana noch nicht Kakao machen sehen. Ihr Po, also, der bewegt sich dabei, unfassbar … Wobei, wenn ich so drüber nachdenke: vielleicht sollten Sie das besser doch nicht sehen.«

Tee und Liebe, dachte der Professor, schmecken heiß am besten. Und er gönnte seinem Freund dieses Glück von Herzen.

»Ich habe mich entschieden, hierzubleiben«, erklärte Pit. »Diana und ich wollen zusammen ein Tea House eröffnen, das nur Bioprodukte verwendet. In einer Universitätsstadt wie Cambridge müsste das eigentlich klappen. Es soll auch Kleinigkeiten zu essen geben, Zitronenkuchen und Tiramisù zum Beispiel, und ich würde gerne echte deutsche Bratkartoffeln anbieten. Das wird was! Und in einer Ecke richten wir eine kleine Bücherei ein, wo jeder was

Tolles zu lesen findet. Ich finde, Diana hat was von einer Bibliothekarin. Einer unglaublich schönen Bibliothekarin natürlich.«

»Werden Sie denn ohne Fleisch auskommen? Wie soll Ihr Körper das verkraften? Der ist doch nichts anderes gewöhnt.«

»Einmal am Tag darf er Fleisch essen«, sagte Diana und tätschelte Pit die Glatze. »Von einem Bauern aus der Nähe, der Piemonteser Fleischrinder züchtet.«

»Wie großzügig.«

»Alles für die Liebe, Professore. Sie trinkt auch keinen Alkohol. Also muss ich den für sie vernichten!« Pit lachte laut. »Und sie will drei Mädchen! Das ist dann eine ganz schöne Menge Östrogen um mich herum. Aber wissen Sie was? Man hört immer von Leuten, die vor lauter Liebe den Verstand verloren haben. Aber es gibt auch viele, die vor lauter Verstand die Liebe verloren haben. Doch ich werde das nicht zulassen. Das würde ich mir nie verzeihen. Außerdem hat mich Colonia schon in ihr Herz geschlossen – die lässt mich nicht mehr gehen.«

»Colonia?«

»Meine Katze«, erklärte Diana. »Sie ist mir zugelaufen, ich weiß nicht woher. Auf jeden Fall hatte sie einen langen Weg hinter sich – genau wie Pit. Es ist die liebste, liebste, liebste Katze, die ich je kennengelernt habe.« Benno blickte sie mit großen Augen an. »Ja, und du bist natürlich der liebste, liebste, liebste Hund, den ich je kennengelernt habe.« Sie kraulte ihn hinter den Ohren. »Und Sie, Professor, was werden Sie als neuer Held der Stadt machen?«

»Nun, darüber habe ich noch gar nicht nachgedacht.«

Das stimmte natürlich nicht. Er hatte in der Nacht noch lange wach gelegen, um genau darüber nachzudenken. Ab sofort würden sie ihm in Cambridge alles erlauben. Zum Beispiel die Umgestaltung des College-Gartens, in dem er Rüben pflanzen würde statt Blumen. Außerdem würde er sich die Zuschüsse erhöhen lassen, um einen Portweinkeller im Institut anzulegen. Ein Punting-Boot sollte seinen Namen tragen, wie auch eine Teemischung, die er mit den Wenboscas zu kreieren gedachte. Eine Bronzestatue auf der Seufzerbrücke wäre nicht schlecht – aber diesen Vorschlag würde er von jemand anderem lancieren lassen. Sonst erweckte es nachher noch den Eindruck, er wäre eitel. Lächerlich!

Er wusste nur, was angemessen war.

»Werden Sie denn noch ein Semester in Cambridge bleiben? Oder sogar für immer?«

»Hamburg, meine Liebe, Hamburg liegt mir im Blut. Und dem Blut muss man folgen. Zudem lebt in meiner geliebten Hansestadt eine Frau, von der ich nicht lange getrennt sein kann. Eine Frau, wie es sie auf der ganzen Welt kein zweites Mal gibt.« Er sog lange an seiner Pfeife und ließ einen Kringel emporsteigen, der wie ein Hering aussah. »Andererseits könnte ich noch einen kleinen Umweg machen. Mich reizt schon seit Langem ein Forschungssemester im belgischen Brügge, um mich dort eingehend mit der Schokoladen- und Pralinenkultur auseinanderzusetzen.«

Mit diesem süßen Gedanken sonnten sich alle drei weiter. Brügge, Pralinen, Schokolade, es wurden köstliche Tagträume.

Der Professor bemerkte gar nicht, wie Pit irgendwann aufstand und die »God Save The Queen« losmachte. Denn er wollte endlich ein echter Kapitän werden. Auch wenn er gar keinen Führerschein besaß.

Und keine Ahnung hatte, wie man ein Boot steuerte.

Plötzlich rannte jemand am Ufer auf das Schiff zu. Es war Asha Ghalib, Bietigheims Sekretärin. Sie schwenkte einen Umschlag über ihrem Kopf. »Ein Brief von der Queen! Ein Brief von der Queeeeeen!«

Pit hätte die Motoren gestoppt, wenn er sie schon zum

Laufen bekommen hätte. Aber das Schiff trieb nur steuerlos auf dem Fluss. Und da dieser kaum Strömung aufwies, waren sie noch nicht weit gekommen. Asha Ghalib schaffte es mühelos, an Bord zu kommen. Bietigheim öffnete den Umschlag und überflog den Brief. Danach steckte er ihn wortlos in seine Sakkoinnentasche.

»Was schreibt die alte Dame denn?«, fragte Pit.

»Nichts Besonderes«, antwortete Bietigheim.

»Könnten Sie das Nichts etwas genauer beschreiben?«, erkundigte sich Diana.

»Nur etwas zu meinem Schwanenmenü im Midsummer House, von dem sie sich Proben bestellt hatte.«

»Nu lassen Sie sich doch nicht alles aus der Nase ziehen!«, rief Pit. »Hat es ihr, wie sagt man … gemundet?«

»Das schon.«

»Aber?«

»Die Queen meinte, es hätte sehr nach Truthahn geschmeckt.« Er konnte sich ein Lächeln nicht verkneifen. Doch die Wahrheit wollte er nicht preisgeben.

»Und der Brief ist einfach so mit der Post gekommen?«, fragte Bietigheim. »Oder hat ihn eine königliche Kutsche vorbeigebracht?«

»Nein, das nicht«, antwortete Asha Ghalib. »Eine Dame hat ihn bei mir abgeben. Sie ist aus Ihrer Heimatstadt und auf dem Weg hierher. In natura ist sie noch viel unhöflicher als am Telefon.«

Hildegard zu Trömmsen! Das blaublütige Rasseweib! Die Einzigartige! Die Göttliche!

Asha Ghalib zeigte in Richtung Ufer. »Da hinten ist sie schon!«

»Limerenz«, murmelte Bietigheim.

Und sprang vom Boot.

Rezepte

Rezepte aus Professor Dr. Dr. Adalbert Bietigheims privater Sammlung, Abschnitt »Perfekte Begleiter des Teegenusses«. (Kreiert unter Mithilfe seines guten Freundes, des Sternekochs Julius Eichendorff.)

Shrewsbury Biscuits

90–100 Kekse

450 Gramm Mehl
150 Gramm Zucker
2 Eier
1 Messerspitze Salz
1 Messerspitze Zimt
100 Gramm Butter

Mehl, Zucker, Eier, Salz und Zimt vermengen, die warme Butter in Flöckchen zugeben und alles zu einem Mürbeteig kneten. Den Teig in Folie wickeln und für zwei Stunden kalt stellen. Ein Backblech mit Backpapier auslegen und den Ofen auf 200 Grad vorheizen. Eine Arbeitsfläche bemehlen und den Teig 1 Zentimeter dick ausrollen, runde Plätzchen von 4–5 Zentimeter Durchmesser ausstechen, aufs Backblech legen und ca. 15 Minuten backen, bis sie goldbraun sind.

Mizu No Hana

(»Die Wasserblume«)

4 Esslöffel Zucker
1 Esslöffel Klebreismehl
2 gehäufte Teelöffel Konjaku-Pulver
(oder 2 Esslöffel Pfeilwurzelstärke »Kuzu«)
1 Tropfen Azulen
(zum Beispiel Guaj-Azulen aus der Apotheke)
ca. 300–400 Milliliter warmes Wasser
evtl. 1 Tropfen Pfefferminzöl

Zuerst die flüssigen Zutaten, dann die trockenen im Wasser auflösen und auf niedriger Stufe in einem Topf mit Antihaftbeschichtung köcheln, bis ein klarer Brei entsteht, der an Wackelpudding erinnert. Dieser Brei wird mit einem nassen Spachtel in eine flache Form gestrichen. Wasser zugeben, falls die Masse zu fest ist. Die erstarrte Platte stürzen, Blumenformen ausstechen und in Reismehl wenden, damit sie nicht aneinanderkleben, und kühlen. Diese japanische Süßigkeit (Wagashi) wird traditionell bei der Teezeremonie serviert.

Matcha-Eis

4 Portionen

250 Milliliter Milch
250 Milliliter Sahne
90 Gramm Zucker
8 Gramm Matcha-Pulver
1 Prise Salz

Alle Zutaten mit einem Schneebesen verrühren, bis der Zucker sich aufgelöst hat. Entweder in eine Eismaschine geben oder in einer Schüssel ins Gefrierfach stellen und alle Viertelstunde durchmischen. Nach zwei Stunden hat das Eis die richtige Konsistenz.

Scones

8 Scones

225 Gramm Mehl
1 Teelöffel Backpulver
1/2 Teelöffel Salz
30 Gramm Rohrzucker
40 Gramm Butter
100 Milliliter Milch
1 Ei

Den Backofen auf 220 Grad vorheizen. Mehl, Backpulver, Salz und Zucker gut vermischen. Die kalte Butter in kleine Stückchen schneiden, dazugeben und krümelig reiben. Milch und Ei miteinander verrühren, dann zum Teig geben und grob unterheben, wobei die Masse aber nicht geschmeidig werden darf. Auf eine bemehlte Arbeitsplatte geben und 2 Zentimeter dick ausdrücken. Mit einem runden Ausstecher von 4 Zentimeter Durchmesser Scones ausstechen und auf ein mit Backpapier ausgelegtes Backblech geben. Die Scones im Backofen auf mittlerer Schiene 12–15 Minuten backen, bis sie leicht goldgelb sind. Warm mit Clotted Cream (man kann stattdessen auch Crème double oder Mascarpone nehmen) und Erdbeermarmelade servieren.

Shortbread

125 Gramm weiche Butter
60 Gramm Puderzucker
1 Prise Salz
250 Gramm Mehl
Kristallzucker zum Bestreuen

Die Butter in eine Schüssel geben, Puderzucker und Salz unterrühren, dann das Mehl langsam über ein Sieb hinzugeben und verrühren, bis ein geschmeidiger, nicht zu fester Teig entsteht. Diesen eine halbe Stunde kaltstellen, währenddessen den Ofen auf 150 Grad (Umluft) vorheizen. Den Teig 1 Zentimeter dick ausrollen und in Rechtecke schneiden, diese auf ein mit Backpapier ausgelegtes Backblech geben und jedes mehrmals mit einer Gabel auf der Oberseite anpieksen. Auf mittlerer Schiene höchstens 30 Minuten backen. Das Shortbread sollte hell goldgelb, auf keinen Fall aber braun sein. Nach dem Backen in Kristallzucker wenden oder damit bestreuen.

Krambambuli

3 Liter

1,2 Liter Wasser
8 Teelöffel Teemischung (z. B. ostfriesische)
2 Flaschen Weißwein (jeweils 0,75 Liter, halbtrocken oder besser noch süß/mild)
100 Gramm Zucker
1 unbehandelte Zitrone
400 Milliliter brauner Rum

Wasser aufkochen, Tee zugeben und 7 Minuten ziehen lassen. Wein, Zucker und hauchdünn abgeschälte Zitronenschale in einen Topf geben und erhitzen – nicht kochen! Dann den Topf vom Herd nehmen. Den Tee durch ein Sieb hinzugeben, dann alles noch einmal durchs Sieb filtern. Erst wenn alles abgekühlt ist, den Rum zugeben. Jetzt gibt es zwei Möglichkeiten: in Flaschen füllen und kühlen oder aber heiß servieren. Achtung: Das fertige Getränk niemals kochen, sonst verschwindet der Alkohol.

Jagertee

1 Liter

250 Milliliter Wasser
1 Teelöffel Ceylon-Tee
2 Scheiben unbehandelte Zitrone
6 Gewürznelken
1 Zimtstange
350 Milliliter Rotwein (halbtrocken oder besser noch süß/mild)
3 Saftorangen
50–60 Gramm Zucker
150 Milliliter Obstler (38–40%)

Wasser aufkochen, Tee zugeben und 7 Minuten ziehen lassen. Zitronenscheiben, Nelken und die einmal durchgebrochene Zimtstange in einen Topf geben. Den Tee durch ein Sieb hineingießen und erhitzen. Den Rotwein und den Saft der Orangen hinzugießen und heiß werden lassen, aber nicht kochen. Dann mit dem Zucker abschmecken und 5 Minuten auf kleiner Hitze ziehen lassen. Schließlich den Obstler dazugeben, alles noch einmal durchs Sieb geben und heiß servieren.

Sticky Date Cake

2 Eier
Butter (Gewicht wie das der Eier)
Zucker (Gewicht wie das der Eier)
Mehl (Gewicht wie das der Eier)
1 Teelöffel Backpulver
1 Messerspitze Salz
Fläschchen Vanillearoma
200 Gramm Datteln
3 Esslöffel Schlagsahne
1 Esslöffel gehobelte Mandeln
Zitronenglasur

Backofen auf 200 Grad vorheizen. Zwei ganze Eier wiegen und entsprechende Menge Butter mit derselben Menge Zucker verrühren, bis die Masse schaumig ist. Eier trennen und die beiden Eigelbe zugeben, dann das gesiebte Mehl (dieselbe Menge wie Butter und Zucker), das Backpulver und das Salz einrühren. Schließlich noch Vanillearoma sowie die beiden steif geschlagenen Eiweiße zufügen und alles verrühren. Die Masse in eine gefettete, runde Form geben (ca. 20 Zentimeter Durchmesser) und rund 30 Minuten backen. Nach dem Abkühlen quer in 2 Etagen schneiden. Die Datteln in warmem Wasser einweichen, dann entkernen und kleinschneiden. Die Sahne steif schlagen und mit den Datteln mischen. Alles auf die untere Teigetage streichen und mit den Mandeln betreuen, bevor der obere Teil des Kuchens darauf gesetzt wird. Mit der Zitronenglasur bestreichen.

UNIVERSITÄT HAMBURG

INSTITUT FÜR KULINARISTIK

Hauptseminar

»Tee – Getränk der Götter oder Gott unter den Getränken? Eine interdisziplinäre Betrachtung«

Handout Nummer 73

Einstiegsglossar. Nicht sinngemäß, sondern wortwörtlich zu memorieren

Assam
Ein großes Teegebiet im Norden Indiens. Assamtees sind dunkel und vollmundig, sie bilden die Basis für Ostfriesentee.

Blend
Eine Mischung verschiedener Teesorten.

Boston Tea Party
Im Jahr 1773 protestierte eine Gruppe von Bostoner Bürgern gegen die geplante Erhebung der Teesteuer. Drei englische Teekutter wurden von ihnen geentert und die gesamte Ladung über Bord geworfen. Der amerikanische Unabhängigkeitskrieg nahm damit seinen Anfang.

Broken
Kleinblättriger, gebrochener Tee.

Darjeeling
Im westbengalischen Distrikt Darjeeling (Nordindien) gewachsener Tee.

Dust
Teestaub, im Aroma intensiv und äußerst ergiebig, weswegen er für Beuteltee verwendet wird.

Earl Grey
Eine Schwarzteemischung, die mit dem duftig-bitteren Öl der Bergamottefrucht aromatisiert wird.

English Breakfast
Eine traditionelle Schwarzteemischung aus Darjeeling, Ceylon oder Assam. Kraftvoll würzig, wird gern mit Milch und Zucker oder Zitrone genossen.

Fermentation
Das Aufschließen und Oxidieren der Teeblätter in einer feuchten Umgebung.

First Flush
Die erste Ernte im Frühling (März/April). Aromatisch, aber nicht besonders kräftig.

Flugtee
Ein Darjeelingtee der ersten Ernteperiode des Jahres (First Flush), welcher innerhalb kürzester Zeit per Luftfracht zum Importeur gelangt.

Gelber Tee
Dieser Tee wird kurz bei trockener Hitze anfermentiert. Früher war sein Genuss ein Privileg buddhistischer Mönche.

Grüner Tee
Wird nicht fermentiert, stattdessen werden die Teeblätter gewelkt und erhitzt, damit die für die Fermentierung verantwortlichen Enzyme zerstört und eine Fermentierung unmöglich gemacht wird.

Infusion
Fachbegriff für aufgegossenen Tee.

Japanische Anbaugebiete
In Japan wird fast ausschließlich grüner Tee produziert, zu nennen sind vor allem die Plantagen Gyokuro, Shizuoka und Fuji. Sencha ist die am meisten getrunkene Sorte. Es gibt allerdings auch Schwarztee aus Japan, die wichtigsten Regionen sind Shizuoka, Uji, Yame und Kagoshima.

Kaiserliche Pflückung
Bei der »Imperial Plucking« werden nur die beiden obersten Blätter und die Blütenspitze verwendet (»two leaves and a bud«). Im alten China wurde sie von Jungfrauen mit weißen Handschuhen und goldenen Scheren durchgeführt. Der Tee war nur für den Kaiser bestimmt.

Kluntje
Ein besonderer Kandis für schwarzen Tee, Bestandteil der ostfriesischen »Teezeremonie«.

Kombucha
Teepilz mit Mikroorganismen, die eine Milchsäuregärung durchführen. Er wird mit Grün-, Schwarz- oder Kräutertee

angesetzt. In Asien ist dieses Verfahren seit Jahrhunderten üblich und als äußerst gesund bekannt.

Linné, Carl von

Der schwedische Botaniker (1707–1778) beschrieb als erster die Teepflanze »Thea Camellia«. Seine bedeutendsten Werke sind »Species Plantarum« (1753) und »Systema Naturae« (1758/59).

Masala Chai

Gesüßter Gewürztee aus Indien, bestehend aus Schwarztee, Milch und Gewürzen.

Matcha

Zu Pulver zermahlener Grüntee, der auch bei der japanischen Teezeremonie verwendet wird. Dabei wird er mit einem Bambusbesen in einer Schale schaumig gerührt. Häufig sehr teuer.

Oolong

Eine traditionelle chinesische Teesorte, die teilfermentiert wird, das heißt, die Fermentierung wird unterbrochen, wenn der Blattrand schwarz ist, die Blattmitte aber noch grün. Oolong-Tee gibt es in China, in Taiwan und auch aus Darjeeling.

Ostfriesentee

Eine Teemischung auf der Basis von Assam Second Flush – einem dunklen, kräftigen Tee aus der Sommerernte.

Pflückung

In der Regel werden zwei Teeblätter zusammen mit der Knospe gepflückt. Die Qualität ist abhängig vom Blattgrad: Je zarter die Triebe, desto höher die Qualität. Insgesamt gibt es drei Pflückungen, first flush, second flush und autumnal.

Pu-Erh-Tee
Roter Tee, der aus den Blättern des Quingmao-Baums gewonnen wird. Er durchläuft einen speziellen Reifungsprozess, bei dem er gedämpft und in Fladen-, Ziegel- oder Kugelform gepresst wird. Im Gegensatz zu den meisten Grün- und Schwarztees gewinnt Pu-Erh-Tee durch Alterung an Qualität und Geschmack.

Roter Tee
Ist in Europa als schwarzer Tee bekannt, weil die Blätter beim Fermentieren dunkel werden. In China bezeichnet man ihn aufgrund der Farbe des Aufgusses als Roten Tee.

Schwarzer Tee
Durch das Fermentieren färben sich die Blätter des Teestrauchs von grün in rot-schwarz. Er hat ein kräftigeres Aroma als unfermentierter Grüntee.

Teeähnliches Getränk
Als teeähnliche Getränke bezeichnet man alle sogenannten Tees, die nicht von der Teepflanze Camellia sinensis stammen, darunter Früchtetee, Gewürztee, Kräutertee, Mate und Rotbuschtee.

Tein
Eine mittlerweile veraltete Bezeichnung für Koffein im Tee.

Weißer Tee
Der weiße Tee wird beim Welkungsprozess nur leicht fermentiert, was zu einem zart-fruchtigen Geschmack führt. Weißer Tee wird nach dem Pflücken gedämpft und an der Sonne getrocknet.

MEIN DANK GEHT AN

Meinen Agenten Lars »Conspirator« Schultze-Kossack, einen Mann, der genauso viel von Fußball wie von Büchern versteht.

Meine Lektorin Annika Krummacher, die den Rotstift wie ein Florett zu schwingen weiß.

Julia Eisele vom Piper Verlag für ein tolles Mittagessen (das hoffentlich bald wiederholt wird) und das Gefühl, willkommen zu sein, und an Antje Leipsic, die sich immer so engagiert um meine Lesungen kümmert und mich quer über die Lande schickt.

Daniel Clifford vom Midsummer House für ein grandioses Essen.

Dr. Mathias Pasche und Anna Drews von der University of Cambridge, die dafür gesorgt haben, dass alles seine Richtigkeit hat.

Helmut Volkmann vom Teehaus Cöln, dem Teedealer meines Vertrauens, für seine fachliche Beratung.

Stephan Uerlings für die Reise in die Welt des Grüntees.

Meinen Vater fürs Fehlerherauspicken.

Hagen Range für die Humorprüfung.

Kerstin Juchem für Inspiration und Zitronenkuchen.

Den Chor des St John's College, dessen beeindruckende CDs ich beim Schreiben hörte.

Meinen wundervollen Kater Edward, der mich beim Schreiben schnurrend auf meinem Schoß unterstützt hat und den ich niemals vergessen werde.

Ein besonderer Dank geht an meine Frau und meine

Kinder, die ohne Murren (und mit viel Vergnügen) in Cambridge mitrecherchiert haben.

Ich bedanke mich bei den Leserinnen und Lesern von »Die letzte Reifung«, die Adalbert Bietigheim so einen guten Start verschafft haben.

Zuletzt danke ich demjenigen, der die Idee für den Titel »Der letzte Aufguss« hatte. Ich weiß nicht mehr, wer es war. Melden, dann gibt's ein Buch – und White Darjeeling zum Leicheneinlegen!